세상의 속도를
따라잡고 싶다면

Do it!

한국어
말뭉치!

BERT와 GPT로 배우는

자연어 처리

트랜스포머 핵심 원리와 허깅페이스 패키지 활용법

이기창 지음

칭찬과 욕설을
구분하는
AI 만들기!

문제를 읽고
답을 찾는
AI 만들기!

소설을
쓰는
AI 만들기!

네이버 영화평, 질의응답 말뭉치를 활용한 한국어 이해/생성 모델 만들기

이지스 퍼블리싱

세상의 속도를 따라잡고 싶다면 **Do it!**
변화의 속도를 즐기게 될 것입니다.

Do it!
BERT와 GPT로 배우는 **자연어 처리**
트랜스포머 핵심 원리와 허깅페이스 패키지 활용법

4쇄 발행 • 2023년 6월 23일
초판 발행 • 2021년 12월 1일

지은이 • 이기창
펴낸이 • 이지연
펴낸곳 • 이지스퍼블리싱(주)
출판사 등록번호 • 제313-2010-123호
주소 • 서울특별시 마포구 잔다리로 109 이지스빌딩 4층(우편번호 04003)
대표전화 • 02-325-1722 | **팩스** • 02-326-1723
홈페이지 • www.easyspub.co.kr | **페이스북** • www.facebook.com/easyspub
Do it! 스터디룸 카페 • cafe.naver.com/doitstudyroom | **인스타그램** • instagram.com/easyspub_it

기획 및 책임편집 • 이인호(inho@easyspub.co.kr) | **교정교열** • 안동현 | **삽화** • 김학수
베타테스터 • 김현중, 김형준, 윤주성, 정민지, 조용래 | **표지 및 본문 디자인** • 트인글터 | **인쇄** • 보광문화사
마케팅 • 박정현, 한송이, 이나리 | **독자지원** • 박애림, 오경신 | **영업 및 교재 문의** • 이주동, 김요한(support@easyspub.co.kr)

ISBN 979-11-6303-316-5 13000
가격 20,000원

'사람 말을 알아듣는 AI'를 만들어 보자!

트랜스포머의 핵심 원리부터 문서 분류, 기계 독해, 문장 생성 실습까지

자연어 처리(natural language processing) 기술은 최근 눈부시게 발전하고 있습니다. 그 중심에는 BERT와 GPT가 있습니다. 둘 다 '언어 모델'이라는 공통점이 있습니다. 언어 모델은 다량의 말뭉치를 학습해 자연어의 풍부한 맥락을 이해하고 있습니다. 언어 모델은 문서 분류, 기계 독해, 문장 생성, 요약 및 번역 등 다양한 자연어 처리 과제를 해결하는 마중물 역할을 합니다. 언어 모델 덕분에 자연어 처리 수준이 이전보다 크게 개선되었습니다.

성급한 생각일 수도 있지만 언어 모델은 국가나 기업 경쟁력의 핵심 요소가 될 것이 분명합니다. '사람 말을 귀신같이 알아듣고 똘똘하게 답하는 AI'의 경제적, 사회적 가치는 헤아리기 어려울 정도로 크기 때문입니다. 실제로 마이크로소프트, 구글, 네이버 등 글로벌 IT 기업들은 천문학적인 비용을 들여서 대규모·고품질 언어 모델을 확보하려고 열을 올리고 있습니다.

수학과 코딩을 잘 몰라도 핵심만 알면 길을 잃지 않을 수 있습니다

전공자나 종사자가 아니라면 기술 트렌드를 파악하는 것은 너무나 어렵습니다. 기술이 고도로 전문화되었고 그 발전 속도가 상상할 수 없을 만큼 빠르기 때문입니다. 세계 각지에서 하루가 멀다 하고 막대한 양의 논문과 데이터, 코드 등이 공개되고 있습니다. 2000년 이후 중요한 발전만 꼽아봐도 NPLM(2003), Word2Vec(2013), Transformer(2017), ELMo/BERT/GPT1(2018), GPT2(2019), GPT3(2020), HyperCLOVA(2021), ChatGPT(2022), HyperCLOVA X(2023) 등이 있습니다. 이 분야에서 급속도로 발전하는 양상을 보면 현기증이 날 정도입니다.

하지만 핵심만 알면 길을 잃지 않을 수 있습니다. 2020년 전후 자연어 처리 분야에서 기술 발전을 이끈 방아쇠는 두 개입니다. 하나는 트랜스포머(Transformer), 다른 하나는 전이 학습(transfer learning)이라는 기법입니다. 두 방아쇠가 함께 당겨져 탄생한 모델이 바로 BERT와 GPT입니다. 이들을 포함해 자연어 처리를 정석대로 공부하자면 콘볼루션 신경망(CNN), 순환 신경망(RNN) 등 기존 대표 딥러닝 기법부터 살펴보아야 할 겁니다. 더 나아가 선형 회귀, 로지스틱 회귀 등 정통 머신러닝도 공부해야 하고 확률론, 최적화 이론, 선형대수학의 기초도 닦아야 합니다. 아! 파이썬과 파이토치 같은 코딩 능력도 길러야 하겠네요.

이쯤 되면 도전을 포기하는 게 낫지 않을까요? 지금 그렇게 생각하는 사람들을 위해 이 책을 집필했습니다. CNN, RNN은 과감히 뺐습니다. 트랜스포머에만 집중하기 위해서입니다. 정통 머신러닝, 확률론, 최적화 이론도 제외하려고 노력했습니다. 기초는 튼튼히 할수록 좋지만 이런 주제를 제대로 공부하려 들면 길을 잃기 십상입니다. 파이썬, 파이토치 문법도 지금 당장 몰라도 최종 목적지(실행 결과)를 확인하는 데는 크게 문제가 되지 않는다고 판단했습니다.

이론은 필요한 만큼만, 실습은 최신 라이브러리로

이 책 4~8장은 실습을 다룹니다. 감성 분석, 자연어 추론, 개체명 인식, 질의응답, 문장 생성 등의 과제를 BERT와 GPT로 직접 수행해 봅니다. 언어 모델은 이준범 님의 모델(kcbert)과 SK텔레콤의 모델(kogpt2)을 사용했습니다. 실습 데이터는 네이버 영화평(NSMC) 등 한국어 오픈소스 말뭉치들입니다. 귀한 자원을 공개해 주신 여러분께 이 자리를 빌려 감사 인사를 전합니다. 한편 1~3장은 4~8장을 이해하는 데 도움이 되는 내용으로 구성했습니다.

실습 코드는 pytorch-lightning, 허깅페이스의 transformers 등 최신 오픈소스 라이브러리를 사용했습니다. 이 오픈소스 라이브러리를 채택한 이유는 세 가지입니다. 첫째, 두 라이브러리 모두 전 세계에서 널리 쓰이고 있습니다. 둘째, 내로라하는 연구·개발자들이 기능 개선에 참여해서 크게 발전하고 있습니다. 셋째, 편의성과 확장성이 좋습니다. 실습 코드를 변형해 나만의 모델을 만들어 보기가 편합니다.

물론 이 책에도 이론적인 내용은 일부 있습니다. BERT와 GPT의 핵심 동작 원리를 이해하는 데 꼭 필요하다 싶은 부분을 포함할 수밖에 없었기 때문입니다. 또 이 책을 다 공부한다고 해서 누구나 전문가가 될 수는 없습니다. 어려운 내용을 크게 덜어 내는 과정에서 일부 중요한 내용이 불가피하게 빠지기도 했는데, 이는 무엇보다 이 책을 집필한 저자의 역량이 부족하기 때문입니다. 더 공부하고 싶은 독자 여러분을 위해서 보충 학습 자료 목록을 제공합니다. 각 장 마지막에 있는 '읽을거리'를 참고하면 됩니다. 중요한 용어는 별도로 표시해 두었으니 인터넷에서 검색해 보면 좋겠습니다.

이 책이 나오기까지 많은 분들께 도움을 받았습니다. 우선 은사님이신 고려대학교 강필성 교수님께서는 부족한 저를 자연어 처리라는 가슴 뛰는 분야에 도전할 수 있도록 인도해 주셨습니다. 서울대학교 박진호 교수님, 네이버 AI랩 하정우 소장님, SK텔레콤 머신러닝 엔지니어 김기현 님께서는 추천사 등을 통해 아낌없는 응원을 보내 주셨습니다. 김현중, 김형준, 윤주성, 정민지, 조용래 님께서는 이 책의 초고를 읽고 귀중한 의견을 주셨고 그 덕분에 많은 오류를 바로잡을 수 있었습니다. 사랑하는 가족과 여섯시 식구들, 그리고 27203 패밀리가 지지해 주지 않았다면 이 책은 나오지 못했을 것입니다. 마지막으로 이 책의 출간을 기꺼이 허락해 주신 이지스퍼블리싱, '최초의 독자' 이인호 편집자님, 매력 넘치는 일러스트를 그려 주신 김학수 작가님, 그리고 편집 팀에 깊은 감사 인사를 전합니다.

2021년 11월
이기창 드림

'자연어 처리의 필수 역량'을 길러 주는 책!
딥러닝 기반 자연어 처리 기법을 쉽게 전달

딥러닝 기반 대규모 언어 모델로 자연어 처리 과제를 실습해 보려고 할 때 초보자라면 많은 난관에 부딪힐 수 있습니다. 이론을 이해하는 것뿐만 아니라 작업 환경 설정, 데이터 전처리, 적절한 모델 선택, 과제에 적용 등 모든 단계에서 암초가 도사리고 있습니다. 이러한 암초를 피하고 시행착오를 최소화하여 목표에 도달하려면 친절한 안내자가 필요합니다. 영문 데이터로 실습하는 튜토리얼은 꽤 많지만, 한국어 데이터로 실습할 수 있도록 친절하게 안내하는 우리말 튜토리얼은 훨씬 드물죠. 이 책은 그런 귀중한 역할을 훌륭히 해내고 있습니다.

• 박진호(서울대 국어국문학과 교수)

자연어 처리는 챗봇, 문서 분류 및 이해, 추천 등 이미 여러 분야에서 널리 쓰이며 비즈니스 가치를 만들어 내고 있습니다. 특히 이 책에서 핵심으로 다루는 BERT와 GPT 언어 모델은 자연어 처리 연구자의 필수 역량이 되었습니다. 이 책은 딥러닝 기반 언어 모델 개발에 필요한 기본부터 실제 과제에 적용하기까지 쉽고 자세하게 구성됐습니다. 국내에서 인정받는 자연어 처리 엔지니어의 진수가 그대로 녹아 있습니다. 자연어 처리 역량을 키우고 싶은 인공지능, 소프트웨어 엔지니어분들께 교과서와 같은 책으로 기억될 것입니다.

• 하정우(네이버 AI랩 소장)

이 책의 저자인 기창 님은 쉽고 이해하기 좋은 표현으로 많은 분에게 높은 평가를 받아왔습니다. 거기에 오랜 기간 쌓아온 자연어 처리 내공이 더해져 또 한번 좋은 책이 출판되어 기대가 큽니다. 특히 이번 책은 허깅페이스의 최신 라이브러리를 활용하는 실습을 담고 있어 자연어 처리 최신 주제를 먼저 배우고 싶은 분들에게 꼭 추천하고 싶습니다.

• 김기현(SK텔레콤 머신러닝 엔지니어)

체계적인 구성으로 학습해요

이 책 4~8장은 자연어 처리 과제를 BERT와 GPT로 직접 수행해 봅니다. 1~3장은 4~8장을 이해하는 데에 도움이 되는 내용으로 구성했습니다. 입문자에게는 특히 3장 '숫자 세계로 떠난 자연어'가 조금 어려울 수 있지만, 3장 내용을 건너뛰어도 전체 내용을 이해하고 실습하는 데에는 문제가 없도록 구성했습니다. 그럴더라도 이전 장 학습을 전제로 공부할 수 있도록 했으므로 될 수 있으면 순서대로 읽기를 권합니다.

실습은 이렇게 해요

이 책의 실습은 독자가 복잡한 환경을 직접 구축하고 코드를 작성해야 하는 수고를 덜 수 있도록 구글 코랩 환경에서 진행합니다. 웹 브라우저만 있으면 코랩에 접속해 코드를 즉시 실행해 볼 수 있습니다. 만약 책과 코랩 노트북의 코드가 다르다면 코랩 노트북이 최신입니다.

> • 이 책의 실습 소스: ratsgo.github.io/nlpbook/docs/tutorial_links

이 책에서 사용한 언어 모델, 오픈소스 말뭉치 등은 다음과 같습니다. 참고로 책에서 말뭉치의 문장을 그대로 표현하고자 교정을 생략했습니다.

> • 이준범 님의 'KcBERT': github.com/Beomi/KcBERT
> • SK텔레콤 'KoGPT2': github.com/SKT-AI/KoGPT2
> • 박은정 님의 네이버 영화평 말뭉치 'NSMC': github.com/e9t/nsmc
> • 윤주성 님의 'BERT 기반 개체명 인식 모델': github.com/eagle705/pytorch-bert-crf-ner
> • 한국해양대학교 자연언어처리연구실 '개체명 인식 데이터': github.com/kmounlp/NER
> • LG CNS 'KorQuAD': korquad.github.io/KorQuad%201.0/
> • 업스테이지 'KLUE-NLI': klue-benchmark.com/tasks/68/overview/description

🧑 학습을 돕는 요소들

다양한 삽화로 핵심 내용을 쉽게 이해할 수 있어요.

Do it! 실습

감성 분석, 자연어 추론, 개체명 인식, 질의응답, 문장 생성 등 5가지 자연어 처리 주요 과제를 실습해요.

복잡한 설치 없이 웹 브라우저만 있으면 누구나 쉽게 실습해 볼 수 있어요. (모바일에서도 가능)

최신 경향과 좀 더 깊이 있는 내용이 담긴 참고 자료 등을 소개해요.

간단한 퀴즈로 이번 장을 정리해요.

🧑 저자와 소통해요

책을 읽다가 궁금한 내용이 있으면 저자에게 질문해 보세요. 또한 정오표에서는 출간 후 발견한 오탈자를 확인할 수 있습니다.

- **질문 및 오류 접수:** github.com/ratsgo/nlpbook/issues (〈New Issue〉 클릭 후 내용 등록)
- **정오표:** ratsgo.github.io/nlpbook/docs/notice

🧑 함께 공부하며 책 선물도 받으세요

'Do it! 스터디룸'에서 같은 책을 읽는 친구들과 함께 공부해 보세요. 스터디 노트를 쓰며 책을 완독하면 원하는 책 한 권을 선물로 드리는 **공부단**도 운영합니다. 그리고 이지스퍼블리싱 홈페이지에 가입하면 매달 정기 소식지와 각종 이벤트, 전자책 무료 열람권 등 다양한 혜택을 누릴 수 있어요.

- Do it! 스터디룸: cafe.naver.com/doitstudyroom (회원 가입과 등업 필수)
- 이지스퍼블리싱 홈페이지: www.easyspub.co.kr

학습 계획표

10일 완성

이 책을 활용해 다음처럼 강의를 구성하거나 독학할 수 있습니다.

1. 범위를 확인 후 계획을 세우고 시작해 보세요.

2. 완료했으면 체크 박스에 표시하여 성취감을 느껴 보세요

차수	범위	학습 목표	완료 확인
1일 차 (월 일)	1장	• 딥러닝 기반 자연어 처리 모델, 트랜스퍼 러닝 개념 이해하기 • 학습 파이프라인 및 개발 환경 숙지하기	✔
2일 차 (월 일)	2장	• 바이트 페어 인코딩 중심으로 토큰화 관련 이론 이해하기 • 어휘 집합 구축, 토큰화 실습하기	☐
3일 차 (월 일)	3-1~3-3절	• 언어 모델 개념과 트랜스포머 뼈대 훑어보기 • 트랜스포머의 핵심 구성 요소인 셀프 어텐션 동작 원리 이해하기	☐
4일 차 (월 일)	3-4~3-6절	• 셀프 어텐션을 제외한 트랜스포머 구성 요소, BERT와 GPT 차이점 살펴보기 • 단어/문장을 벡터로 변환하는 실습하기	☐
5일 차 (월 일)	4장	• 문서 분류 모델 구조 살펴보고 네이버 영화평 데이터로 모델 파인튜닝, 실전 투입 실습하기	☐
6일 차 (월 일)	5장	• 문장 쌍 분류 모델 구조 살펴보고 KLUE-NLI 데이터로 모델 파인튜닝, 실전 투입 실습하기	☐
7일 차 (월 일)	6장	• 개체명 인식 모델 구조 살펴보고 한국해양대학교 데이터로 모델 파인튜닝, 실전 투입 실습하기	☐
8일 차 (월 일)	7장	• 질의응답 모델 구조 살펴보고 KorQuAD 데이터로 모델 파인튜닝, 실전 투입 실습하기	☐
9일 차 (월 일)	8-1~8-2절	• 문장 생성 모델 구조 살펴보고 네이버 영화평 데이터로 모델 파인튜닝 실습하기	☐
10일 차 (월 일)	8-3~8-4절	• 프리트레인만 수행한 문장 생성 모델과 네이버 영화평으로 파인튜닝한 모델로 각각 문장을 만들어 보기	☐

차례

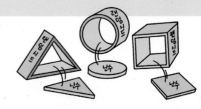

1장

처음 만나는 자연어 처리

사람의 자연어 이해와 기계의 자연어 처리는 무엇이 같고 무엇이 다를까요? 사람 말을 알아듣는 컴퓨터를 만들려면 어떤 것이 필요할까요? 이 장에서는 자연어 처리와 딥러닝 모델에 관한 기본적인 내용과 이 책의 실습 환경인 구글 코랩을 사용하는 방법을 살펴보겠습니다.

1-1 딥러닝 기반 자연어 처리 모델

이 절에서는 딥러닝에 기반을 둔 자연어 처리 모델의 개념과 학습 방법 등을 살펴봅니다.

기계의 자연어 처리

컴퓨터는 계산기일 뿐입니다. 자비스* 같이 사람 말을 알아듣는 인공지능이 등장하더라도 그 이해의 본질은 계산^{computation} 내지 처리^{processing}일 뿐입니다. 사람의 자연어 이해^{understanding}와는 차이가 있다는 것이죠.

* 자비스(J.A.R.V.I.S)는 마블 시네마틱 유니버스에 등장하는 토니 스타크의 인공지능 비서입니다.

그렇다면 기계가 사람 말을 알아듣는 것처럼 보이게 하려면 어떤 요소들이 있어야 할까요? 우선은 **모델**^{model}이라는 개념부터 소개해 보겠습니다. 모델은 입력을 받아 어떤 처리를 수행하는 **함수**^{function}입니다.

그림 1-1 모델

그림에서 확인할 수 있듯이 모델의 출력은 확률이라는 점에 주목해야 합니다. **확률**^{probability}이란 어떤 사건이 나타날 가능성을 의미하는 수치이며 0에서 1 사이의 값으로 나타냅니다. 다시 말해 모델은 어떤 입력을 받아서 해당 입력이 특정 범주일 확률을 반환하는 **확률 함수**입니다.

그렇다면 자연어 처리 모델의 입력은 무엇일까요? 사람 말, 즉 자연어입니다.

예를 들어 우리가 영화 리뷰의 **감성**^{sentiment}을 맞히는 자연어 처리 모델을 만든다고 가정해 봅시다. 그러면 우리가 만든 감성 분석 모델은 다음 수식처럼 함수 f로 써볼 수 있습니다. 이 모델은 자연어(문장)를 입력받아 복잡한 내부 계산 과정을 거쳐서 해당 문장이 긍정^{positive}일 확률, 중립^{neutral}일 확률, 부정^{negative}일 확률을 출력합니다.

$$f(재미가 없는 편인 영화에요) = [0.0\ 0.3\ 0.7]$$
$$f(단언컨대 이 영화 재미 있어요) = [1.0\ 0.0\ 0.0]$$

수식 1-1 자연어 처리 모델

모델 종류는 정말 다양합니다. 입력(자연어) 특성과 목적(감성 분석) 등에 따라 최적이라고 판단되는 걸 선택하면 됩니다. 비유하자면 마트에 진열된 수많은 상품 가운데 오늘 저녁 식사에 어울리는 재료를 고르는 것과 같습니다.

그러면 요즘 가장 인기 있는 모델 종류는 무엇일까요? 바로 **딥러닝**$^{deep\ learning}$입니다. 기존의 다른 구조보다 성능이 월등히 좋기 때문입니다. 딥러닝이란 데이터 패턴을 스스로 익히는 인공지능의 한 갈래입니다. 여기에서 '딥^{deep}'이란 많은 **은닉층**$^{hidden\ layer}$을 사용한다는 의미입니다. 딥러닝은 이미지 분류, 음성 인식 및 합성, 자연어 처리 등 다양한 분야에서 널리 쓰이고 있습니다.

딥러닝 가운데서도 BERT$^{Bidirectional\ Encoder\ Representations\ from\ Transformers}$나 GPT$^{Generative\ Pre-trained\ Transformer}$ 등이 특히 주목받고 있습니다. 이들을 **딥러닝 기반 자연어 처리 모델**이라고 부릅니다.

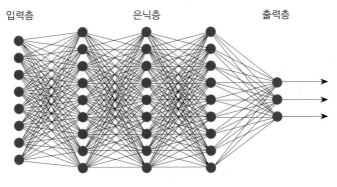

입력층　　　　　　은닉층　　　　　　출력층

그림 1-2 딥러닝 개념도

딥러닝 기반 자연어 처리 모델의 출력 역시 확률입니다. 하지만 사람은 자연어 형태의 출력을 선호합니다. 그것이 이해하기 쉽기도 하고요. 따라서 출력된 확률을 후처리post processing해서 자연어 형태로 바꿔 줍니다.

재미가 없는 편인 영화에요	→	[0.0 0.3 0.7]	→	부정(negative)
단언컨대 이 영화 재미 있어요	→	[1.0 0.0 0.0]	→	긍정(positive)
입력(자연어)		출력(확률)		후처리

이처럼 자연어 처리 모델은 자연어를 입력받아 해당 입력이 특정 범주일 확률을 출력하고, 이 확률값을 적당히 후처리해서 자연어 형태로 가공해 반환합니다. 이 책에서 다루는 **문서 분류** document classification, **문장 쌍 분류**sentence pair classification, **개체명 인식**named entity recognition, **질의응답** question answering, **문장 생성**sentence generation 등의 과제가 모두 그렇습니다.

만일 사람 말을 잘 알아듣는 것처럼 보이는 인공지능이 있다면 이 일련의 계산 과정으로 나온 최종 결과가 그럴싸하게 보이기 때문일 것입니다. 많은 연구자와 개발자들이 성능 좋은 자연어 처리 모델을 만들기 위해 고군분투하고 있습니다.

딥러닝 모델의 학습

딥러닝 자연어 처리 모델을 만들려면 무엇을 해야 할까요? 우선 데이터부터 준비해야 합니다. 다음처럼 각 문장에 '감성'이라는 **레이블**label*을 달아 놓은 자료가 있어야 합니다. 이를 **학습 데이터**training data라고 부릅니다.

* '1'은 해당 범주가 맞음, '0'은 해당 범주가 아님을 뜻합니다.

표 1-1 감성 분석 학습 데이터

문장	감성		
	긍정	중립	부정
단언컨대 이 영화 재미 있어요	1	0	0
단언컨대 이 영화 재미 없어요	0	0	1
...	...	...	...

그다음은 모델이 데이터의 **패턴**^{pattern}을 스스로 익히게 해야 합니다. 이런 과정을 **학습**^{train}이라고 합니다. **단언컨대 이 영화 재미 있어요** 문장을 학습하는 상황을 가정해 봅시다. 학습 초기에 확률 함수 f는 **단언컨대 이 영화 재미 있어요**를 입력받으면 다음처럼 출력할 것입니다. 문장이 어떤 감성인지 전혀 모르는 상황이죠.

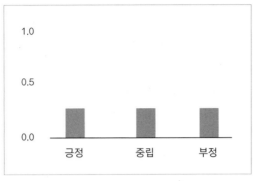

그림 1-3 감성 분석 모델의 초기 출력

그런데 우리는 이 문장의 감성, 즉 정답이 [1 0 0]임을 알고 있습니다. 그런데 현재 모델의 출력(그림 1-3에서 막대)과 정답을 비교해 보면 중립/부정 확률은 높고 긍정 확률은 낮습니다. 따라서 f가 **단언컨대 이 영화 재미 있어요**라는 입력을 받을 때에 긍정 점수는 높이고, 중립/부정 점수는 낮추도록 모델을 업데이트합니다. 다음 그림과 같습니다.

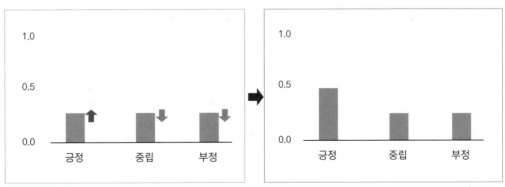

그림 1-4 감성 분석 모델 학습(1)

업데이트를 했는데도 모델의 출력이 여전히 정답과 차이가 있다면 한 번 더 조정해 줍니다. 이런 업데이트를 여러 번 수행하면 종국에는 f가 정답에 가까운 출력을 낼 수 있습니다. 이렇게 모델을 업데이트하는 과정 전체를 **학습**^{train}이라고 합니다. 모델이 입력과 출력 사이의 패턴을 스스로 익히는 과정인 거죠.

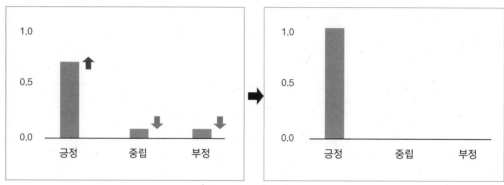

그림 1-5 감성 분석 모델 학습(2)

> 66 학습이란 출력이 정답에 가까워지도록
> 모델을 업데이트하는 과정을 말한다. 99

1-2 트랜스퍼 러닝

이 책에서 소개하는 자연어 처리 모델의 학습 방법은 트랜스퍼 러닝입니다. 이 절에서는 프리 트레인, 파인튜닝 등 트랜스퍼 러닝과 관련된 개념을 설명합니다.

트랜스퍼 러닝

트랜스퍼 러닝transfer learning이란 특정 태스크를 학습한 모델을 다른 태스크 수행에 재사용하는 기법을 가리킵니다. 비유하자면 사람이 새로운 지식을 배울 때 그가 평생 쌓아왔던 지식을 요긴하게 다시 써먹는 것과 같습니다.

다음 그림처럼 태스크2를 수행하는 모델을 만든다고 가정해 보면 트랜스퍼 러닝이 도움이 될 수 있습니다. 모델이 태스크2를 배울 때 태스크1을 수행해 봤던 경험을 재활용하기 때문입니다.

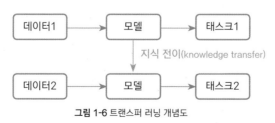

그림 1-6 트랜스퍼 러닝 개념도

> ❝ 트랜스퍼 러닝이란 특정 태스크를 학습한 모델을
> 다른 태스크 수행에 재사용하는 기법이다. ❞

트랜스퍼 러닝을 적용하면 기존*보다 모델의 학습 속도가 빨라지고 새로운 태스크를 더 잘 수행하는 경향이 있습니다. 이 때문에 트랜스퍼 러닝은 최근 널리 쓰이고 있습니다. BERT나 GPT 등도 트랜스퍼 러닝이 적용됐습니다.

* 트랜스퍼 러닝 적용 이전의 기존 모델은 태스크를 처음부터 학습했습니다. 사람의 학습에 비유하면 아무런 사전 지식 없이 새로운 지식을 배우는 것과 같습니다.

그림 1-6에서 태스크1은 **업스트림**upstream 태스크라고 부르고 태스크2는 이와 대비된 개념으로 **다운스트림**downstream 태스크라고 부릅니다. 태스크1은 **다음 단어 맞히기, 빈칸 채우기** 등 대규모 말뭉치의 문맥을 이해하는 과제이며, 태스크2는 문서 분류, 개체명 인식 등 우리가 풀고자 하는 자연어 처리의 구체적인 문제들입니다.

업스트림 태스크를 학습하는 과정을 **프리트레인**pretrain이라고 부릅니다. 다운스트림 태스크를 본격적으로 수행하기에 앞서pre 학습train한다는 의미에서 이런 용어가 붙은 것으로 생각합니다.

업스트림 태스크

트랜스퍼 러닝이 주목받게 된 것은 업스트림 태스크와 프리트레인 덕분입니다. 자연어의 풍부한 **문맥**context을 모델에 내재화하고 이 모델을 다양한 다운스트림 태스크에 적용해 성능을 대폭 끌어올리게 된 것이죠.

대표적인 업스트림 태스크 가운데 하나가 **다음 단어 맞히기**입니다. GPT 계열 모델이 바로 이 태스크로 프리트레인을 수행합니다. 예를 들어 다음 그림처럼 **티끌 모아**라는 문맥이 주어졌고 학습 데이터 말뭉치에 **티끌 모아 태산**이라는 구phrase가 많다고 하면 모델은 이를 바탕으로 다음에 올 단어를 **태산**으로 분류하도록 학습됩니다.

그림 1-7 다음 단어 맞히기

모델이 대규모 말뭉치를 가지고 이런 과정을 반복 수행하면 이전 문맥을 고려했을 때 어떤 단어가 그다음에 오는 것이 자연스러운지 알 수 있게 됩니다. 다시 말해 해당 언어의 풍부한 문맥을 이해할 수 있게 되는 것이죠. 이처럼 다음 단어 맞히기로 업스트림 태스크를 수행한 모델을 **언어 모델**language model이라고 합니다.

언어 모델을 학습하는 것은 「1-1」절에서 언급한 감성 분석 모델의 학습 과정과 별반 다르지 않습니다. 감성 분석 예에서는 분류해야 할 범주의 수가 긍정, 중립, 부정으로 3개뿐이었지만, 언어 모델에서는 학습 대상 언어의 어휘 수(보통 수만 개 이상)만큼 늘어납니다. 예를 들어 **티끌 모아** 다음 단어의 정답이 **태산**이라면 **태산**이라는 단어에 해당하는 확률은 높이고, 나머지 단어들의 확률은 낮추는 방향으로 모델 전체를 업데이트합니다.

그림 1-8 언어 모델 학습

또 다른 업스트림 태스크로는 **빈칸 채우기**가 있습니다. BERT 계열 모델이 바로 이 태스크로 프리트레인을 수행합니다. 다음 그림처럼 문장에서 빈칸을 만들고 해당 위치에 들어갈 단어가 무엇일지 맞히는 과정에서 학습됩니다.

그림 1-9 빈칸 채우기

모델이 많은 양의 데이터를 가지고 빈칸 채우기를 반복 학습하면 앞뒤 문맥을 보고 빈칸에 적합한 단어를 알 수 있습니다. 이 태스크를 수행한 모델 역시 언어 모델과 마찬가지로 해당 언어의 풍부한 문맥을 내재화할 수 있습니다. 이처럼 빈칸 채우기로 업스트림 태스크를 수행한 모델을 **마스크 언어 모델**^{masked language model}이라고 합니다.

마스크 언어 모델의 학습 역시 언어 모델과 비슷합니다. 그림 1-9에서 빈칸의 정답이 **모아**라면 **모아**라는 단어에 해당하는 확률은 높이고 나머지 단어와 관계된 확률은 낮추는 방향으로 모델 전체를 업데이트합니다.

그림 1-10 마스크 언어 모델 학습

앞서 살펴본 감성 분석 모델 학습 예시에서 학습 데이터는 사람이 일일이 정답(레이블)을 만들어 줘야 했습니다. 이처럼 사람이 만든 정답 데이터로 모델을 학습하는 방법을 **지도 학습**supervised learning이라고 합니다. 이 방식은 데이터를 만드는 데 비용이 많이 들뿐만 아니라 사람이 실수로 잘못된 레이블을 줄 수도 있습니다.

이에 반해 다음 단어 맞히기, 빈칸 채우기 같은 업스트림 태스크는 강력한 힘을 지닙니다. 뉴스, 웹 문서, 백과사전 등 글만 있으면 수작업 없이도 다량의 학습 데이터를 아주 싼값에 만들어 낼 수 있습니다. 덕분에 업스트림 태스크를 수행한 모델은 성능이 기존보다 월등히 좋아졌습니다. 이처럼 데이터 내에서 정답을 만들고 이를 바탕으로 모델을 학습하는 방법을 **자기지도 학습**self-supervised learning이라고 합니다.

다운스트림 태스크

우리가 모델을 업스트림 태스크로 프리트레인한 근본 이유는 다운스트림 태스크를 잘하기 위해서입니다.

앞에서 설명했듯이 다운스트림 태스크는 우리가 풀어야 할 자연어 처리의 구체적인 과제들입니다. 보통 다운스트림 태스크는 프리트레인을 마친 모델을 구조 변경 없이 그대로 사용하거나 여기에 태스크 모듈을 덧붙인 형태로 수행합니다.

이 책에서 소개하는 다운스트림 태스크의 본질은 **분류**classification입니다. 다시 말해 자연어를 입력받아 해당 입력이 어떤 범주에 해당하는지 확률 형태로 반환합니다. 문장 생성을 제외한 대부분의 과제에서는 프리트레인을 마친 마스크 언어 모델(BERT 계열)을 사용합니다.

❝ 다운스트림 태스크는 자연어 처리의 구체적인 과제들이다. ❞

이 책에서 설명하는 다운스트림 태스크의 학습 방식은 모두 **파인튜닝**fine-tuning입니다. 파인튜닝은 프리트레인을 마친 모델을 다운스트림 태스크에 맞게 업데이트하는 기법입니다. 예를 들어 문서 분류를 수행할 경우 프리트레인을 마친 BERT 모델 전체를 문서 분류 데이터로 업데이트합니다. 마찬가지로 개체명 인식을 수행한다면 BERT 모델 전체를 해당 데이터로 업데이트합니다.

문서 분류

문서 분류 모델은 자연어(문서나 문장)를 입력받아 해당 입력이 어떤 범주(긍정, 중립, 부정 따위)에 속하는지 그 확률값을 반환합니다.

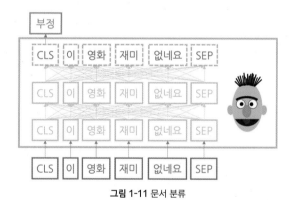

그림 1-11 문서 분류

구체적으로는 프리트레인을 마친 마스크 언어 모델(노란색 실선 박스) 위에 작은 모듈(초록색 실선 박스)을 하나 더 쌓아 문서 전체의 범주를 분류합니다. 문서 분류 과제는 4장에서 실습합니다. 한편 그림에서 **CLS, SEP**는 각각 문장의 시작과 끝에 붙이는 특수한 **토큰**token입니다. 토큰 및 **토큰화**tokenization에 관한 자세한 내용은 2장에서 다룹니다.

자연어 추론

자연어 추론 모델은 문장 2개를 입력받아 두 문장 사이의 관계가 참[entailment], 거짓[contradiction], 중립[neutral] 등 어떤 범주인지 그 확률값을 반환합니다.

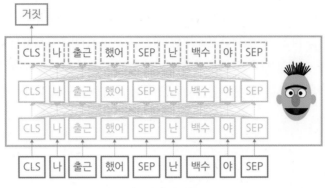

그림 1-12 자연어 추론

구체적으로는 프리트레인을 마친 마스크 언어 모델(노란색 실선 박스) 위에 작은 모듈(초록색 실선 박스)을 하나 더 쌓아 두 문장의 관계 범주를 분류합니다. 자연어 추론 과제는 5장에서 실습합니다.

개체명 인식

개체명 인식 모델은 자연어(문서나 문장)를 입력받아 단어별로 기관명, 인명, 지명 등 어떤 개체명 범주에 속하는지 그 확률값을 반환합니다.

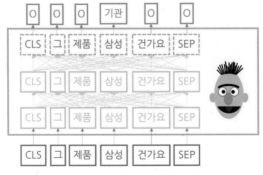

그림 1-13 개체명 인식

구체적으로는 프리트레인을 마친 마스크 언어 모델(노란색 실선 박스) 위에 단어별로 작은 모듈(초록색 실선 박스)을 쌓아 단어 각각의 개체명 범주를 분류합니다. 개체명 인식 과제는 6장에서 실습합니다.

질의응답

질의응답 모델은 자연어(질문+지문)를 입력받아 각 단어가 정답의 시작일 확률값과 끝일 확률값을 반환합니다.

그림 1-14 질의응답

구체적으로는 프리트레인을 마친 마스크 언어 모델(노란색 실선 박스) 위에 단어별로 작은 모듈을 쌓아 전체 단어 가운데 어떤 단어가 시작(초록색 실선 박스)인지 끝(붉은색 실선 박스)인지 분류합니다. 질의응답 과제는 7장에서 실습합니다.

문장 생성

문장 생성 모델은 GPT 계열 언어 모델이 널리 쓰입니다. 문장 생성 모델은 자연어(문장)를 입력받아 어휘 전체에 대한 확률값을 반환합니다. 이 확률값은 입력된 문장 다음에 올 단어로 얼마나 적절한지를 나타내는 점수입니다.

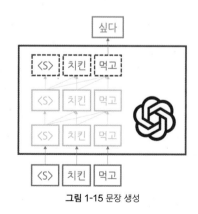

그림 1-15 문장 생성

구체적으로는 프리트레인을 마친 언어 모델을 구조 변경 없이 그대로 사용해, 문맥에 이어지는 적절한 다음 단어를 분류하는 방식입니다. 문장 생성 과제는 8장에서 실습합니다.

앞서 소개한 문서 분류, 자연어 추론, 질의응답, 문장 생성 모델은 모두 파인튜닝 방식으로 학습합니다. 하지만 다운스트림 태스크를 학습하는 방식은 파인튜닝 말고도 다양합니다. 크게 다음 3가지가 있습니다.

파인튜닝 (fine-tuning)	프롬프트 튜닝 (prompt tuning)	인컨텍스트 러닝 (in-context learning)
다운스트림 태스크 데이터 전체를 사용합니다. 다운스트림 데이터에 맞게 모델 전체를 업데이트합니다.	다운스트림 태스크 데이터 전체를 사용합니다. 다운스트림 데이터에 맞게 모델 일부만 업데이트합니다.	다운스트림 태스크 데이터의 일부만 사용합니다. 모델을 업데이트하지 않습니다.

파인튜닝 이외의 방식이 주목받고 있는 이유는 비용과 성능 때문입니다. 최근 언어 모델의 크기가 기하급수로 커지고 있는데요, 파인튜닝 방식으로 모델 전체를 업데이트하려면 많은 비용이 듭니다. 그 뿐만 아니라 프롬프트 튜닝, 인컨텍스트 러닝으로 학습한 모델이 경쟁력 있는 태스크 수행 성능을 보일 때가 많습니다.

인컨텍스트 러닝에는 다음 3가지 방식이 있습니다. 다운스트림 태스크 데이터를 몇 건 참고하느냐의 차이가 있을 뿐 모두 모델을 업데이트하지 않는다는 공통점이 있습니다. 모델을 업데이트하지 않고도 다운스트림 태스크를 바로 수행할 수 있다는 건 꽤나 매력적입니다.

제로샷 러닝 (zero-shot learning)	원샷 러닝 (one-shot learning)	퓨샷 러닝 (few-shot learning)
다운스트림 태스크 데이터를 전혀 사용하지 않습니다. 모델이 바로 다운스트림 태스크를 수행합니다.	다운스트림 태스크 데이터를 1건만 사용합니다. 모델은 1건의 데이터가 어떻게 수행되는지 참고한 뒤 다운스트림 태스크를 수행합니다.	다운스트림 태스크 데이터를 몇 건만 사용합니다. 모델은 몇 건의 데이터가 어떻게 수행되는지 참고한 뒤 다운스트림 태스크를 수행합니다.

1-3 학습 파이프라인 소개

이번 절에서는 모델 학습의 전체 파이프라인을 소개합니다. 이 파이프라인은 이 책에서 소개하는 5가지 과제(문서 분류, 개체명 인식, 질의응답, 문서 검색, 문장 생성)에 상관없이 공통으로 적용됩니다. 학습 파이프라인을 나타내면 다음과 같습니다.

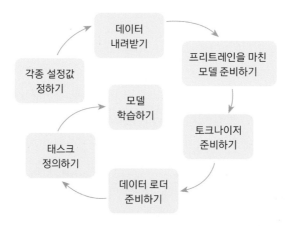

이 책에서 진행하는 모든 실습은 ratsnlp*라는 오픈소스 파이썬 패키지를 사용합니다. 이 패키지는 구글 코랩^{Colab} 환경에서 책의 모든 실습을 진행할 수 있도록 필자가 직접 개발했습니다.

* ratsnlp 깃허브: github.com/ratsgo/ratsnlp

이번 절은 이 책의 각 과제를 어떻게 학습하는지 훑어보기 위한 것으로, 여기서는 모델의 학습 과정만 이해하면 됩니다. 본격적인 코드 실습은 4장부터 진행합니다.

각종 설정값 정하기

모델을 만들려면 가장 먼저 각종 설정값을 정해야 합니다. 어떤 프리트레인 모델을 사용할지, 학습에 사용할 데이터는 무엇인지, 학습 결과는 어디에 저장할지 등이 바로 그것입니다. 이 설정값들은 본격적인 학습에 앞서 미리 선언해 둡니다. 다음 코드는 4장에서 살펴볼 문서 분류를 위한 각종 설정값을 선언한 예입니다.

하이퍼파라미터^{hyperparameter} 역시 미리 정해둬야 하는 중요한 정보입니다. 하이퍼파라미터란 모델 구조와 학습 등에 직접 관계된 설정값을 가리킵니다. 예를 들어 **러닝 레이트**^{learning rate}, **배치 크기**^{batch size} 등이 있습니다.

• 코드 1-1 설정값 선언

```
from ratsnlp.nlpbook.classification import ClassificationTrainArguments
args = ClassificationTrainArguments(
    pretrained_model_name="beomi/kcbert-base",
    downstream_corpus_name="nsmc",
    downstream_corpus_root_dir="/content/Korpora",
    downstream_model_dir="/gdrive/My Drive/nlpbook/checkpoint-doccls",
    learning_rate=5e-5,
    batch_size=32,
)
```

데이터 내려받기

이 책에서는 프리트레인을 마친 모델을 다운스트림 데이터로 파인튜닝하는 실습을 진행합니다. 파인튜닝을 하려면 다운스트림 데이터를 미리 내려받아 둬야 합니다. 이 책에서는 상업적으로도 사용할 수 있는 다운스트림 데이터를 실습에 포함했습니다. 박은정 님이 공개한 네이버 영화 리뷰 말뭉치인 NSMC^{Naver Sentiment Movie Corpus}가 대표적입니다.

다음 코드는 downstream_corpus_name에 해당하는 말뭉치를 내려받아 downstream_corpus_root_dir 아래에 저장합니다. 즉, 코드 1-1에서 설정한 args에 따라 nsmc를 코랩 환경 로컬의 /content/Korpora 디렉터리에 저장합니다.

• 코드 1-2 데이터 다운로드

```
from Korpora import Korpora
Korpora.fetch(
    corpus_name=args.downstream_corpus_name,
    root_dir=args.downstream_corpus_root_dir,
    force_download=True,
)
```

코드에서 확인할 수 있는 것처럼 이 책에서는 다운로드 툴킷으로 ratsnlp뿐 아니라 **코포라**^{Korpora}*라는 오픈소스 파이썬 패키지를 사용합니다. 이 패키지는 다양한 한국어 말뭉치를 쉽게 내려받고 전처리할 수 있도록 도와줍니다.   * 코포라 깃허브: github.com/ko-nlp/korpora

프리트레인을 마친 모델 준비하기

대규모 말뭉치를 활용한 프리트레인에는 많은 리소스가 필요합니다. 다행히 최근 많은 기업과 개인이 프리트레인을 마친 모델을 자유롭게 사용할 수 있도록 공개하고 있어서 그 혜택을 볼 수 있습니다.

특히 미국 자연어 처리 기업 허깅페이스[huggingface]에서 만든 **트랜스포머(transformers)**[*]라는 오픈소스 파이썬 패키지에 주목해야 합니다. 이 책에서는 BERT, GPT 같은 트랜스포머 계열 모델로 실습을 진행하는데, 이 패키지를 쓰면 단 몇 줄만으로 모델을 사용할 수 있습니다.

> [*] 트랜스포머 깃허브:
> github.com/huggingface/transformers

다음 코드는 이준범 님이 허깅페이스 모델 허브에 등록한 kcbert-base 모델[*]을 준비하는 코드입니다. 앞서 보인 코드 1-1에서 args.pretrained_model_name에 beomi/kcbert-base라고 선언해 뒀으므로 코드 1-1과 코드 1-3을 차례로 실행하면 kcbert-base 모델을 쓸 수 있는 상태가 됩니다.

> [*] kcbert-base 모델 깃허브:
> github.com/Beomi/KcBERT

· 코드 1-3 kcbert-base 모델 준비

```
from transformers import BertConfig, BertForSequenceClassification
pretrained_model_config = BertConfig.from_pretrained(
    args.pretrained_model_name,
    num_labels=2,
)
model = BertForSequenceClassification.from_pretrained(
    args.pretrained_model_name,
    config=pretrained_model_config,
)
```

이 코드를 실행하면 kcbert-base가 로컬 저장소에 없으면 자동으로 내려받고, 있으면 캐시 디렉터리에서 읽어옵니다.

토크나이저 준비하기

자연어 처리 모델의 입력은 대개 **토큰**[token]입니다. 여기서 토큰이란 **문장**[sentence]보다 작은 단위입니다. 한 문장은 여러 개의 토큰으로 구성됩니다. 토큰 분리 기준은 그때그때 다를 수 있습니다. 문장을 띄어쓰기만으로 나눌 수도 있고, 의미의 최소 단위인 **형태소**[morpheme] 단위로 나눌 수도 있습니다.

문장을 **토큰 시퀀스**^{token sequence}로 분석하는 과정을 **토큰화**^{tokenization}, 토큰화를 수행하는 프로그램을 **토크나이저**^{tokenizer}라고 합니다. 이 책에서는 **BPE**^{Byte Pair Encoding}나 **워드피스**^{wordpiece} 알고리즘을 채택한 토크나이저를 실습에 활용합니다. 토큰화, BPE, 워드피스는 2장에서 자세하게 다룹니다.

다음 코드는 kcbert-base 모델이 사용하는 토크나이저를 준비하는 코드입니다. 이 역시 토크나이저 관련 파일이 로컬 저장소에 없으면 자동으로 내려받고, 있으면 캐시에서 읽어옵니다.

> • **코드 1-4** kcbert-base 토크나이저 준비

```
from transformers import BertTokenizer
tokenizer = BertTokenizer.from_pretrained(
    args.pretrained_model_name,
    do_lower_case=False,
)
```

데이터 로더 준비하기

파이토치^{PyTorch}는 딥러닝 모델의 학습을 지원하는 파이썬 라이브러리입니다. 파이토치에는 **데이터 로더**^{DataLoader}라는 게 포함돼 있습니다. 파이토치로 딥러닝 모델을 만들려면 이 데이터 로더를 반드시 정의해야 합니다.

데이터 로더는 데이터를 **배치**^{batch} 단위로 모델에 밀어 넣어주는 역할을 합니다. 전체 데이터 가운데 일부 인스턴스를 뽑아^{sample} 배치를 구성합니다. **데이터셋**^{dataset}은 데이터 로더의 구성 요소 가운데 하나입니다. 데이터셋은 여러 인스턴스(문서+레이블)를 보유하고 있습니다. 다음 그림에서는 편의를 위해 인스턴스가 10개인 데이터셋을 상정했지만 대개 인스턴스 개수는 이보다 훨씬 많습니다.

데이터 로더가 배치를 만들 때 인스턴스를 뽑는 방식은 파이토치 사용자가 자유롭게 정할 수 있습니다. 다음 그림은 크기가 3인 배치를 구성하는 예시입니다. 배치1은 0번, 3번, 6번 인스턴스(왼쪽), 배치2는 1번, 4번, 7번 인스턴스(오른쪽)로 구성했음을 확인할 수 있습니다.

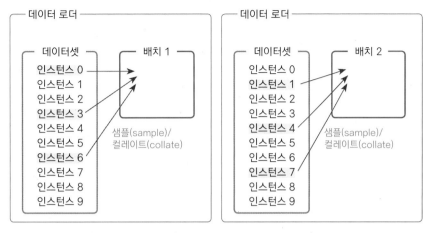

그림 1-16 데이터 로더 개념도

배치는 그 모양이 고정적이어야 할 때가 많습니다. 다시 말해 동일한 배치에 있는 문장들의 토큰(input_ids) 개수가 같아야 합니다. 예를 들어 이번에 만들 배치가 데이터셋의 0번, 3번, 6번 인스턴스이고 각각의 토큰 개수가 5, 3, 4개라고 가정해 보겠습니다. 제일 긴 길이로 맞춘다면 0번 인스턴스의 길이(5개)에 따라 3번과 6번 인스턴스의 길이를 늘여야 합니다. 이를 나타내면 다음 그림과 같습니다.

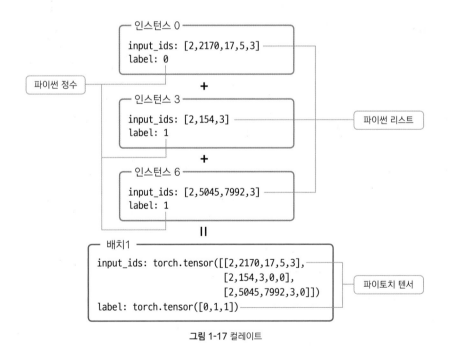

그림 1-17 컬레이트

이처럼 배치의 모양 등을 정비해 모델의 최종 입력으로 만들어 주는 과정을 **컬레이트**^{collate}라고 합니다. 컬레이트 과정에는 파이썬 **리스트**(list)에서 파이토치 **텐서**(tensor)로의 변환 등 자료형 변환도 포함됩니다. 컬레이트 수행 방식 역시 파이토치 사용자가 자유롭게 구성할 수 있습니다. 다음은 문서 분류를 위한 데이터 로더를 준비하는 예시입니다.

- **코드 1-5 문서 분류 데이터 로더 선언**

```
from ratsnlp import nlpbook
from torch.utils.data import DataLoader, RandomSampler
from ratsnlp.nlpbook.classification import NsmcCorpus, ClassificationDataset
corpus = NsmcCorpus()
train_dataset = ClassificationDataset(
    args=args,
    corpus=corpus,
    tokenizer=tokenizer,
    mode="train",
)
train_dataloader = DataLoader(
    train_dataset,
    batch_size=args.batch_size,
    sampler=RandomSampler(train_dataset, replacement=False),
    collate_fn=nlpbook.data_collator,
    drop_last=False,
    num_workers=args.cpu_workers,
)
```

참고로 이 책에서 다루는 자연어 처리 모델의 입력은 토큰 시퀀스로 분석된 자연어입니다. 하지만 더 정확하게는 각 토큰이 그에 해당하는 **정수**^{integer}로 변환된 형태입니다. 자연어 처리 모델은 계산 가능한 형태, 즉 숫자 입력을 받는다는 이야기입니다. 각 토큰을 그에 해당하는 정수로 변환하는 과정을 **인덱싱**^{indexing}이라고 합니다. 인덱싱은 보통 토크나이저가 토큰화와 함께 수행합니다. 좀 더 자세한 내용은 2장을 참고하세요.

태스크 정의하기

이 책에서는 모델 학습을 할 때 **파이토치 라이트닝**^{pytorch lightning}이라는 라이브러리를 사용합니다. 파이토치 라이트닝은 딥러닝 모델을 학습할 때 반복적인 내용을 대신 수행해줘 사용자가 모델 구축에만 신경쓸 수 있도록 돕는 라이브러리입니다.

이 책에서는 파이토치 라이트닝이 제공하는 lightning 모듈을 상속받아 task를 정의합니다. 이 task에는 앞서 준비한 모델과 최적화 방법, 학습 과정 등이 정의돼 있습니다. **최적화**optimization란 특정 조건에서 어떤 값이 최대나 최소가 되도록 하는 과정을 가리킵니다. 앞에서 설명했던 것처럼 우리는 모델의 출력과 정답 사이의 차이를 작게 만드는 데 관심이 있습니다. 이를 위해 **옵티마이저**optimizer, **러닝 레이트 스케줄러**learning rate scheduler 등을 정의해 둡니다.

모델 학습은 배치 단위로 이뤄집니다. 배치를 모델에 입력한 뒤 모델 출력을 정답과 비교해 차이를 계산합니다. 이후 그 차이를 최소화하는 방향으로 모델을 업데이트합니다. 이 일련의 순환 과정을 **스텝**step이라고 합니다.* task의 학습 과정에는 1회 스텝에서 벌어지는 일들을 정의해 둡니다.

* 옵티마이저 등 학습과 관련한 자세한 내용은 「3-4 트랜스포머에 적용된 기술들」을 참고해 주세요.

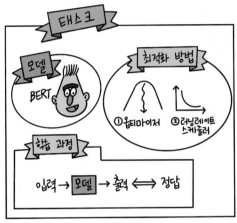

그림 1-18 태스크 개념도

모델 학습하기

트레이너trainer는 파이토치 라이트닝에서 제공하는 객체로 실제 학습을 수행합니다. 이 트레이너는 GPU*등 하드웨어 설정, 학습 기록 로깅, 체크포인트 저장 등 복잡한 설정들을 알아서 해줍니다.

* GPU(Graphic Processing Unit)는 그래픽 연산을 빠르게 처리하는 장치입니다. 병렬 연산을 잘하는 덕분에 딥러닝 모델 학습에 널리 쓰이고 있습니다.

그림 1-19 트레이너 개념도

다음 코드는 문서 분류 모델을 학습하는 예시입니다. 태스크와 트레이너를 정의한 다음, 앞서 준비한 데이터 로더를 가지고 fit() 함수를 호출하면 학습을 시작합니다.

> • 코드 1-6 문서 분류 모델 학습

```
from ratsnlp.nlpbook.classification import ClassificationTask
task = ClassificationTask(model, args)
trainer = nlpbook.get_trainer(args)
trainer.fit(
    task,
    train_dataloader=train_dataloader,
)
```

1-4 개발 환경 설정

이번 절에서는 이 책의 실습 환경인 구글 코랩을 중심으로 자연어 처리 개발 환경을 살펴보겠습니다.

코랩이란?

코랩^{Colab}은 'Colaboratory'의 준말로 구글에서 서비스하는 가상 컴퓨팅 환경입니다. 코랩을 사용하면 누구나 크롬^{Chrome} 등 웹 브라우저에서 파이썬 코드를 작성하고 실행할 수 있습니다. GPU는 물론 TPU* 학습도 할 수 있습니다.

> * 텐서 처리 장치(tensor processing unit, TPU) 는 구글에서 발표한 데이터 분석 및 딥러닝용 하드웨어입니다.

코랩은 구글 계정만 있으면 누구나 사용할 수 있는데요, 코랩을 유료 계정으로 사용한다면 좀 더 나은 GPU를 할당받는 등의 혜택이 있습니다.* 게다가 운영체제 설치, 의존성 있는 소프트웨어 설치 등 환경 구축을 별도로 할 필요가 없어서 컴퓨팅 자원이 부족

> * 코랩 가격 정책은 수시로 바뀝니다. 최신 정책 을 확인한 뒤 자신의 사용량에 맞게 계정 종류를 선택하세요.

하거나 개발 환경 설정에 어려움이 있는 사람도 유용하게 사용할 수 있습니다.

구글 계정을 만들고 로그인한 뒤 다음 사이트에 접속하면 코랩을 사용할 수 있습니다.

- **코랩 사이트:** colab.research.google.com

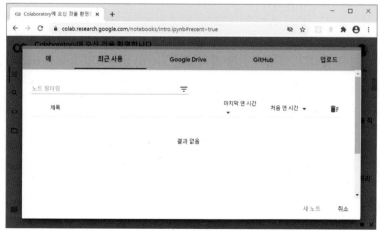

그림 1-20 코랩의 첫 화면

첫 화면에서 〈새 노트〉를 누르면 주피터 노트북처럼 대화형으로 파이썬 명령어를 실행할 수 있는 화면이 나옵니다. 여기에 파이썬 명령어를 입력하고 Ctrl + Enter (맥 환경에서는 command + Enter)를 누르면 실행 결과가 출력됩니다.

그림 1-21 파이썬 명령어 실행하기

명령어 맨 앞에 느낌표(!)를 입력한 뒤 실행하면 해당 명령어가 대시 셸dash shell에서 실행됩니다. 이러한 방식으로 의존성 있는 파이썬 패키지도 설치할 수 있습니다.

그림 1-22 셸 명령 실행하기

구글 드라이브와 연결하기

코랩 노트북에서 아무것도 실행하지 않은 채 일정 시간이 흐르면 해당 노트가 초기화됩니다. 당시까지의 모든 실행 결과물들이 없어질 수 있다는 이야기입니다. 따라서 중간 결과물을 어딘가에 저장해 두는 것이 좋습니다.

코랩은 구글 드라이브와 연동이 다른 저장 매체보다 쉬운 편입니다. 일단 코랩 노트에 다음과 같은 코드를 실행해 봅시다. 그러면 실행 결과에서 'Go to this URL in a browser'라는 메시지 뒤에 링크가 표시됩니다.

• **코드 1-7 구글 드라이브와 연결**

```
from google.colab import drive
drive.mount('/gdrive', force_remount=True)
```

* 2022년 2월 현재 구글 드라이브 연동 절차가 바뀌어 인증 코드 입력 없이 엑세스 허용만 해주면 됩니다.

그림 1-23 구글 드라이브와 연결

실행 결과로 출력된 링크를 클릭한 후 구글 아이디로 로그인하면 그림 1-24와 같은 화면을 볼 수 있습니다. 여기서 〈허용〉을 누르면 **인증 코드**가 나타납니다.

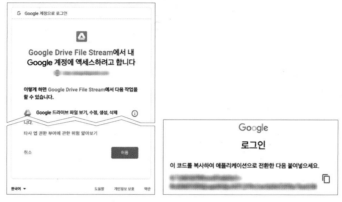

그림 1-24 엑세스 허용과 인증 코드 얻기

인증 코드를 복사해 그림 1-23의 입력란에 붙여 넣으면 현재 사용 중인 코랩 노트북이 자신의 구글 드라이브에 접근할 수 있게 됩니다. 이 모든 과정을 거쳐 성공적으로 연동되면 "Mounted at /gdrive"라는 메시지가 출력됩니다.

그림 1-25 구글 드라이브와 연동 성공

이제 파일을 써보는 연습을 해보겠습니다. 코랩 노트에 다음과 같은 코드를 작성한 후 실행해 보세요. 그러면 구글 드라이브의 '내 드라이브'에 test.txt 파일이 만들어집니다.

```
with open('/gdrive/My Drive/test.txt', 'w') as f:
    f.writelines("test")
```

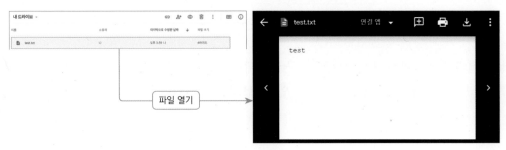

그림 1-26 구글 드라이브에 파일 쓰기

마찬가지로 구글 드라이브에 업로드한 파일도 얼마든지 코랩 노트북에서 읽어올 수 있습니다.

코랩 노트북 복사하기

이 책의 2장부터는 각 실습에서 필자가 만든 코랩 노트북의 링크를 제공합니다. 하지만 해당 노트북은 읽기 권한만 있으므로 실행하거나 내용을 고칠 수가 없습니다. 노트북을 복사해 내 것으로 만들면 이 문제를 해결할 수 있습니다.

실습에서 제공하는 코랩 노트북 링크를 클릭한 후 자신의 구글 아이디로 로그인하면 그림 1-27과 같은 화면을 볼 수 있습니다. 여기서 [드라이브로 복사]를 누르면 코랩 노트북이 자신의 드라이브에 복사됩니다. 별도로 설정하지 않았다면 해당 노트북은 '내 드라이브/Colab Notebooks' 디렉터리에 담깁니다.

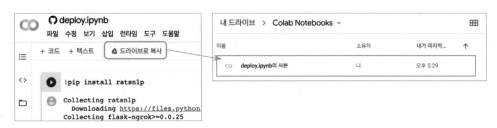

그림 1-27 드라이브로 복사

코랩 사용에 관해 더 자세한 내용은 다음의 문서를 참고하세요.

・ 코랩 자주 묻는 질문: research.google.com/colaboratory/faq.html

이 책은 딥러닝이나 파이토치 지식이 없어도 내용을 이해하거나 코드 실습에는 지장이 없도록 최선을 다했습니다. 다만 관련 지식이 있으면 훨씬 수월하게 학습할 수 있습니다. 가장 빠른 방법은 파이토치로 딥러닝 기본을 공부하는 것입니다. 최근엔 자료가 많아졌지만 '모두를 위한 딥러닝 시즌2 - PyTorch'를 우선 추천해 드립니다. 다음 링크로 접속할 수 있습니다.

• **모두를 위한 딥러닝 시즌2 - PyTorch:**
  deeplearningzerotoall.github.io/season2/lec_pytorch.html

이 강의로 어느 정도 기본을 다졌다면 그다음 좋은 자료는 파이토치 공식 튜토리얼을 꼽을 수 있습니다. 공식 튜토리얼에는 텐서(tensor), 데이터셋(dataset), 데이터 로더(dataloader), 자동 미분(autograd), 최적화(optimization), 모델 저장 및 로딩 등 파이토치 기본 문법이 쉽게 정리돼 있습니다. 자연어 처리(텍스트)는 물론 이미지, 비디오, 오디오 관련 모델 튜토리얼도 공부해볼 수 있습니다. 영문 튜토리얼이 한글로 번역돼 있어 접근성 역시 좋습니다. 다음 링크로 접속할 수 있습니다.

• **파이토치 한국어 공식 튜토리얼:** tutorials.pytorch.kr

파이토치는 딥러닝 모델을 쉽게 다룰 수 있도록 하는 파이썬 라이브러리입니다. 그런데 파이토치는 고수준으로 추상화되었기 때문에 쓰다 보면 딥러닝이 실제로 어떻게 동작하는지 지적 갈증이 생길 수 있습니다. 이럴 때는 'Do it! 딥러닝 입문(박해선 저, 2019)'이나 '밑바닥부터 시작하는 딥러닝(사이토 고키 저/개앞맵시 역, 2017)' 책 등 다양한 자료로 공부하고 기초를 다진 후 도전해 보세요.

이번 장에서는 딥러닝과 자연어 처리의 기본 개념을 살펴봤습니다. 기본은 아무리 강조해도 지나치지 않습니다. 지금까지 배운 내용을 퀴즈로 정리해 봅시다.

1. 자연어 처리 모델은 ⬚자⬚ 를 입력받아서 해당 입력이 특정 범주일 확률을 반환하는 ⬚확⬚ 다.

2. 모델 출력을 정답에 가까워지도록 모델을 업데이트 하는 과정을 ⬚학⬚ 이라고 한다.

3. ⬚트⬚ 이란 특정 태스크를 학습한 모델을 다른 태스크 수행에 재사용하는 기법이다.

4. 업스트림 태스크의 대표 과제로 ⬚다⬚ 와 ⬚빈⬚ 가 있다.

5. ⬚다⬚ 는 자연어 처리의 구체적 과제들로, 보통 프리트레인을 마친 모델을 구조 변경 없이 그대로 사용하거나 여기에 태스크 모듈을 덧붙인 형태로 수행한다.

정답: 1. 자연어, 확률 함수 2. 학습 3. 트랜스퍼 러닝
4. 다음 단어 맞히기, 빈칸 단어 채우기 5. 다운스트림 태스크

2장

문장을 작은 단위로 쪼개기

자연어 처리의 첫 단추는 자연어 문장을 작은 단위인 토큰으로 분석하는 과정입니다. 이 장에서는 바이트 페어 인코딩을 중심으로 이론을 살펴봅니다. 이어 어휘 집합을 구축하고 이 어휘 집합으로 잘게 쪼갠 토큰들을 정수로 변환하는 실습을 진행합니다.

2-1 토큰화란?

토큰화^{tokenization}란 문장을 토큰 시퀀스로 나누는 과정입니다. 수행 대상에 따라 **문자, 단어, 서브워드** 등 세 가지 방법이 있습니다. 이번 절에서는 각 토큰화 방법의 장단점을 살펴보겠습니다.

토큰화란 무엇일까?

이 책에서 다루는 데이터의 기본 단위는 텍스트 형태의 문장입니다. 트랜스포머 모델은 토큰 시퀀스를 입력받으므로 문장에 토큰화를 수행해 줘야 합니다.

> 66 토큰화란 문장을 토큰 시퀀스로
>
> 나누는 과정이다. 99

토큰화를 수행하는 프로그램을 **토크나이저**^{tokenizer}라고 합니다. 대표적인 한국어 토크나이저로는 은전한닢(mecab), 꼬꼬마(kkma) 등이 있습니다. 이들은 언어 전문가들이 토큰화해 놓은 데이터를 학습해 최대한 전문적인 분석 결과와 비슷하게 토큰화를 수행합니다.

이들 분석기는 토큰화뿐만 아니라 **품사 부착**^{Part-of-Speech tagging}까지 수행하므로 토큰화 개념을 넓은 의미로 해석할 때는 토큰 나누기에 품사 부착까지 일컫는 경우도 종종 있습니다.

단어 단위 토큰화

토큰화 방식에는 여러 가지가 있습니다. 우선 **단어**(어절) 단위로 토큰화를 수행할 수 있습니다. 가장 쉽게는 공백으로 분리할 수 있습니다. 예를 들면 다음과 같습니다.

공백으로 분리하면 별도로 토크나이저를 쓰지 않아도 된다는 장점이 있지만, **어휘 집합**vocabulary의 크기가 매우 커질 수 있습니다. **갔었어, 갔었는데요**처럼 표현이 살짝만 바뀌어도 모든 경우의 수가 어휘 집합에 포함돼야 하기 때문입니다.

만약 학습된 토크나이저를 사용하면 어휘 집합의 크기가 커지는 것을 조금 완화할 수는 있습니다. 예를 들어 같은 문장을 은전한닢으로 토큰화하면 다음과 같습니다. 예시가 적어서 효과가 도드라져 보이지는 않지만, 의미 있는 단위(**갔었**)로 토큰화해 어휘 집합이 급격하게 커지는 것을 다소 막을 수 있습니다.

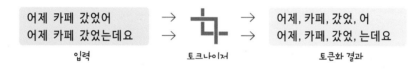

그렇지만 은전한닢 같은 토크나이저를 사용하더라도 어휘 집합 크기가 지나치게 커지는 것은 막기 어렵습니다. 보통 언어 하나로 모델을 구축할 때 어휘 집합 크기는 10만 개를 훌쩍 넘는 경우가 다반사입니다. 어휘 집합 크기가 커지면 그만큼 모델 학습이 어려워질 수 있습니다.

문자 단위 토큰화

토큰화를 단어 대신 **문자** 단위로 고려해 볼 수 있습니다. 한글 위주로 표현된 데이터로 언어 모델을 만든다고 하면, 한글로 표현할 수 있는 글자는 모두 1만 1,172개이므로 알파벳, 숫자, 기호 등을 고려해도 어휘 집합 크기는 기껏해야 1만 5,000개를 넘기 어렵습니다. 게다가 해당 언어의 모든 문자를 어휘 집합에 포함하므로 미등록 토큰* 문제로부터 자유롭습니다.

> * 미등록 토큰(unknown token)이란 어휘 집합에 없는 토큰을 가리키는데요, 주로 신조어 등에서 발생합니다.

하지만 문자 단위로 토큰화를 수행할 경우 분명히 단점도 있습니다. 우선 각 문자 토큰은 의미 있는 단위가 되기 어렵습니다. 예를 들어 **어**제의 **어**와 어미(語尾) **어**의 구분이 사라진다든지 말이죠.

이뿐만 아니라 문자 단위 토큰화는 앞의 단어 단위와 비교할 때 분석 결과인 토큰 시퀀스의 길이가 상대적으로 길어졌음을 확인할 수 있습니다. 언어 모델에 입력할 토큰 시퀀스가 길면 모델이 해당 문장을 학습하기가 어려워지고 결과적으로 성능이 떨어지게 됩니다.

서브워드 단위 토큰화

서브워드^{subword} 단위 토큰화는 단어와 문자 단위 토큰화의 중간에 있는 형태입니다. 둘의 장점만을 취한 형태죠. 즉, 어휘 집합 크기가 지나치게 커지지 않으면서도 미등록 토큰 문제를 피하고, 분석된 토큰 시퀀스가 너무 길어지지 않게 합니다. 대표적인 서브워드 단위 토큰화 기법이라면 바이트 페어 인코딩을 들 수 있는데요, 다음 절에서 자세하게 살펴보겠습니다.

2-2 바이트 페어 인코딩이란?

바이트 페어 인코딩 Byte Pair Encoding; BPE은 원래 정보를 압축하는 알고리즘으로 제안되었는데 최근에는 자연어 처리 모델에 널리 쓰이는 토큰화 기법입니다. GPT 모델은 BPE 기법으로 토큰화를 수행하며, BERT 모델은 BPE와 유사한 **워드피스**wordpiece를 토크나이저로 사용합니다. 이번 절에서는 BPE 기법을 살펴보겠습니다.

BPE란 무엇일까?

BPE는 1994년 제안된 정보 압축 알고리즘으로, 데이터에서 가장 많이 등장한 문자열을 병합해서 데이터를 압축하는 기법입니다. 예를 들어 다음과 같은 데이터가 있다고 가정해 봅시다.

| aaabdaaabac

BPE는 데이터에 등장한 글자(a, b, c, d)를 초기 사전으로 구성하며, 연속된 두 글자를 한 글자로 병합합니다. 이 문자열에서는 aa가 가장 많이 나타났으므로 이를 Z로 병합하면 위 문자열은 다음처럼 압축할 수 있습니다.

| ZabdZabac

이 문자열은 한 번 더 압축할 수 있습니다. 살펴보니 ab 가 가장 많이 나타났으므로[*] 이를 Y로 병합합니다.

* 물론 ab 대신 Za를 병합할 수도 있습니다. 하지만 둘의 빈도수가 2로 같으므로 알파벳 순으로 앞선 ab를 먼저 병합합니다.

> ZYdZYac

ZY 역시 X로 병합할 수 있습니다. 이미 병합된 문자열 역시 한 번 더 병합할 수 있다는 얘기입니다. 다음과 같습니다.

> XdXac

BPE 수행 이전에는 원래 데이터를 표현하기 위한 사전 크기가 4개(a, b, c, d)였습니다. 그런데 수행 이후엔 그 크기가 7개(a, b, c, d, Z, Y, X)로 늘었습니다. 반면 데이터 길이는 11에서 5로 줄었습니다. 이처럼 BPE는 사전의 크기를 지나치게 늘리지 않으면서도 데이터 길이를 효율적으로 압축할 수 있도록 합니다.

> 66 바이트 페어 인코딩은 사전 크기 증가를 억제하면서도
> 정보를 효율적으로 압축할 수 있는 알고리즘이다. 99

BPE 기반 토큰화 기법은 분석 대상 언어에 대한 지식이 필요 없습니다. 말뭉치에서 자주 나타나는 문자열(서브워드)을 토큰으로 분석하기 때문입니다. 실제로 자연어 처리에서 BPE가 처음 쓰인 것은 기계 번역 분야입니다. BPE를 활용한 토큰화 절차는 다음과 같습니다.

① **어휘 집합 구축**: 자주 등장하는 문자열을 병합하고 이를 어휘 집합에 추가합니다. 이를 원하는 어휘 집합 크기가 될 때까지 반복합니다.

② **토큰화**: 토큰화 대상 문장의 각 어절에서 어휘 집합에 있는 서브워드가 포함되었을 때 해당 서브워드를 어절에서 분리합니다.

BPE 어휘 집합 구축하기

BPE 어휘 집합을 구축하는 절차를 구체적으로 살펴보겠습니다. 어휘 집합을 만들려면 우선 말뭉치를 준비해야 합니다. 말뭉치의 모든 문장을 공백으로 나눠 줍니다. 이를 **프리토크나이즈**pre-tokenize라고 합니다. 본격적인 토큰화에 앞서 미리 분석했다는 의미에서 이런 이름이 붙었습니다. 물론 공백 말고 다른 기준으로 프리토크나이즈를 수행할 수도 있습니다.

우리가 가진 말뭉치에 프리토크나이즈를 실시하고 그 빈도를 모두 세어서 표 2-1을 얻었다고 가정해 봅시다. BPE를 문자 단위로 수행한다면 초기의 어휘 집합은 다음과 같습니다.

> b, g, h, n, p, s, u

이 7개 문자로도 프리토크나이즈 결과로 얻은 모든 토큰을 표현할 수 있습니다. 하지만 우리는 어휘 집합 크기가 약간 커지더라도 토큰 시퀀스의 길이를 줄이려는(정보를 압축하려는) 목적으로 BPE를 수행할 계획입니다. 초기 어휘 집합을 바탕으로 표 2-1을 다시 쓰면 표 2-2와 같습니다.

표 2-1 프리토크나이즈 결과

토큰	빈도
hug	10
pug	5
pun	12
bun	4
hugs	5

표 2-2 초기 어휘 집합으로 다시 작성한 빈도표

토큰	빈도
h, u, g	10
p, u, g	5
p, u, n	12
b, u, n	4
h, u, g, s	5

다음 표는 표 2-2의 토큰을 2개(바이그램; bigram)씩 묶어서 나열한 것입니다. 이제 할 일은 다음 그림처럼 바이그램 쌍이 같은 것끼리 그 빈도를 합쳐주는 것입니다. 그 결과는 표 2-4와 같습니다.

표 2-3 바이그램 쌍으로 나열		표 2-4 같은 바이그램 쌍 합치기	
바이그램 쌍	**빈도**	**바이그램 쌍**	**빈도**
h, u	10	b, u	4
u, g	10	g, s	5
p, u	5	h, u	15
u, g	5	p, u	17
p, u	12	u, g	20
u, n	12	u, n	16
b, u	4		
u, n	4		
h, u	5		
u, g	5		
g, s	5		

이번에 가장 많이 등장한 바이그램 쌍은 u, g로 총 20회입니다. 따라서 u와 g를 합친 ug를 어휘 집합에 추가합니다. 그러면 다음과 같습니다.

> b, g, h, n, p, s, u, ug

표 2-5는 표 2-2를 새로운 어휘 집합에 맞게 다시 쓴 결과입니다. u와 g를 병합했으므로 표 2-2의 각 빈도는 그대로인 채 ① h, u, g가 h, ug로 ② p, u, g가 p, ug로 ③ h, u, g, s가 h, ug, s로 바뀌었음을 확인할 수 있습니다. 그리고 표 2-6은 표 2-5를 바이그램 쌍 빈도로 나타낸 결과입니다. 계산 과정은 표 2-3에서 표 2-4를 얻었던 것과 같습니다.

표 2-5 u와 g 병합		표 2-6 바이그램 쌍 빈도로 나열	
토큰	**빈도**	**바이그램 쌍**	**빈도**
h, ug	10	b, u	4
p, ug	5	h, ug	15
p, u, n	12	p, u	12
b, u, n	4	p, ug	5
h, ug, s	5	u, n	16
		ug, s	5

이번에 가장 많이 등장한 바이그램 쌍은 u, n으로 총 16회입니다. 따라서 u와 n을 합친 un을 어휘 집합에 추가합니다. 그러면 다음과 같습니다.

> b, g, h, n, p, s, u, ug, **un**

표 2-7은 표 2-5를 새로운 어휘 집합에 맞게 다시 쓴 결과이고, 표 2-8은 표 2-7을 바탕으로 바이그램 쌍 빈도를 나타낸 결과입니다.

<table>
<tr><td colspan="2">표 2-7 u와 n 병합</td><td colspan="2">표 2-8 바이그램 쌍 빈도로 나열</td></tr>
<tr><th>토큰</th><th>빈도</th><th>바이그램 쌍</th><th>빈도</th></tr>
<tr><td>h, ug</td><td>10</td><td>b, un</td><td>4</td></tr>
<tr><td>p, ug</td><td>5</td><td>h, ug</td><td>15</td></tr>
<tr><td>p, un</td><td>12</td><td>p, ug</td><td>5</td></tr>
<tr><td>b, un</td><td>4</td><td>p, un</td><td>12</td></tr>
<tr><td>h, ug, s</td><td>5</td><td>ug, s</td><td>5</td></tr>
</table>

이번에 가장 많이 등장한 바이그램 쌍은 h, ug로 총 15회입니다. 따라서 h와 ug를 합친 hug를 어휘 집합에 추가합니다. 다음과 같습니다.

• BPE 어휘 집합 구축 결과	vocab.json
b, g, h, n, p, s, u, ug, un, hug	

BPE 어휘 집합은 사용자가 정한 크기가 될 때까지 이러한 과정을 반복해서 수행합니다. 만일 어휘 집합 크기를 10개로 정해 놓았다면, 어휘가 10개가 되었으므로 여기에서 BPE 어휘 집합 구축 절차를 마칩니다. 참고로 위의 어휘 집합은 「3-6」절의 허깅페이스[huggingface] **tokenizers** 패키지를 활용한 실습에서 vocab.json 파일로 저장됩니다.

> **“** BPE 어휘 집합은
> 고빈도 바이그램 쌍을 병합하는 방식으로 구축한다. **”**

한편 지금까지 가장 많이 등장한 바이그램 쌍을 병합^{merge}하는 방식으로 BPE 어휘 집합을 구축해 왔는데요, 다음 그림은 그 병합 이력을 한눈에 보기 좋게 모아 놓은 것입니다. 왼쪽부터 차례로 표 2-4, 표 2-6, 표 2-8에 대응합니다. 이 그림을 활용해 merge.txt라는 자료를 만듭니다. 이는 BPE 토큰화 과정에서 서브워드 병합 우선순위를 정하는 데 쓰입니다.

바이그램 쌍	빈도
b, u	4
g, s	5
h, u	15
p, u	17
u, g	20
u, n	16

바이그램 쌍	빈도
b, u	4
h, ug	15
p, u	12
p, ug	5
u, n	16
ug, s	5

바이그램 쌍	빈도
b, un	4
h, ug	15
p, ug	5
p, un	12
ug, s	5

그림 2-1 바이그램 쌍 병합 이력

처음 병합한 대상은 u, g, 두 번째는 u, n, 마지막은 h, ug였음을 확인할 수 있습니다. 이 내용 그대로 merges.txt로 저장합니다. 다음과 같습니다.

```
• 병합 우선순위                                                    merges.txt

u g
u n
h ug
```

BPE 토큰화

어휘 집합(vocab.json)과 병합 우선순위(merge.txt)가 있으면 토큰화를 수행할 수 있습니다. 예를 들어 pug bug mug라는 문장을 토큰화한다고 가정해 봅시다. 그러면 일단 이 문장에 프리토크나이즈를 수행해 다음처럼 공백 단위로 분리합니다.

pug bug mug → pug, bug, mug

이렇게 분리된 토큰을 가지고 각각 BPE 토큰화를 수행합니다. 가장 먼저 토큰화를 수행할 대상은 pug입니다. 그 전체적인 과정은 다음 그림과 같습니다.

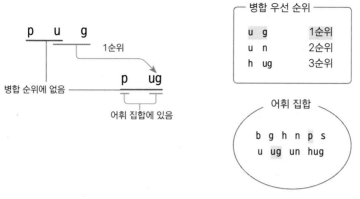

그림 2-2 pug 토큰화하기

우선 pug를 다음처럼 문자 단위로 분리합니다.

> pug → p, u, g

이후 merges.txt 파일을 참고해 병합 우선순위를 부여합니다.

> p, u → 우선순위 없음
> u, g → 1순위

둘 중에 u와 g의 우선순위가 높으므로 이들을 먼저 합쳐 줍니다. 그러면 다음과 같습니다.

> p, u, g → p, ug

merges.txt 파일을 한 번 더 참고해 병합 우선순위를 부여합니다.

> p, ug → 우선순위 없음

더 이상 병합 대상이 없으므로 병합을 그만둡니다. 그다음으로는 p, ug가 각각 어휘 집합(vocab.json)에 있는지를 검사합니다. 둘 모두 있으므로 pug의 토큰화 최종 결과는 p, ug입니다. 같은 방법으로 bug도 토큰화해 보면 결과는 b, ug가 됩니다.

마지막으로 토큰화를 수행할 대상은 mug입니다. 그 과정은 다음 그림과 같습니다.

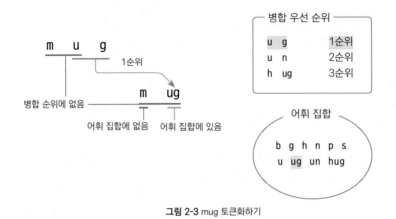

그림 2-3 mug 토큰화하기

mug는 merges.txt를 참고해 병합 우선순위를 따져보면 ug를 먼저 합치게 됩니다. 따라서 병합 결과는 m, ug인데 여기서 m은 어휘 집합에 없으므로 최종 토큰화 결과는 〈unk〉, ug가 됩니다. 여기서 〈unk〉는 **미등록 토큰**[unknown token]을 의미합니다. 결국 pug bug mug라는 문장의 BPE 토큰화 결과는 다음과 같습니다.

| pug bug mug → p, ug, b, ug, 〈unk〉, ug

일반적으로 알파벳 등 개별 문자들은 BPE 어휘 집합을 구축할 때 초기 사전에 들어가므로 m의 사례처럼 미등록 토큰이 발생하는 경우는 많지 않습니다. BPE가 어휘 집합 크기를 합리적으로 유지하면서도 어휘를 구축할 때 보지 못했던 단어(신조어 등)에 대해서 유의미한 분절을 수행할 수 있는 배경입니다.

워드피스

워드피스[wordpiece]는 말뭉치에서 자주 등장한 문자열을 토큰으로 인식한다는 점에서 BPE와 본질적으로 유사합니다. 다만 어휘 집합을 구축할 때 문자열을 병합하는 기준이 다릅니다. 워드피스는 BPE처럼 단순히 빈도를 기준으로 병합하는 것이 아니라, 병합했을 때 말뭉치의 **우도**[likelihood]를 가장 높이는 쌍을 병합합니다.

❝ 워드피스는 우도를 가장 높이는 글자 쌍을 병합한다. ❞

BPE   워드피스

다음 식은 병합 후보가 a, b일 때 판단의 근거가 되는 값을 계산하는 방법입니다. 다음 식에서 $\#a$, $\#b$, $\#ab$는 각각 a, b, ab라는 문자열의 빈도수, n은 전체 글자 수를 가리킵니다. 즉, 분자는 ab가 연이어 등장할 확률, 분모는 a, b가 각각 등장할 확률의 곱입니다.

$$\frac{\dfrac{\#ab}{n}}{\dfrac{\#a}{n} \times \dfrac{\#b}{n}}$$

수식 2-1 병합 후보가 a, b일 때 워드피스의 병합 기준

이 수식의 값이 커지려면 a와 b가 서로 독립* 임을 가정했을 때보다 둘이 자주 동시에 등장해야 합니다. 즉, 워드피스에서는 병합 후보에 오른 쌍을 미리 병합해 보고 잃는 것과 가치 등을 판단한 후에 병합합니다. 워드피스는 병합 대상 전체 후보들 가운데 위와 같이 계산한 값이 가장 높은 쌍을 합칩니다.

* 각각의 등장이 서로의 등장에 전혀 영향을 주지 않는 상태를 의미합니다.

허깅페이스 tokenizers를 사용한다면 토큰화를 수행하는 방식도 BPE와 워드피스가 약간 다릅니다. BPE는 어절별로 병합 우선순위(merges.txt)가 높은 바이그램 쌍을 반복해서 병합합니다. 그다음에 병합된 토큰이 어휘 집합(vocab.json)에 있는지 확인해 최종 결과를 도출합니다.

그런데 워드피스는 어휘 집합(vocab.txt)만 가지고 토큰화합니다. 워드피스에서는 분석 대상 어절에 어휘 집합에 있는 서브워드가 포함돼 있을 때 해당 서브워드를 어절에서 분리합니다. 단, 이러한 서브워드 후보가 여럿 있을 경우 가장 긴 서브워드를 선택합니다. 이후 어절의 나머지에서 어휘 집합에 있는 서브워드를 다시 찾고(최장 일치 기준), 또 분리합니다. 분석 대상 문자열에서 서브워드 후보가 하나도 없으면 해당 문자열 전체를 미등록 단어로 취급합니다.

2-3 어휘 집합 구축하기

지금까지 살펴본 내용을 바탕으로 허깅페이스 **tokenizers** 라이브러리를 활용해 BPE 기반의 토크나이저를 만들어 보겠습니다. BPE는 학습 대상 말뭉치에 자주 등장하는 문자열을 토큰으로 인식해, 이를 기반으로 토큰화를 수행하는 기법입니다. BPE 기반 토크나이지를 사용하려면 어휘 집합부터 구축해야 합니다.

한 가지 주의할 점은 이번 절의 실습 코드는 코랩 환경 변화나 허깅페이스 토크나이저 라이브러리 버전 변경 등 여러 가지 원인으로 예고 없이 변경될 수 있습니다. 최신 코드는 다음의 코랩 노트북에서 확인하기 바랍니다.

Do it! 실습

BPE 기반 토크나이저 만들기

1단계 실습 환경 만들기

이 실습에서 사용하는 코드를 모두 정리해 구글 코랩 노트북으로 만들어 두었습니다. 웹 브라우저에서 다음 주소(bit.ly/3DEI31P)에 접속하면 노트북이 열립니다.

이 노트북은 읽기 권한만 부여돼 있으므로 실행하거나 내용을 고칠 수 없습니다. 노트북을 복사해 내 것으로 만들면 이 문제를 해결할 수 있습니다. 이러한 내용은 「1-4」절에서 이미 살펴봤으므로 이를 참고해 주세요.

한편 이 실습에서는 하드웨어 가속기가 필요 없으므로 그림 2-4처럼 코랩 메뉴에서 [런타임 → 런타임 유형 변경]을 선택한 뒤 [None]을 선택합니다. 이후 코드 2-1을 실행해 의존성 있는 패키지를 설치합니다.

> • **코드 2-1** 의존성 패키지 설치

```
!pip install ratsnlp
```

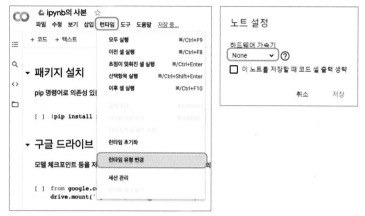

그림 2-4 하드웨어 가속기 설정

`2단계` **구글 드라이브 연동하기**

코랩 노트북은 일정 시간 사용하지 않으면 모든 결과물이 날아갈 수 있습니다. 이번 실습에서 구축할 어휘 집합을 따로 저장해 두기 위해 자신의 구글 드라이브를 코랩 노트북과 연결합니다. 다음 코드를 실행하면 됩니다.

• **코드 2-2** 구글 드라이브와 연결

```
from google.colab import drive
drive.mount('/gdrive', force_remount=True)
```

`3단계` **말뭉치 내려받기 및 전처리**

오픈소스 파이썬 패키지 코포라를 활용해 BPE 수행 대상 말뭉치를 내려받고 전처리합니다. 실습용 말뭉치는 박은정 님이 공개한 네이버 영화 리뷰 NSMC입니다. 다음 코드를 수행하면 데이터를 내려받아 해당 데이터를 nsmc라는 변수로 읽어들입니다.

• **코드 2-3** NSMC 다운로드

```
from Korpora import Korpora
nsmc = Korpora.load("nsmc", force_download=True)
```

다음 코드를 수행하면 NSMC에 포함된 영화 리뷰들을 순수 텍스트 형태로 코랩 환경 로컬의 지정된 디렉터리에 저장해 둡니다.

> • **코드 2-4** NSMC 전처리

```python
import os
def write_lines(path, lines):
    with open(path, 'w', encoding='utf-8') as f:
        for line in lines:
            f.write(f'{line}\n')
write_lines("/content/train.txt", nsmc.train.get_all_texts())
write_lines("/content/test.txt", nsmc.test.get_all_texts())
```

4단계 GPT 토크나이저 구축

GPT 계열 모델이 사용하는 토크나이저 기법은 BPE입니다. 단, 앞 절에서 설명한 문자 단위가 아니라 **유니코드 바이트** 수준으로 어휘 집합을 구축하고 토큰화를 수행합니다. 전 세계 대부분의 글자는 유니코드로 표현할 수 있으므로 유니코드 바이트 기준 BPE를 사용하면 미등록 토큰 문제에서 비교적 자유롭습니다.

한글은 한 글자가 3개의 유니코드 바이트로 표현되는데요, 예를 들어 **안녕하세요**라는 문자열을 유니코드 바이트에 대응하는 문자[*]로 변환하면 다음처럼 됩니다.

> [*] 유니코드(UTF-8) 1바이트를 10진수로 표현하면 0에서 255 사이의 정수가 됩니다. 이 256개 정수 각각을 특정 문자로 매핑한 것입니다. 예컨대 0은 Ā, 255는 ÿ에 각각 대응합니다.

> | 안녕하세요 → ìķĪëħķíķĺìĦ,ìļ̨Ķ

바이트 수준으로 BPE를 수행한다는 것은 어휘 집합 구축 대상 말뭉치를 위와 같이 변환하고 이들을 문자 취급해 가장 자주 등장한 문자열을 병합하는 방식으로 어휘 집합을 만든다는 의미입니다. 토큰화 역시 문자열을 위와 같이 변환한 뒤 수행합니다.

우선 바이트 수준 BPE 어휘 집합 구축 결과를 저장해 둘 디렉터리를 자신의 구글 드라이브 계정 내에 만듭니다. 다음 코드를 실행하면 됩니다.

> • **코드 2-5** 디렉터리 만들기

```python
import os
os.makedirs("/gdrive/My Drive/nlpbook/bbpe", exist_ok=True)
```

다음 코드를 실행하면 GPT 계열 모델이 사용하는 바이트 수준 BPE 어휘 집합을 구축할 수 있습니다. 어휘 집합 구축에 시간이 걸리니 코드 실행 후 잠시 기다려 주세요.

• 코드 2-6 바이트 수준 BPE 어휘 집합 구축

```
from tokenizers import ByteLevelBPETokenizer
bytebpe_tokenizer = ByteLevelBPETokenizer()
bytebpe_tokenizer.train(
    files=["/content/train.txt", "/content/test.txt"],  ── 학습 말뭉치를 리스트 형태로 넣기
    vocab_size=10000,  ── 어휘 집합 크기 조절
    special_tokens=["[PAD]"]  ── 특수 토큰 추가
)
bytebpe_tokenizer.save_model("/gdrive/My Drive/nlpbook/bbpe")
```

코드 수행이 끝나면 /gdrive/My Drive/nlpbook/bbpe 디렉터리에 **vocab.json**과 **merges. txt**가 생성됩니다. 전자는 바이트 수준 BPE의 어휘 집합이며 후자는 바이그램 쌍의 병합 우선순위입니다. 각각의 역할은 「2-2」절을 참고해 주세요. 다음은 수행 결과 일부를 보여줍니다.

• 바이트 수준 BPE 어휘 집합   vocab.json

```
{"[PAD]":0,"!":1,"\"":2,"#":3, (... 생략 ...), "Ġíķĺìłķìłº":9997,"ìķ¼ê²łëï¤":9998,"ìĺĺê
³ł":9999}
```

• 바이트 수준 BPE 병합 우선순위   merge.txt

```
#version: 0.2 - Trained by `huggingface/tokenizers`
Ġ ì
Ġ ë
ì ł
(... 생략 ...)
Ġíķĺ ìłķìłº
ìķ¼ ê²łëï¤
ìĺĺ ê³ł
```

5단계 | BERT 토크나이저 구축

BERT는 워드피스 토크나이저를 사용합니다. 먼저 앞에서 살펴본 코드 2-1로 자신의 구글 드라이브를 연결하고 코드 2-2와 2-3을 실행해 학습 말뭉치를 준비합니다. 그다음으로 워드피스 어휘 집합 구축 결과를 저장해 둘 디렉터리를 자신의 구글 드라이브 계정 내에 만듭니다. 다음 코드를 수행하면 됩니다.

• 코드 2-7 디렉터리 만들기

```
import os
os.makedirs("/gdrive/My Drive/nlpbook/wordpiece", exist_ok=True)
```

이후 다음 코드를 실행하면 BERT 모델이 사용하는 워드피스 어휘 집합을 구축할 수 있습니다. 코드 수행에 시간이 걸리니 잠시만 기다려주세요.

• 코드 2-8 워드피스 어휘 집합 구축

```
from tokenizers import BertWordPieceTokenizer
wordpiece_tokenizer = BertWordPieceTokenizer(lowercase=False)
wordpiece_tokenizer.train(
    files=["/content/train.txt", "/content/test.txt"],
    vocab_size=10000,
)
wordpiece_tokenizer.save_model("/gdrive/My Drive/nlpbook/wordpiece")
```

코드 수행이 끝나면 **save_path**가 가리키는 위치에 워드피스 어휘 집합인 vocab.txt가 생성됩니다. 다음은 워드피스 수행 결과 일부입니다.

• 워드피스 어휘 집합 구축 결과   vocab.txt

```
[PAD]
[UNK]
[CLS]
[SEP]
[MASK]
!
"
(... 생략 ...)
공중파
절제된
에일리언
99
very
ㅠㅠㅠㅠ
간간히
```

2-4 토큰화하기

이번에는 문장을 토큰화하고 해당 토큰들을 모델의 입력으로 만드는 과정을 실습해 보겠습니다.

Do it! 실습

GPT, BERT 입력값 만들기

1단계 코랩 노트북 초기화하기

이번 실습은 웹 브라우저에서 다음 주소(bit.ly/3oTKK9B)에 접속하면 코랩 환경에서 수행할 수 있습니다. 이전 실습(어휘 집합 구축하기)과 마찬가지로 코랩에서 '내 드라이브에 복사'와 '하드웨어 가속기 사용 안 함(None)'으로 설정합니다. 노트북 초기화를 마치면 다음 코드를 실행해 의존성 있는 패키지를 설치합니다.

• **코드 2-9** 의존성 패키지 설치

```
!pip install ratsnlp
```

그리고 이전 실습에서 미리 구축해 놓은 어휘 집합을 구글 드라이브에 저장해 두었으므로 다음 코드를 실행해 자신의 구글 드라이브를 코랩 노트북과 연결합니다.

• **코드 2-10** 구글 드라이브와 연결

```
from google.colab import drive
drive.mount('/gdrive', force_remount=True)
```

2단계 GPT 입력값 만들기

GPT 입력값을 만들려면 토크나이저부터 준비해야 합니다. 다음 코드를 수행하면 GPT 모델이 사용하는 토크나이저를 초기화할 수 있습니다. 먼저 자신의 구글 드라이브(/gdrive/My Drive/nlpbook/bbpe)에는 이전 실습에서 만든 바이트 기준 BPE 어휘 집합(vocab.json)

과 바이그램 쌍의 병합 우선순위(merge.txt)가 있어야 합니다.

· 코드 2-11 GPT 토크나이저 선언

```
from transformers import GPT2Tokenizer
tokenizer_gpt = GPT2Tokenizer.from_pretrained("/gdrive/My Drive/nlpbook/bbpe")
tokenizer_gpt.pad_token = "[PAD]"
```

다음 코드는 예시 문장 3개를 바이트 수준 BPE 토크나이저로 토큰화합니다.

· 코드 2-12 GPT 토크나이저로 토큰화하기

```
sentences = [
    "아 더빙.. 진짜 짜증나네요 목소리",
    "흠...포스터보고 초딩영화줄....오버연기조차 가볍지 않구나",
    "별루 였다..",
]
tokenized_sentences = [tokenizer_gpt.tokenize(sentence) for sentence in sentences]
```

이 코드를 실행한 결과를 보고자 코랩에서 tokenized_sentences를 출력해 보면 다음과 같습니다. 그런데 출력 결과를 보면 토큰들이 알 수 없는 문자열로 구성돼 있음을 확인할 수 있습니다. 그 이유는 앞에서도 설명했듯이 GPT 모델은 바이트 기준 BPE를 적용하기 때문입니다.

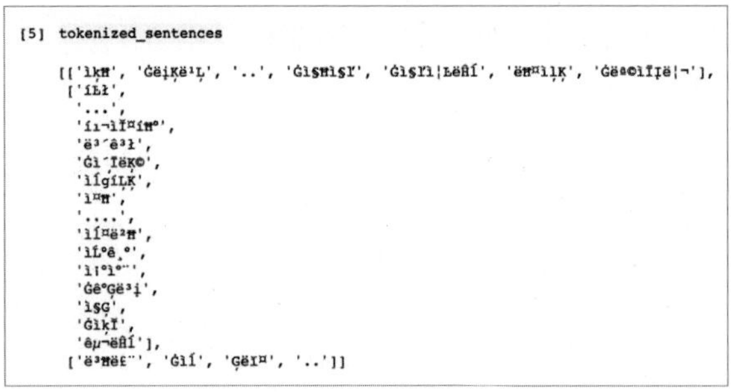

그림 2-5 바이트 수준 BPE 토큰화 결과

앞 코드는 GPT 토크나이저의 토큰화 결과를 살짝 맛보려고 한 것이고, 실제 모델 입력값은 다음 코드로 만듭니다.

• 코드 2-13 GPT 모델 입력 만들기

```
batch_inputs = tokenizer_gpt(
    sentences,
    padding="max_length",  ─── 문장의 최대 길이에 맞춰 패딩
    max_length=12,  ─────────── 문장의 토큰 기준 최대 길이
    truncation=True,  ───────── 문장 잘림 허용 옵션
)
```

이 코드의 실행 결과로 2가지 입력값이 만들어집니다. 하나는 `input_ids`입니다. `batch_inputs["input_ids"]`를 코랩에서 실행해 그 결과를 출력해 보면 다음 표와 같습니다. `input_ids`는 토큰화 결과를 가지고 각 토큰을 인덱스로 바꾼 것입니다. 어휘 집합(vocab.json)을 확인해 보면 각 어휘 순서대로 나열된 것을 확인할 수 있는데요, 이 순서가 바로 인덱스입니다. 이처럼 각 토큰을 인덱스로 변환하는 과정을 **인덱싱**indexing이라고 합니다.

표 2-9 GPT의 input_ids

구분	토큰 1	토큰 2	토큰 3	토큰 4	토큰 5	토큰 6	토큰 7	토큰 8	토큰 9	토큰 10	토큰 11	토큰 12
문장1	334	2338	263	581	4055	464	3808	0	0	0	0	0
문장2	3693	336	2876	758	2883	356	806	422	9875	875	2960	7292
문장3	4957	451	3653	263	0	0	0	0	0	0	0	0

표를 자세히 보면 모든 문장의 길이(토큰 수)가 12로 맞춰진 것을 볼 수 있습니다. 코드 2-13에서 `max_length` 인자에 12를 넣었기 때문인데요, 이보다 짧은 문장1과 문장3은 뒤에 [PAD] 토큰에 해당하는 인덱스 0이 붙었습니다. [PAD] 토큰은 일종의 더미 토큰으로 길이를 맞춰주는 역할을 합니다. 문장2는 원래 토큰 길이가 15였는데 12로 줄었습니다. 코드에서 문장 잘림을 허용하는 `truncation=True` 옵션 때문입니다.

코드 2-13의 실행 결과로 `attention_mask`도 만들어집니다. `attention_mask`는 일반 토큰이 자리한 곳(1)과 패딩 토큰이 자리한 곳(0)을 구분해 알려주는 장치입니다. `batch_inputs["attention_mask"]`를 입력해 그 결과를 출력해 보면 다음 표와 같습니다.

표 2-10 GPT의 attention_mask

구분	토큰 1	토큰 2	토큰 3	토큰 4	토큰 5	토큰 6	토큰 7	토큰 8	토큰 9	토큰 10	토큰 11	토큰 12
문장1	1	1	1	1	1	1	1	0	0	0	0	0
문장2	1	1	1	1	1	1	1	1	1	1	1	1
문장3	1	1	1	1	0	0	0	0	0	0	0	0

3단계 BERT 입력값 만들기

이번엔 BERT 모델의 입력값을 만들어 보겠습니다. 다음 코드를 수행하면 BERT 모델이 사용하는 토크나이저를 초기화할 수 있습니다. 먼저 자신의 구글 드라이브 경로(/gdrive/My Drive/nlpbook/wordpiece)에는 이전 실습에서 만든 BERT용 워드피스 어휘 집합(vocab. txt)이 있어야 합니다.

• **코드 2-14** BERT 토크나이저 선언

```
from transformers import BertTokenizer
tokenizer_bert = BertTokenizer.from_pretrained(
    "/gdrive/My Drive/nlpbook/wordpiece",
    do_lower_case=False,
)
```

다음 코드는 예시 문장 3개를 워드피스 토크나이저로 토큰화합니다. 그리고 그 결과는 그림 2-7과 같습니다. 토큰 일부에 있는 **##**은 해당 토큰이 어절(띄어쓰기 기준)의 시작이 아님을 나타냅니다. 예를 들어 **##네요**는 이 토큰이 앞선 토큰 **짜증나**와 같은 어절에 위치하며 어절 내에서 연속됨을 표시합니다.

• **코드 2-15** BERT 토크나이저로 토큰화하기

```
sentences = [
    "아 더빙.. 진짜 짜증나네요 목소리",
    "흠...포스터보고 초딩영화줄....오버연기조차 가볍지 않구나",
    "별루 였다..",
]
tokenized_sentences = [tokenizer_bert.tokenize(sentence) for sentence in sentences]
```

```
[12] tokenized_sentences

[['아', '더빙', '.', '.', '진짜', '짜증나', '##네요', '목소리'],
 ['흠',
  '.',
  '.',
  '.',
  '포스터',
  '##보고',
  '초딩',
  '##영화',
  '##줄',
  '.',
  '.',
  '.',
  '오버',
  '##연기',
  '##조차',
  '가볍',
  '##지',
  '않',
  '##구나'],
 ['별루', '였다', '.', '.']]
```

그림 2-6 BERT 토크나이저 토큰화 결과

앞 코드는 워드피스 토크나이저의 토큰화 결과를 살짝 맛보려고 한 것이고, 실제 모델 입력값은 다음 코드로 만듭니다.

• **코드 2-16** BERT 모델 입력 만들기

```
batch_inputs = tokenizer_bert(
    sentences,
    padding="max_length",
    max_length=12,
    truncation=True,
)
```

코드의 실행 결과로 3가지 입력값이 만들어집니다. 하나는 GPT 모델과 마찬가지로 토큰 인덱스 시퀀스를 나타내는 input_ids입니다. batch_inputs["input_ids"]를 입력하고 이를 출력해 보면 다음 표와 같습니다.

표 2-11 BERT의 input_ids

구분	토큰 1	토큰 2	토큰 3	토큰 4	토큰 5	토큰 6	토큰 7	토큰 8	토큰 9	토큰 10	토큰 11	토큰 12
문장1	2	621	2631	16	16	1993	3678	1990	3323	3	0	0
문장2	2	997	16	16	16	2609	2045	2796	1981	1212	16	3
문장3	2	3274	9507	16	16	3	0	0	0	0	0	0

표를 자세히 보면 모든 문장 앞에 2, 끝에 3이 붙은 것을 확인할 수 있습니다. 이는 각각 [CLS], [SEP]라는 토큰에 대응하는 인덱스인데요, BERT는 문장 시작과 끝에 이 2개 토큰을 덧붙이

는 특징이 있습니다. 그리고 `attention_mask`도 만들어집니다. BERT의 `attention_mask`는 GPT와 마찬가지로 일반 토큰이 자리한 곳(1)과 패딩 토큰이 자리한 곳(0)을 구분해서 알려 줍니다.

표 2-12 BERT의 attention_mask

구분	토큰1	토큰2	토큰3	토큰4	토큰5	토큰6	토큰7	토큰8	토큰9	토큰 10	토큰 11	토큰 12
문장1	1	1	1	1	1	1	1	1	1	1	0	0
문장2	1	1	1	1	1	1	1	1	1	1	1	1
문장3	1	1	1	1	1	1	0	0	0	0	0	0

마지막으로 `token_type_ids`라는 입력값도 만들어집니다. 이는 세그먼트[segment]에 해당하는 것으로 모두 0입니다. 세그먼트 정보를 입력하는 건 BERT 모델의 특징입니다. BERT 모델은 기본적으로 문서(혹은 문장) 2개를 입력받는데요, 둘은 `token_type_ids`로 구분합니다. 첫 번째 세그먼트(문서 혹은 문장)에 해당하는 `token_type_ids`는 0, 두 번째 세그먼트는 1입니다. 이번 실습에서 우리는 문장을 하나씩 넣었으므로 `token_type_ids`가 모두 0으로 처리됩니다.

알아두면 좋아요!

토큰화와 관련해 가장 좋은 학습 자료는 허깅페이스 토크나이저 공식 문서입니다. 허깅페이스 토크나이저는 바이트 페어 인코딩, 워드피스 등 각종 서브워드 토큰화 기법은 물론 유니코드 정규화, 프리토크나이즈, 토큰화 후처리 등 다양한 기능을 제공합니다. 공식 문서(영어)가 꽤 상세해 학습 자료로 손색이 없습니다. 다음 링크로 접속할 수 있습니다.

• huggingface.co/docs/tokenizers/python/latest

좀 더 깊게 공부하고 싶은 독자라면 논문 두 편(영어)을 추천해 드립니다. 하나는 바이트 페어 인코딩을 자연어 처리(기계 번역)에 처음 도입해 본 논문이고, 또 하나는 워드피스 기법을 제안한 논문입니다.

• **Neural Machine Translation of Rare Words with Subword Units:**
arxiv.org/pdf/1508.07909.pdf

• **Japanese and Korean Voice Search:**
static.google usercontent.com/media/research.google.com/ja//pubs/archive/37842.pdf

토큰화는 자연어 처리 모델의 입력값을 만드는 첫 단추입니다. 이번 장에서 배운 내용은 이후 모든 실습에서 활용되므로 잘 정리해 둬야 합니다. 지금까지 배운 내용을 퀴즈로 정리해 봅시다.

1. 토큰화란 문장을 토 _____ 로 나누는 과정이다.

2. 토큰화 수행 대상에 따라 문 _____ 단위, 단 _____ 단위, 서 _____ 단위 세 가지로 나뉜다.

3. 바이트 페어 인코딩은 사 _____ 증가를 억제하면서도 정 _____ 이 가능한 알고리즘이다.

4. BPE 어휘 집합은 고 _____ 을 병합하는 방식으로 구축한다.

5. 워드피스는 우 _____ 를 가장 높이는 쌍을 병합한다.

정답 1. 토큰 시퀀스 2. 문자, 단어, 서브워드 3. 사전 크기, 정보 압축
4. 고빈도 바이그램 쌍 5. 우도

3장

숫자 세계로 떠난 자연어

말뭉치의 의미와 문맥을 학습한 언어 모델을 활용해 문서 분류, 개체명 인식 등 각종 태스크를 수행할 수 있습니다. 이 언어 모델은 세부 태스크의 성능을 결정하는데요, 요즘에는 트랜스포머 기반의 언어 모델이 각광받고 있습니다. 이 장에서는 언어 모델이 말뭉치의 어떤 의미 정보를 학습하는지, 트랜스포머의 핵심 동작 원리는 무엇인지, 트랜스포머가 기본 뼈대인 BERT와 GPT 모델의 특징 등을 살펴보겠습니다.

이 장은 1, 2장보다 꽤 어렵습니다. 당장 소화하기 어렵다면 4장으로 건너뛰어도 실습을 수행하고 전체 맥락을 이해하는 데 큰 문제가 없습니다. 하지만 도전 가치는 충분합니다. 차근차근 따라가 보시죠!

3-1 미리 학습된 언어 모델

최근 BERT, GPT 같은 모델이 주목받게 된 이유는 성능 때문입니다. 이 모델들을 사용하면 문서 분류, 개체명 인식 등 어떤 태스크든지 점수가 이전과 비교해 큰 폭으로 오르기 때문인데요. BERT, GPT 따위의 부류는 프리트레인(미리 학습된) 언어 모델이라는 공통점이 있습니다. 이 절에서는 언어 모델의 개념과 프리트레인의 종류, 프리트레인을 마친 언어 모델이 성능이 좋은 이유 등을 살펴보고자 합니다.

언어 모델

언어 모델^{language model}이란 단어 시퀀스에 확률을 부여하는 모델입니다. 다시 말해 단어 시퀀스를 입력받아 해당 시퀀스가 얼마나 그럴듯한지 확률을 출력하는 모델입니다. 따라서 한국어 말뭉치로 학습한 언어 모델은 자연스러운 한국어 문장에 높은 확률값을 부여합니다. 어떤 문장이 한국어스러운지 해당 모델이 이해하고 있다는 것이죠.

> ❝ 언어 모델이란 단어 시퀀스에 확률을 부여하는 모델이다. ❞

문장에서 i번째로 등장하는 단어를 w_i로 표시한다면 n개 단어로 구성된 문장이 해당 언어에서 등장할 확률, 즉 언어 모델의 출력은 다음 수식처럼 쓸 수 있습니다. 이 수식은 n개 단어가 동시에 나타날 **결합 확률**^{joint probability}을 의미합니다. 잘 학습된 한국어 모델이 있다면 P(무모,운전)보다는 P(난폭, 운전)*이 큰 확률값을 지닐 겁니다.

* '난폭'이라는 단어와 '운전'이라는 단어가 동시에 나타날 결합 확률이라는 뜻입니다.

$$P\left(w_1, w_2, w_3, w_4, ..., w_n\right)$$

수식 3-1 언어 모델

그렇다면 **난폭**이 나타난 다음에 **운전**이 나타날 확률은 어떻게 정의할까요? 이러한 확률을 **조건부 확률**^{conditional probability}이라고 하는데요, 다음 수식과 같이 정의됩니다.

$$P(\text{운전}|\text{난폭}) = \frac{P(\text{난폭},\text{운전})}{P(\text{난폭})}$$

수식 3-2 '난폭' 다음에 '운전'이 올 조건부 확률

조건부 확률(위 수식 좌변)을 표기할 때 결과가 되는 사건(**운전**)을 앞에, 조건이 되는 사건(**난폭**)은 뒤에 씁니다. 조건이 되는 사건이 우변 분자의 일부, 그리고 우변 분모를 구성하고 있음을 볼 수 있는데요, 이는 결과가 되는 사건(**운전**)은 조건이 되는 사건(**난폭**)의 영향을 받아 변한다는 개념을 내포하고 있습니다. 그도 그럴 것이 앞선 단어가 **난폭**이라면 다음 단어로 어떤 것이 자연스러울지 그 선택지가 확 줄어들겠죠.

결합 확률과 조건부 확률 사이에는 밀접한 관련이 있습니다. 조건부 확률의 정의에 따라 단어 3개가 동시에 등장할 결합 확률을 수식으로 나타내면 다음과 같습니다.

$$P\left(w_1, w_2, w_3\right) = P\left(w_1\right) \times P\left(w_2 \mid w_1\right) \times P\left(w_3 \mid w_1, w_2\right)$$

수식 3-3 결합 확률과 조건부 확률 사이의 관계

수식 3-2 조건부 확률의 정의에 따라 수식 3-3의 우변을 쭉 펼쳐 계산해 보면 좌변과 같습니다. 이를 직관적으로 곱씹어 보면, 단어 3개로 구성된 문장이 나타나려면(즉, 단어 3개가 동시에 등장하려면) 다음 3가지 **사건**^{event}이 동시에 일어나야 한다는 말이 됩니다.

- 첫 번째 단어(w_1) 등장
- 첫 번째 단어 등장(w_1) 후 두 번째 단어(w_2) 등장
- 첫 번째 단어(w_1)와 두 번째 단어 등장(w_2) 후 세 번째 단어(w_3) 등장

이로부터 수식 3-1의 언어 모델을 조건부 확률 개념으로 다시 쓰면 다음 수식과 같습니다. 요약하면 **전체 단어 시퀀스가 나타날 확률**(다음 수식 좌변)은 **이전 단어들이 주어졌을 때 다음 단어가 등장할 확률의 연쇄**(다음 수식 우변)와 같다는 이야기입니다. 이 때문에 언어 모델을 **이전 단어들이 주어졌을 때 다음 단어가 나타날 확률을 부여하는 모델**이라고 정의하기도 합니다.

$$P(w_1, w_2, w_3, w_4, \ldots, w_n) = \prod_{i=1}^{n} P(w_i \mid w_1, \ldots, w_{i-1})$$

수식 3-4 조건부 확률로 다시 쓴 언어 모델

순방향 언어 모델

우리는 임의의 단어 시퀀스가 해당 언어에서 얼마나 자연스러운지 이해하고 있는 언어 모델을 구축하려고 합니다. 그런데 조건부 확률의 정의에 따라 수식 3-4의 좌변과 우변이 같다는 사실을 알고 있으므로 언어 모델의 학습 방식을 **이전 단어들(컨텍스트)이 주어졌을 때 다음 단어 맞히기**로 정해도 목표를 달성할 수 있습니다.

다음 그림은 학습 말뭉치가 **어제 카페 갔었어 거기 사람 많더라**라는 문장 하나일 때 언어 모델이 계산하는 대상을 나타낸 것입니다. 검은색 단어는 컨텍스트, 주황색 단어는 맞혀야 할 다음 단어를 의미합니다. 이처럼 문장 앞부터 뒤로, 사람이 이해하는 순서대로 계산하는 모델을 **순방향 언어 모델**forward language model이라고 합니다. GPT, ELMo 같은 모델이 이런 방식으로 프리트레인을 수행합니다.

어제	카페	갔었어	거기	사람	많더라
어제					
어제	카페				
어제	카페	갔었어			
어제	카페	갔었어	거기		
어제	카페	갔었어	거기	사람	
어제	카페	갔었어	거기	사람	많더라

그림 3-1 순방향(→) 언어 모델

역방향 언어 모델

다음 그림은 같은 데이터지만 문장 뒤부터 앞으로 계산하는 **역방향 언어 모델**backward language model을 나타내고 있습니다. 역방향 언어 모델 역시 방향만 바뀌었을 뿐 다음 단어 맞히기 과정에서 전체 단어 시퀀스가 나타날 확률을 계산할 수 있습니다. ELMo[*] 같은 모델이 이런 방식으로 프리트레인을 수행합니다.

> [*] ELMo(Embeddings from Language Models)는 순방향과 역방향 언어 모델 모두 활용하는 기법입니다. 관련 논문과 코드: allennlp.org/elmo

어제	카페	갔었어	거기	사람	많더라
					많더라
				사람	많더라
			거기	사람	많더라
		갔었어	거기	사람	많더라
	카페	갔었어	거기	사람	많더라
어제	카페	갔었어	거기	사람	많더라

그림 3-2 역방향(←) 언어 모델

넓은 의미의 언어 모델

전통적인 의미의 언어 모델은 수식 3-4처럼 정의했지만 최근에는 다음 수식처럼 정의하기도 합니다.

$$P(w \mid \text{context})$$

수식 3-5 넓은 의미의 언어 모델

이는 컨텍스트(context; 주변 맥락 정보)가 전제된 상태에서 특정 단어(w)가 나타날 조건부 확률을 나타냅니다. 이렇게 정의된 언어 모델은 단어나 단어 시퀀스로 구성된 컨텍스트를 입력받아 특정 단어가 나타날 확률을 출력합니다. 이때 컨텍스트와 맞힐 단어를 어떻게 설정하느냐에 따라 다양하게 변형할 수 있습니다.

마스크 언어 모델

마스크 언어 모델masked language model은 학습 대상 문장에 빈칸을 만들어 놓고 해당 빈칸에 올 단어로 적절한 단어가 무엇일지 분류하는 과정으로 학습합니다. BERT가 마스크 언어 모델로 프리트레인하는 대표적인 모델입니다. 다음 그림은 마스크 언어 모델을 나타낸 것입니다.

어제	카페	갔었어	거기	사람	많더라
어제	카페	갔었어	거기	사람	많더라
어제	카페	갔었어	거기	사람	많더라
어제	카페	갔었어	거기	사람	많더라
어제	카페	갔었어	거기	사람	많더라
어제	카페	갔었어	거기	사람	많더라

그림 3-3 마스크 언어 모델

첫 줄에서 컨텍스트는 [MASK] 카페 갔었어 거기 사람 많더라이고 맞힐 대상 단어는 어제입니다. 마찬가지로 두 번째 줄의 컨텍스트는 어제 [MASK] 갔었어 거기 사람 많더라이며 맞힐 단어는 카페입니다. 즉, 검정색 단어는 컨텍스트, 주황색 단어는 맞혀야 할 타깃 단어를 가리킵니다.

맞힐 단어 이전 단어들만 참고할 수 있는 순방향·역방향 언어 모델과 달리 마스크 언어 모델은 맞힐 단어를 계산할 때 문장 전체의 맥락을 참고할 수 있다는 장점이 있습니다. 이 때문에 마스크 언어 모델에 양방향bidirectional 성질이 있다고들 합니다. 다시 말해 맞힐 단어 앞뒤를 모두 본다는 뜻입니다.

스킵-그램 모델

스킵-그램 모델skip-gram model은 어떤 단어 앞뒤에 특정 범위를 정해 두고 이 범위 내에 어떤 단어들이 올지 분류하는 과정으로 학습합니다. 다음 그림은 컨텍스트로 설정한 단어 〔   〕 앞뒤로 두 개씩 보는 상황을 나타낸 예시입니다.

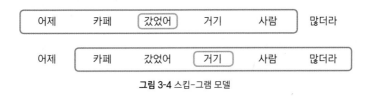

그림 3-4 스킵-그램 모델

이때 스킵-그램 모델은 **갔었어** 주변에 **어제, 카페, 거기, 사람**이 나타날 확률을 각각 높이는 방식으로 학습합니다. 그다음에 **거기** 주변에 **카페, 갔었어, 사람, 많더라**가 나타날 확률을 각각 높입니다. 즉, 스킵-그램 모델은 컨텍스트로 설정한 단어 주변에 어떤 단어들이 분포해 있는지를 학습한다는 이야기입니다. 2013년 구글에서 발표한 단어 수준 임베딩 기법인 Word2Vec*이 스킵-그램 모델 방식으로 학습합니다.

* 스킵-그램 모델: github.com/tmikolov/word2vec

언어 모델의 유용성

잘 학습된 언어 모델은 어떤 문장이 자연스러운지 가려낼 수 있어 그 자체로 값어치가 있습니다. 학습 대상 언어의 풍부한 맥락을 포함하고 있다는 점 역시 큰 장점입니다. 이 때문에 기계 번역, 문법 교정, 문장 생성 등 다양한 태스크를 수행할 수 있습니다.

- **기계 번역**: $P(?\,|\,\text{You can't be free from death})$
- **문법 교정**: $P(\text{두시 삼십 이분}) > P(\text{이시 서른 두분})$
- **문장 생성**: $P(?\,|\,\text{발 없는 말이})$

다음 그림은 kcbert-large 모델[*]의 계산 결과입니다. 이 모델은 12GB 크기의 네이버 댓글 데이터로 학습한 BERT인데요, 마스크 언어 모델 방식으로 프리트레인을 했습니다.

[*] 다음 링크에 접속하면 여러분도 kcbert-large 모델을 살펴볼 수 있어요.
huggingface.co/beomi/kcbert-large

그림 3-5 kcbert-large 모델의 계산 결과

이 모델에 **어제 카페 갔었어 [MASK] 사람 많더라**를 입력하니 해당 마스크 위치에 '**.**(확률값 0.131)'이 오는 것이 가장 자연스럽다고 예측하고 있군요. '**?**(0.119)', '**생각보다**(0.106)', '**~**(0.092)', '**어쩐지**(0.054)' 등이 그 뒤를 잇고 있습니다. 모두 그럴듯한 한국어 문장임을 확인할 수 있습니다.

다음 그림은 OpenAI가 2020년에 공개한 대규모 언어 모델인 GPT3의 단순 계산 능력을 평가한 그래프입니다. '다음 단어 맞히기'라는 단순 태스크로만 프리트레인을 했음에도 가장 큰 모델인 175B[*]는 두 자릿수 덧셈/뺄셈에서 거의 100%에 가까운 정확도를 나타내고 있습니다. 해당 모델이 학습 말뭉치를 그대로 외운 것 같은 인상을 주지만, 큰 언어 모델에 학습 대상 언어의 풍부한 맥락이 포함됐다는 점은 의심할 여지가 없습니다.

[*] 모델의 파라미터(parameter) 수가 175Billion, 즉 1,750억 개라는 뜻입니다. 모델 파라미터는 행렬이나 벡터인데요. 파라미터 수는 행렬, 벡터 요소 수의 총합을 가리킵니다. 파라미터 수가 많을수록 큰 모델이라는 뜻입니다.

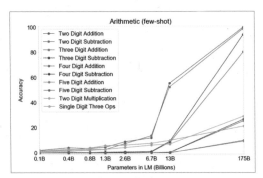

그림 3-6 GPT3의 단순 계산 능력(출처: arxiv.org/abs/2005.14165)

최근 들어 언어 모델이 주목받는 이유 가운데 하나는 데이터 제작 비용 때문입니다. '다음 단어 맞히기'나 '빈칸 맞히기' 등으로 학습 태스크를 구성하면 사람이 일일이 수작업해야 하는 레이블 없이도 많은 학습 데이터를 싼값에 만들어 낼 수 있습니다. GPT3 같은 대규모 언어 모델이 탄생하게 된 배경이기도 하죠.

또 다른 이유는 트랜스퍼 러닝을 꼽을 수 있습니다. 대량의 말뭉치로 프리트레인한 언어 모델을 문서 분류, 개체명 인식 등 다운스트림 태스크에 적용하면 적은 양의 데이터로도 그 성능을 큰 폭으로 올릴 수 있습니다. 실제로 최근에 제안되는 기법들은 프리트레인을 마친 딥러닝 계열 언어 모델을 바탕으로 할 때가 많습니다. 이 언어 모델의 최종 또는 중간 출력값*을 가지고 다양한 태스크를 수행합니다.

* 이러한 출력값을 임베딩(embedding) 또는 리프레젠테이션(representation)이라고 합니다.

3-2 트랜스포머 살펴보기

트랜스포머는 2017년 구글이 제안한 **시퀀스-투-시퀀스**^{sequence-to-sequence} 모델입니다. 최근 자연어 처리에서는 BERT나 GPT 같은 트랜스포머 기반 언어 모델이 각광받고 있습니다. 그 성능이 좋기 때문인데요, 왜 성능이 좋은지, 핵심 동작 원리는 무엇인지 살펴보겠습니다.

시퀀스-투-시퀀스

트랜스포머란 기계 번역 등 시퀀스-투-시퀀스 과제를 수행하는 모델입니다. 여기에서 시퀀스란 단어 같은 무언가의 나열을 의미하는데요, 시퀀스-투-시퀀스는 특정 속성을 지닌 시퀀스를 다른 속성의 시퀀스로 변환하는 작업을 가리킵니다.

> " 시퀀스-투-시퀀스란, 특정 속성을 지닌 시퀀스를
> 다른 속성의 시퀀스로 변환하는 작업이다. "

기계 번역을 예시로 시퀀스-투-시퀀스가 어떤 태스크인지 알아봅시다. 기계 번역이란 어떤 언어^{source language}의 토큰 시퀀스를 다른 언어^{target language}의 토큰 시퀀스로 변환하는 과제입니다. 예를 들면 다음과 같습니다.

> 어제, 카페, 갔었어, 거기, 사람, 많더라   소스 언어
>
> ↓
>
> I, went, to, the, cafe, there, were, many, people, there   타깃 언어

자세히 살펴보면 소스 시퀀스의 길이(토큰 6개)와 타깃 시퀀스의 길이(10개)가 다르다는 점을 알 수 있습니다. 이처럼 시퀀스-투-시퀀스 태스크는 소스와 타깃의 길이가 달라도 해당 과제를 수행하는 데 문제가 없어야 합니다.

인코더와 디코더

트랜스포머는 시퀀스-투-시퀀스 과제 수행에 특화된 모델입니다. 임의의 시퀀스를 해당 시퀀스와 속성이 다른 시퀀스로 변환하는 작업이라면 꼭 기계 번역이 아니더라도 수행할 수 있습니다. 예를 들어 필리핀 앞바다의 한 달 치 기온 데이터를 가지고 앞으로 1주일간 하루 단위로 태풍이 발생할지를 맞히는 과제(기온의 시퀀스 → 태풍 발생 여부의 시퀀스) 역시 트랜스포머가 할 수 있는 일입니다.

시퀀스-투-시퀀스 과제를 수행하는 모델은 다음 그림처럼 대개 **인코더**encoder와 **디코더**decoder 2개 파트로 구성됩니다.

그림 3-7 인코더, 디코더

인코더는 소스 시퀀스의 정보를 압축해 디코더로 보내는 역할을 담당합니다. 인코더가 소스 시퀀스 정보를 압축하는 과정을 **인코딩**이라고 합니다. 그리고 디코더는 인코더가 보내 준 소스 시퀀스 정보를 받아서 타깃 시퀀스를 생성합니다. 디코더가 타깃 시퀀스를 생성하는 과정을 **디코딩**이라고 합니다. 예를 들어 기계 번역에서는 인코더가 한국어 문장을 압축해 디코더에 보내고, 디코더는 이를 받아 영어로 번역합니다.

트랜스포머 역시 인코더와 디코더 구조를 따르며 이를 그림으로 나타내면 다음과 같습니다. 인코더의 입력은 소스 시퀀스이고 디코더의 입력은 타깃 시퀀스의 일부입니다. 3장에서는 이 그림을 세분해서 트랜스포머의 동작 원리를 자세하게 살펴봅니다.

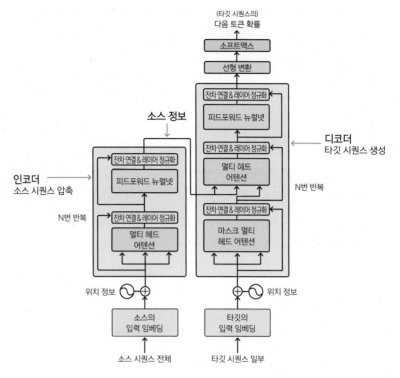

소스 정보

(타깃 시퀀스의)
다음 토큰 확률

소프트맥스

선형 변환

잔차 연결 & 레이어 정규화

피드포워드 뉴럴넷

잔차 연결 & 레이어 정규화

멀티 헤드
어텐션

디코더
타깃 시퀀스 생성

N번 반복

잔차 연결 & 레이어 정규화

마스크 멀티
헤드 어텐션

인코더
소스 시퀀스 압축

잔차 연결 & 레이어 정규화

피드포워드 뉴럴넷

N번 반복

잔차 연결 & 레이어 정규화

멀티 헤드
어텐션

위치 정보

위치 정보

소스의
입력 임베딩

타깃의
입력 임베딩

소스 시퀀스 전체

타깃 시퀀스 일부

그림 3-8 트랜스포머의 구조

모델 학습과 인퍼런스

그림 3-8을 바탕으로 트랜스포머가 어떻게 학습하는지 살펴보겠습니다. 이번 학습은 그림 3-9처럼 I를 맞혀야 하는 차례라고 가정해 봅시다.

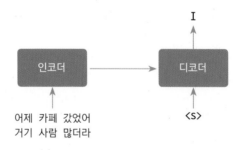

I

인코더 → 디코더

어제 카페 갔었어
거기 사람 많더라

⟨s⟩

그림 3-9 'I'를 맞히는 학습

이때 인코더 입력은 **어제, 카페, 갔었어, 거기, 사람, 많더라**처럼 소스 시퀀스 전체이고, 디코더 입력은 ⟨s⟩가 됩니다. 여기서 ⟨s⟩는 타깃 시퀀스의 시작을 뜻하는 스페셜 토큰입니다. 인코더는 소스 시퀀스를 압축해 디코더로 보내고, 디코더는 인코더에서 보내온 정보와 현재 디코더 입력을 모두 고려해 다음 토큰(I)을 맞힙니다.

트랜스포머의 최종 출력, 즉 디코더 출력(그림 3-8에서 다음 토큰 확률)은 타깃 언어의 어휘 수만큼의 차원으로 구성된 **벡터**^{vector}입니다. 이 벡터의 특징은 요솟^{element}값이 모두 확률이라는 점입니다. 예를 들어 타깃 언어의 어휘가 총 3만 개라고 가정해 보면 디코더 출력은 3만 차원의 벡터입니다. 이 벡터의 요솟값 3만 개 각각은 확률이므로 0 이상 1 이하의 값을 가지며 모두 더하면 1이 됩니다.

트랜스포머의 학습은 인코더와 디코더 입력이 주어졌을 때 정답에 해당하는 단어의 확률값을 높이는 방식으로 수행됩니다. 이를 나타낸 다음 그림에서 모델은 이번 시점의 정답인 I에 해당하는 확률은 높이고 나머지 단어의 확률은 낮아지도록 모델 전체를 갱신합니다.

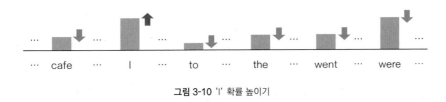

그림 3-10 'I' 확률 높이기

> " 트랜스포머는 인코더와 디코더 입력이 주어졌을 때
> 정답에 해당하는 단어의 확률값을 높이는 방식으로 학습한다. "

이번에는 타깃 시퀀스 가운데 went를 맞힐 차례입니다. 다음 그림과 같습니다. 인코더 입력은 소스 시퀀스 전체, 디코더 입력은 <s> I입니다.

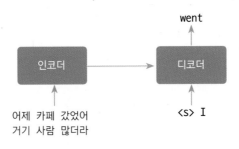

그림 3-11 'went'를 맞히는 학습

여기에서 특이한 점이 하나 있습니다. 학습 중의 디코더 입력과 학습을 마친 후 모델을 실제 기계 번역에 사용할 때(인퍼런스)의 디코더 입력이 다르다는 점입니다. 학습 과정에서는 디코더 입력에 맞혀야 할 단어(went) 이전의 정답 타깃 시퀀스(<s> I)를 넣어줍니다. 하지만 학습 종료 후 인퍼런스 때는 현재 디코더 입력에 직전 디코딩 결과를 사용합니다. 예를 들어 모델 학습이 약간 잘못되어 인퍼런스 때 직전 디코더 출력이 I 대신 you라는 단어가 나왔다고 가정해 봅시다. 이때 다음 디코더 입력은 <s> you가 됩니다.

학습 과정 중 인코더, 디코더 입력이 그림 3-11과 같은 상황에서 모델은 이번 시점의 정답인 went에 해당하는 확률은 높이고 나머지 단어의 확률은 낮아지도록 모델 전체를 갱신합니다.

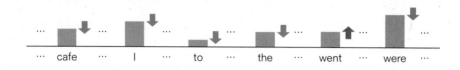

그림 3-12 'went' 확률 높이기

이번에는 타깃 시퀀스 가운데 to를 맞힐 차례입니다. 다음 그림처럼 인코더 입력은 소스 시퀀스 전체입니다. 학습 과정 중 디코더 입력은 정답인 \<s\> I went, 인퍼런스할 때 디코더 입력은 직전 디코딩 결과입니다.

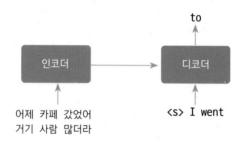

그림 3-13 'to'를 맞히는 학습

학습 과정 중 인코더, 디코더 입력이 그림 3-13과 같은 상황에서 모델은 이번 시점의 정답인 to에 해당하는 확률은 높이고 나머지 단어의 확률은 낮아지도록 모델 전체를 갱신합니다.

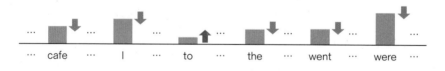

그림 3-14 'to' 확률 높이기

이러한 방식으로 말뭉치 전체를 반복해서 학습하면 한국어-영어 기계 번역을 성공적으로 수행할 수 있습니다.

트랜스포머 블록

다음 그림은 트랜스포머의 인코더 가운데 반복되는 요소를 떼어내 다시 나타낸 것입니다. 이런 구조를 **블록**block 또는 **레이어**layer라고 합니다. 트랜스포머의 인코더는 이러한 블록 수십 개를 쌓아서 구성합니다.

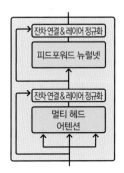

그림 3-15 트랜스포머 인코더 블록

그림에서 확인할 수 있듯이 인코더 블록은 **멀티 헤드 어텐션**multi-head attention, **피드포워드 뉴럴 네트워크**feedforward neural network, **잔차 연결**residual connection 및 **레이어 정규화**layer normalization 등 3가지 요소로 구성돼 있습니다. 각 요소는 앞으로 자세히 다루겠습니다.

디코더 쪽 블록의 구조도 인코더 블록과 본질적으로는 다르지 않습니다. 다만 **마스크를 적용한 멀티 헤드 어텐션**masked multi-head attention이 인코더 쪽과 다르고, 인코더가 보내 온 정보와 디코더 입력을 함께 이용해 멀티 헤드 어텐션을 수행하는 모듈이 추가됐습니다.

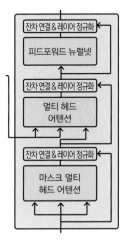

그림 3-16 트랜스포머 디코더 블록

셀프 어텐션

앞에서 살펴본 트랜스포머 구조에서 멀티헤드 어텐션은 **셀프 어텐션**^{self attention}이라고도 불립니다. 트랜스포머 경쟁력의 원천은 셀프 어텐션에 있다고들 하는데요, 여기서는 셀프 어텐션을 좀 더 살펴보겠습니다.

우선 **어텐션**^{attention}은 시퀀스 입력에 수행하는 기계학습 방법의 일종인데요, 어텐션은 시퀀스 요소 가운데 중요한 요소에 집중하고 그렇지 않은 요소는 무시해 태스크 수행 성능을 끌어 올립니다. 어텐션은 기계 번역 과제에 처음 도입됐습니다.

> **❝** 어텐션은 중요한 요소에 더 집중해
> 성능을 끌어 올리는 기법이다. **❞**

기계 번역에 어텐션을 도입한다면 타깃 언어를 디코딩할 때 소스 언어의 단어 시퀀스 가운데 디코딩에 도움이 되는 단어 위주로 취사선택해서 번역 품질을 끌어올리게 됩니다. 즉, 어텐션은 디코딩할 때 소스 시퀀스 가운데 중요한 요소만 추립니다.

셀프 어텐션이란, 말 그대로 자신에게 수행하는 어텐션 기법입니다. 입력 시퀀스 가운데 태스크 수행에 의미 있는 요소들 위주로 정보를 추출한다는 뜻이죠. 그런데 이렇게만 설명하면 너무 알쏭달쏭하니 자연어 처리에서 자주 쓰이는 합성곱 신경망, 순환 신경망 등과 비교해 셀프 어텐션이 어떤 점을 목표로 하는지 살펴보겠습니다.

합성곱 신경망과 비교

합성곱 신경망^{Convolutional Neural Network; CNN}은 합성곱 필터[*]라는 특수한 장치를 이용해 시퀀스의 지역적인 특징을 잡아내는 모델입니다. 자연어는 기본적으로 시퀀스(단어 또는 형태소의 나열)이

* 합성곱 필터(convolution filter)란 합성곱 신경망을 구성하는 한 요소입니다. 이 필터는 데이터를 전체적으로 훑으면서 인접 정보를 추출하는 역할을 합니다.

고 특정 단어를 기준으로 한 주변 문맥이 의미 형성에 중요한 역할을 하므로 CNN이 자연어
처리에 널리 쓰이고 있습니다.

다음 그림은 CNN이 문장을 어떻게 인코딩하는지 나타낸 것입니다. 합성곱 필터(그림에서
네모 칸)가 단어를 하나씩 넘기면서 차례대로 읽어 들이는 걸 알 수 있습니다.

어제	카페	갔었어	거기	사람	많더라
어제	카페	갔었어	거기	사람	많더라
어제	카페	갔었어	거기	사람	많더라
어제	카페	갔었어	거기	사람	많더라

그림 3-17 합성곱 신경망

하지만 CNN은 합성곱 필터 크기를 넘어서는 문맥은 읽어내기 어렵다는 단점이 있습니다. 예
를 들어 필터 크기가 3(3개 단어씩 처리)이라면 4칸 이상 떨어져 있는 단어 사이의 의미는 캐
치하기 어렵습니다.

순환 신경망과 비교

순환 신경망^{Recurrent Neural Network; RNN} 역시 시퀀스 정보를 압축하는 데 강점이 있는 구조입니다.
예를 들어 소스 언어 시퀀스인 **어제, 카페, 갔었어, 거기, 사람, 많더라**를 인코딩해야 한다고
가정해 봅시다. 그렇다면 RNN은 다음 그림처럼 소스 시퀀스를 차례대로 처리합니다.

어제 ⟶ 카페 ⟶ 갔었어 ⟶ 거기 ⟶ 사람 ⟶ 많더라

그림 3-18 순환 신경망

하지만 RNN은 시퀀스 길이가 길어질수록 정보 압축에 문제가 발생합니다. 오래전에 입력된
단어는 잊어버리거나, 특정 단어 정보를 과도하게 반영해 전체 정보를 왜곡하는 경우가 자주
생긴다는 것이죠.

기계 번역을 할 때 RNN을 사용한다면 인코더가 디코더로 넘기는 정보는 소스 시퀀스의 마지
막인 **많더라**라는 단어의 의미가 많이 반영될 수밖에 없습니다. RNN은 입력 정보를 차례대로
처리하고 오래전에 읽었던 단어는 잊어버리는 경향이 있기 때문입니다.

어텐션과 비교

다음 그림을 보면 cafe에 대응하는 소스 언어의 단어는 **카페**이고 이는 소스 시퀀스의 초반부에 등장한 상황입니다. cafe라는 단어를 디코딩해야 할 때 **카페**를 반드시 참조해야 하는데요, 어텐션이 없는 단순 RNN을 사용하면 워낙 초반에 입력된 단어라 모델이 잊었을 가능성이 크고, 이 때문에 번역 품질이 낮아질 수 있습니다.

그림 3-19 'cafe'의 어텐션

어텐션은 이러한 문제점을 해결하고자 제안됐습니다. 디코더 쪽 RNN에 어텐션을 추가하는 방식입니다. 어텐션은 디코더가 타깃 시퀀스를 생성할 때 소스 시퀀스 전체에서 어떤 요소에 주목해야 할지를 알려주므로 **카페**가 소스 시퀀스 초반에 등장하거나 소스 시퀀스의 길이가 길어지더라도 번역 품질이 떨어지는 것을 막을 수 있습니다. 참고로 앞의 그림에서는 어텐션 기법으로 주목되는 단어에 좀 더 짙고 굵은 실선을 그려 놓았습니다.

특징 및 장점

셀프 어텐션은 자기 자신에 수행하는 어텐션입니다. 다음 그림을 봅시다. 입력 시퀀스가 **어제, 카페, 갔었어, 거기, 사람, 많더라**일 때 **거기**라는 단어가 어떤 의미를 가지는지 계산하는 상황입니다.

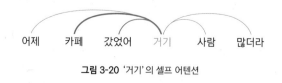

그림 3-20 '거기'의 셀프 어텐션

잘 학습된 셀프 어텐션 모델이라면 **거기**에 대응하는 장소는 **카페**라는 사실을 알아챌 수 있을 것입니다. 그뿐만 아니라 **거기**는 **갔었어**와도 연관이 있음을 확인할 수 있습니다. 트랜스포머 인코더 블록 내부에서는 이처럼 **거기**라는 단어를 인코딩할 때 **카페, 갔었어**라는 단어의 의미를 강조해서 반영합니다.

다음 그림은 입력 시퀀스가 **어제, 카페, 갔었어, 거기, 사람, 많더라**일 때 **카페**라는 단어가 어떤 의미를 가지는지 계산하는 상황입니다. 트랜스포머 인코더 블록은 **카페**라는 단어를 인코딩할 때 **거기, 갔었어**라는 단어의 의미를 다른 단어들보다 더 강하게 반영합니다.

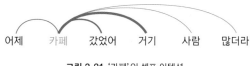

그림 3-21 '카페'의 셀프 어텐션

셀프 어텐션 수행 대상은 입력 시퀀스 전체입니다. 앞의 두 그림에서 **거기**와 **카페**만을 예로 들었지만 실제로는 **어제**-전체 입력 시퀀스, **갔었어**-전체 입력 시퀀스, **사람**-전체 입력 시퀀스, **많더라**-전체 입력 시퀀스 모두 어텐션 계산을 수행합니다.

이처럼 개별 단어와 전체 입력 시퀀스를 대상으로 어텐션 계산을 수행해 문맥 전체를 고려하므로 지역적인 문맥만 보는 CNN보다 강점이 있습니다. 아울러 모든 경우의 수를 고려하기 때문에(단어들 서로가 서로를 1대 1로 바라보게 함) 시퀀스 길이가 길어지더라도 정보를 잊거나 왜곡할 염려가 없습니다. 이는 RNN의 단점을 극복한 지점입니다.

어텐션과 셀프 어텐션의 주요 차이를 살펴보면 다음과 같습니다.

❶ 어텐션은 소스 시퀀스 전체 단어들(**어제, 카페, ..., 많더라**)과 타깃 시퀀스 단어 하나(cafe) 사이를 연결하는 데 쓰입니다. 반면 셀프 어텐션은 입력 시퀀스 전체 단어들(그림 3-20, 3-21) 사이를 연결합니다.

❷ 어텐션은 RNN 구조 위에서 동작하지만 셀프 어텐션은 RNN 없이 동작합니다.

❸ 타깃 언어의 단어를 1개 생성할 때 어텐션은 1회 수행하지만 셀프 어텐션은 인코더, 디코더 블록의 개수만큼 반복 수행합니다.

참고로 이 절에서는 트랜스포머 인코더 내부에서 동작하는 셀프 어텐션을 예로 들었지만, 트랜스포머 디코더에도 셀프 어텐션이 적용됩니다.

계산 예시

셀프 어텐션은 **쿼리**^{query}, **키**^{key}, **밸류**^{value} 3가지 요소가 서로 영향을 주고받는 구조입니다. 트랜스포머 블록에는 문장 내 각 단어가 벡터^{vector} 형태로 입력되는데요, 여기서 벡터란 일단 숫자의 나열 정도로 이해해 두면 좋을 것 같습니다.

> ❝ 셀프 어텐션은 쿼리, 키, 밸류가
> 서로 영향을 주고받으면서 문장의 의미를 계산한다. ❞

각 단어 벡터는 블록 내에서 어떤 계산 과정을 거쳐 쿼리, 키, 밸류 3가지로 변환됩니다. 만일 트랜스포머 블록에 입력되는 문장이 6개 단어로 구성돼 있다면 이 블록의 셀프 어텐션 계산 대상은 쿼리 벡터 6개, 키 벡터 6개, 밸류 벡터 6개 등 모두 18개가 됩니다.

다음 그림은 그림 3-21을 좀 더 자세하게 그린 것입니다. 셀프 어텐션은 쿼리 단어 각각을 대상으로 모든 키 단어와 얼마나 유기적인 관계를 맺는지 그 합이 1인 확률값으로 나타냅니다. 그림을 보면 **카페**라는 쿼리 단어와 가장 관련이 높은 키 단어는 **거기**라는 점(0.4)을 확인할 수 있습니다.

그림 3-22 셀프 어텐션 계산 예시

셀프 어텐션 모듈은 이러한 결과에 밸류 벡터들을 **가중합**^{weighted sum*}하는 방식으로 계산을 마무리합니다. 이를 다음 수식처럼 나타낼 수 있습니다. 새롭게 만들어지는 **카페** 벡터($\mathbf{Z}_{카페}$)는 문장에 속한 각 단어와 **카페** 사이의 관계가 녹아 있습니다.

* 가중합이란 복수의 수(혹은 벡터/행렬)를 단순히 합하는 것이 아니라 각각에 어떤 가중치를 곱한 후 이 곱셈 결과들을 합한 것을 가리킵니다.

$$\mathbf{Z}_{카페} = 0.1 \times \mathbf{V}_{어제} + 0.1 \times \mathbf{V}_{카페} + 0.2 \times \mathbf{V}_{갔었어} +$$
$$0.4 \times \mathbf{V}_{거기} + 0.1 \times \mathbf{V}_{사람} + 0.1 \times \mathbf{V}_{많더라}$$

수식 3-6 셀프 어텐션 계산 예시

여기서는 **카페**에 대해서만 계산 예를 들었지만 이러한 방식으로 나머지 단어들도 셀프 어텐션을 각각 수행합니다. 모든 시퀀스를 대상으로 셀프 어텐션 계산이 끝나면 그 결과를 다음 블록으로 넘깁니다. 이처럼 트랜스포머 모델은 셀프 어텐션을 블록(레이어) 수만큼 반복합니다.

3-3 셀프 어텐션 동작 원리

트랜스포머의 핵심 구성 요소는 셀프 어텐션입니다. 여기서는 셀프 어텐션의 내부 동작 원리를 살펴보겠습니다.

모델 입력과 출력

셀프 어텐션을 이해하려면 먼저 입력부터 살펴봐야 합니다. 다음 그림은 트랜스포머 모델의 전체 구조에서 인코더 입력만을 떼어 낸 그림입니다. 이처럼 모델의 입력을 만드는 계층을 **입력층**input layer이라고 합니다.

그림 3-23 인코더 입력

그림에서 확인할 수 있듯이 인코더 입력은 소스 시퀀스의 입력 임베딩에 **위치 정보**positional encoding를 더해서 만듭니다. 한국어에서 영어로 기계 번역을 수행하는 트랜스포머 모델을 구축한다고 가정해 봅시다. 이때 인코더 입력은 소스 언어 문장의 토큰 인덱스 시퀀스가 됩니다.*

> * 전처리 과정에서 입력 문장을 토큰화한 뒤 이를 인덱스로 변환하는 내용은 2장을 참고하세요.

예를 들어 소스 언어의 토큰 시퀀스가 **어제, 카페, 갔었어**라면 인코더 입력층의 최초 입력은 이들 토큰에 대응하는 인덱스 시퀀스가 되며 인코더 입력은 다음 그림과 같은 방식으로 만들어집니다. 이해를 돕고자 토큰 인덱스(**어제**의 고유 ID) 대신 토큰(**어제**)으로 표기했습니다.

그림 3-24 인코더 입력 예시

그림에서 왼쪽 행렬은 소스 언어의 각 어휘에 대응하는 단어 수준 임베딩인데요, 단어 수준 임베딩 행렬에서 현재 입력의 각 토큰 인덱스에 대응하는 벡터를 참조해 가져온 것이 그림 3-23의 입력 임베딩입니다. 단어 수준 임베딩은 트랜스포머의 다른 요소들처럼 소스 언어를 타깃 언어로 번역하는 태스크를 수행하는 과정에서 함께 업데이트(학습)됩니다.

입력 임베딩에 더하는 위치 정보는 해당 토큰이 문장 내에서 몇 번째 위치인지를 나타냅니다. 그림 3-24에서는 **어제**가 첫 번째, **카페**가 두 번째, **갔었어**가 세 번째입니다.

트랜스포머 모델은 이러한 방식으로 소스 언어의 토큰 인덱스 시퀀스를 이에 대응하는 벡터 시퀀스로 변환해 인코더 입력을 만듭니다. 디코더 입력 역시 만드는 방식이 거의 같습니다.

다음 그림은 트랜스포머의 전체 구조에서 인코더와 디코더 블록만을 떼어 낸 것인데요, 인코더 입력층에서 만들어진 벡터 시퀀스가 최초 인코더 블록의 입력이 되며, 그 출력 벡터 시퀀스가 두 번째 인코더 블록의 입력이 됩니다. 다음 인코더 블록의 입력은 이전 블록의 출력입니다. 이를 N번 반복합니다.

마찬가지로 디코더 입력층에서 만들어진 벡터 시퀀스가 최초 디코더 블록의 입력이 되며, 그 출력 벡터 시퀀스가 두 번째 디코더 블록의 입력이 됩니다. 다음 디코더 블록의 입력은 이전 블록의 출력입니다. 이를 N번 반복합니다.

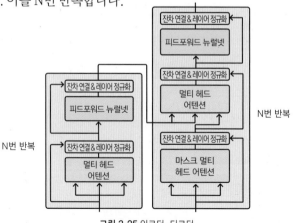

그림 3-25 인코더-디코더

그리고 다음 그림은 트랜스포머의 전체 구조에서 모델의 **출력층**^{output layer}만을 떼어 낸 것입니다. 이 출력층의 입력은 디코더 마지막 블록의 출력 벡터 시퀀스입니다. 출력층의 출력은 타깃 언어의 어휘 수만큼의 차원을 갖는 벡터가 됩니다. 만약 타깃 언어의 어휘가 총 3만 개라고 가정하면 이 벡터의 차원 수는 3만이 되며 3만 개 요솟값을 모두 더하면 그 합은 1이 됩니다. 이 벡터는 디코더에 입력된 타깃 시퀀스의 다음 토큰 확률 분포를 가리킵니다.

그림 3-26 디코더 출력

트랜스포머의 학습은 인코더와 디코더 입력이 주어졌을 때 모델 최종 출력에서 정답에 해당하는 단어의 확률값을 높이는 방식으로 수행됩니다.

셀프 어텐션 내부 동작

그러면 트랜스포머 모델의 핵심인 셀프 어텐션 기법이 내부에서 어떻게 동작하는지 살펴보겠습니다. 셀프 어텐션은 트랜스포머의 인코더와 디코더 블록 모두에서 수행되는데요, 여기서는 인코더의 셀프 어텐션을 살펴보겠습니다.

(1) 쿼리, 키, 밸류 만들기

그림 3-25를 보면 인코더에서 수행되는 셀프 어텐션의 입력은 이전 인코더 블록의 출력 벡터 시퀀스입니다. 그림 3-24의 단어 임베딩 차원 수(d)가 4이고, 인코더에 입력된 단어 개수가 3일 경우 셀프 어텐션 입력은 다음 수식의 $\mathbf{X}$와 같은 형태가 됩니다. 4차원짜리 단어 임베딩이 3개 모였음을 확인할 수 있습니다. 수식에서 $\mathbf{X}$의 요솟값이 모두 정수^{integer}인데요, 이는 예시일 뿐 실제 계산에서는 대부분이 실수^{real number}입니다.

$$X = \begin{bmatrix} 1 & 0 & 1 & 0 \\ 0 & 2 & 0 & 2 \\ 1 & 1 & 1 & 1 \end{bmatrix}$$

수식 3-7 입력 벡터 시퀀스 $\mathbf{X}$

셀프 어텐션은 쿼리, 키, 밸류 3개 요소 사이의 문맥적 관계성을 추출하는 과정입니다. 다음 수식처럼 입력 벡터 시퀀스($\mathbf{X}$)에 쿼리, 키, 밸류를 만들어 주는 행렬($\mathbf{W}$)을 각각 곱합니다. 입력 벡터 시퀀스가 3개일 때 수식을 적용하면 쿼리, 키, 밸류는 각각 3개씩 총 9개의 벡터가 나옵니다. 참고로 수식에서 × 기호는 **행렬 곱셈**^{matrix multiplication}을 가리키는 연산자인데요. 해당 기호를 생략할 때도 있습니다.[*]

$$\mathbf{Q} = \mathbf{X} \times \mathbf{W}_\mathrm{Q}$$
$$\mathbf{K} = \mathbf{X} \times \mathbf{W}_\mathrm{K}$$
$$\mathbf{V} = \mathbf{X} \times \mathbf{W}_\mathrm{V}$$

수식 3-8 쿼리, 키, 밸류 만들기

다음 수식은 수식 3-7의 입력 벡터 시퀀스 가운데 첫 번째 입력 벡터($\mathbf{X}_1$)로 쿼리를 만드는 예시입니다. 수식 3-9에서 좌변의 첫 번째가 바로 $\mathbf{X}_1$입니다. 그리고 좌변 두 번째가 수식 3-8의 $\mathbf{W}_\mathrm{Q}$에 대응합니다.

$$\begin{bmatrix} 1 & 0 & 1 & 0 \end{bmatrix} \times \begin{bmatrix} 1 & 0 & 1 \\ 1 & 0 & 0 \\ 0 & 0 & 1 \\ 0 & 1 & 1 \end{bmatrix} = \begin{bmatrix} 1 & 0 & 2 \end{bmatrix}$$

수식 3-9 쿼리 만들기 (1)

수식 3-7의 입력 벡터 시퀀스 가운데 두 번째 입력 벡터($\mathbf{X}_2$)로 쿼리를 만드는 식은 수식 3-10, 세 번째($\mathbf{X}_3$)로 쿼리를 만드는 과정은 수식 3-11과 같습니다. 이때 쿼리를 만드는 방식은 이전과 같습니다.

$$\begin{bmatrix} 0 & 2 & 0 & 2 \end{bmatrix} \times \begin{bmatrix} 1 & 0 & 1 \\ 1 & 0 & 0 \\ 0 & 0 & 1 \\ 0 & 1 & 1 \end{bmatrix} = \begin{bmatrix} 2 & 2 & 2 \end{bmatrix}$$

수식 3-10 쿼리 만들기 (2)

$$\begin{bmatrix} 1 & 1 & 1 & 1 \end{bmatrix} \times \begin{bmatrix} 1 & 0 & 1 \\ 1 & 0 & 0 \\ 0 & 0 & 1 \\ 0 & 1 & 1 \end{bmatrix} = \begin{bmatrix} 2 & 1 & 3 \end{bmatrix}$$

수식 3-11 쿼리 만들기 (3)

다음 수식은 입력 벡터 시퀀스 $\mathbf{X}$를 한꺼번에 쿼리 벡터 시퀀스로 변환하는 식입니다. 입력 벡터 시퀀스에서 하나씩 떼어서 쿼리로 바꾸는 이전 수식들과 비교했을 때 그 결과가 완전히 같음을 확인할 수 있습니다. 실제 쿼리 벡터 구축은 이러한 방식으로 이뤄집니다.

$$\begin{bmatrix} 1 & 0 & 1 & 0 \\ 0 & 2 & 0 & 2 \\ 1 & 1 & 1 & 1 \end{bmatrix} \times \begin{bmatrix} 1 & 0 & 1 \\ 1 & 0 & 0 \\ 0 & 0 & 1 \\ 0 & 1 & 1 \end{bmatrix} = \begin{bmatrix} 1 & 0 & 2 \\ 2 & 2 & 2 \\ 2 & 1 & 3 \end{bmatrix}$$

수식 3-12 쿼리 만들기 (4)

다음 수식은 입력 벡터 시퀀스 $\mathbf{X}$를 통째로 한꺼번에 키 벡터 시퀀스로 변환하는 것을 나타냅니다. 좌변에서 입력 벡터 시퀀스에 곱하는 행렬은 수식 3-8의 $\mathbf{W}_K$에 대응합니다.

$$\begin{bmatrix} 1 & 0 & 1 & 0 \\ 0 & 2 & 0 & 2 \\ 1 & 1 & 1 & 1 \end{bmatrix} \times \begin{bmatrix} 0 & 0 & 1 \\ 1 & 1 & 0 \\ 0 & 1 & 0 \\ 1 & 1 & 0 \end{bmatrix} = \begin{bmatrix} 0 & 1 & 1 \\ 4 & 4 & 0 \\ 2 & 3 & 1 \end{bmatrix}$$

수식 3-13 키 만들기

다음 수식은 입력 벡터 시퀀스 $\mathbf{X}$를 통째로 한꺼번에 밸류 벡터 시퀀스로 변환하는 것을 나타냅니다. 좌변에서 입력 벡터 시퀀스에 곱하는 행렬은 수식 3-8의 $\mathbf{W}_V$에 대응합니다.

$$\begin{bmatrix} 1 & 0 & 1 & 0 \\ 0 & 2 & 0 & 2 \\ 1 & 1 & 1 & 1 \end{bmatrix} \times \begin{bmatrix} 0 & 2 & 0 \\ 0 & 3 & 0 \\ 1 & 0 & 3 \\ 1 & 1 & 0 \end{bmatrix} = \begin{bmatrix} 1 & 2 & 3 \\ 2 & 8 & 0 \\ 2 & 6 & 3 \end{bmatrix}$$

수식 3-14 밸류 만들기

$\mathbf{W}_Q, \mathbf{W}_K, \mathbf{W}_V$ 세 가지 행렬은 태스크(예: 기계 번역)를 가장 잘 수행하는 방향으로 학습 과정에서 업데이트됩니다.

(2) 첫 번째 쿼리의 셀프 어텐션 출력값 계산하기

이제 셀프 어텐션을 계산할 준비가 모두 끝났습니다! 다음 수식은 셀프 어텐션의 정의입니다.

$$\text{Attention}(\mathbf{Q}, \mathbf{K}, \mathbf{V}) = \text{softmax}\left(\frac{\mathbf{Q}\mathbf{K}^\top}{\sqrt{d_K}}\right)\mathbf{V}$$

수식 3-15 셀프 어텐션 정의

수식 3-15를 말로 풀면 이렇습니다. 쿼리와 키를 행렬곱한 뒤 해당 행렬의 모든 요솟값을 키 차원 수의 제곱근으로 나누고, 이 행렬을 행 단위로 소프트맥스를 취해 스코어 행렬로 만들어 줍니다. 이 스코어 행렬에 밸류를 행렬곱하면 셀프 어텐션 계산을 마칩니다.

소프트맥스softmax란 입력 벡터의 모든 요솟값 범위를 0~1로 하고 총합을 1이 되게끔 하는 함수입니다. 어떤 입력이든 소프트맥스 함수를 적용하면 해당 값이 확률로 변환됩니다. 입력 벡터 **x**의 i번째 요솟값에 소프트맥스를 취한 결과는 다음 식과 같습니다.

$$\text{softmax}(\mathbf{x}_i) = \frac{\exp(\mathbf{x}_i)}{\sum_j \exp(\mathbf{x}_j)}$$

수식 3-16 소프트맥스 함수

수식 3-12의 쿼리 벡터 3개 가운데 첫 번째 쿼리만 가지고 셀프 어텐션 계산을 수행해 보겠습니다(수식 3-17 ~ 3-19). 다음 수식은 '첫 번째 쿼리 벡터'와 '모든 키 벡터에 전치transpose를 취한 행렬($\mathbf{K}^\top$)'을 행렬곱한 결과입니다. 여기에서 전치란 원래 행렬의 행과 열을 교환해 주는 걸 뜻합니다.

$$\begin{bmatrix} 1 & 0 & 2 \end{bmatrix} \times \begin{bmatrix} 0 & 4 & 2 \\ 1 & 4 & 3 \\ 1 & 0 & 1 \end{bmatrix} = \begin{bmatrix} 2 & 4 & 4 \end{bmatrix}$$

수식 3-17 첫 번째 쿼리 벡터에 관한 셀프 어텐션 계산 (1)

수식 3-17에서 우변에 있는 벡터의 첫 번째 요솟값(2)은 첫 번째 쿼리 벡터와 첫 번째 키 벡터 사이의 문맥적 관계성이 녹아든 결과입니다. 두 번째 요솟값(4)은 첫 번째 쿼리 벡터와 두 번째 키 벡터, 세 번째 요솟값(4)은 첫 번째 쿼리 벡터와 세 번째 키 벡터 사이의 문맥적 관계성이 포함돼 있습니다.

다음 수식은 앞선 결과에 키 벡터의 차원 수(d_K=3)의 제곱근으로 나눈 후 소프트맥스를 취해 만든 벡터입니다.

$$\text{softmax}\left(\begin{bmatrix} \dfrac{2}{\sqrt{3}} & \dfrac{4}{\sqrt{3}} & \dfrac{4}{\sqrt{3}} \end{bmatrix}\right) = \begin{bmatrix} 0.13613 & 0.43194 & 0.43194 \end{bmatrix}$$

수식 3-18 첫 번째 쿼리 벡터에 관한 셀프 어텐션 계산 (2)

첫 번째 쿼리 벡터에 대한 셀프 어텐션 계산의 마지막은 수식 3-19와 같습니다. 수식 3-18의 소프트맥스 벡터와 수식 3-14의 밸류 벡터들을 행렬곱해서 계산을 수행합니다. 이는 소프트맥스 벡터의 각 요솟값에 대응하는 밸류 벡터들을 가중합한 결과와 같습니다. 다시 말해 다음 수식은 $0.13613 \times [1\ 2\ 3] + 0.43194 \times [2\ 8\ 0] + 0.43194 \times [2\ 6\ 3]$과 동일한 결과라는 이야기입니다.

$$\begin{bmatrix} 0.13613 & 0.43194 & 0.43194 \end{bmatrix} \times \begin{bmatrix} 1 & 2 & 3 \\ 2 & 8 & 0 \\ 2 & 6 & 3 \end{bmatrix} = \begin{bmatrix} 1.8639 & 6.3194 & 1.7042 \end{bmatrix}$$

수식 3-19 첫 번째 쿼리 벡터에 관한 셀프 어텐션 계산 (3)

(3) 두 번째 쿼리의 셀프 어텐션 출력값 계산하기

이번에는 수식 3-12의 두 번째 쿼리 벡터에 대해 셀프 어텐션 계산을 해보겠습니다. 다음 수식은 '두 번째 쿼리 벡터'와 '모든 키 벡터에 전치를 취한 행렬($K^\top$)'을 행렬곱한 결과입니다. 우변에 있는 벡터의 첫 번째 요솟값(4)은 두 번째 쿼리 벡터와 첫 번째 키 벡터 사이의 문맥적 관계성이 녹아든 결과입니다. 두 번째 요솟값(16)은 두 번째 쿼리 벡터와 두 번째 키 벡터 사이, 세 번째 요솟값(12)은 두 번째 쿼리 벡터와 세 번째 키 벡터 사이의 문맥적 관계성이 포함돼 있습니다.

$$\begin{bmatrix} 2 & 2 & 2 \end{bmatrix} \times \begin{bmatrix} 0 & 4 & 2 \\ 1 & 4 & 3 \\ 1 & 0 & 1 \end{bmatrix} = \begin{bmatrix} 4 & 16 & 12 \end{bmatrix}$$

수식 3-20 두 번째 쿼리 벡터에 관한 셀프 어텐션 계산 (1)

수식 3-21은 앞선 결과에 키 벡터의 차원 수(d_k=3) 제곱근으로 나눈 후 소프트맥스를 취해 만든 벡터입니다.

$$\mathrm{softmax}\left(\begin{bmatrix} \dfrac{4}{\sqrt{3}} & \dfrac{16}{\sqrt{3}} & \dfrac{12}{\sqrt{3}} \end{bmatrix} \right) = \begin{bmatrix} 0.00089 & 0.90884 & 0.09027 \end{bmatrix}$$

수식 3-21 두 번째 쿼리 벡터에 관한 셀프 어텐션 계산 (2)

두 번째 쿼리 벡터에 대한 셀프 어텐션 계산의 마지막은 다음 수식과 같습니다. 수식 3-21의 소프트맥스 벡터와 수식 3-14의 밸류 벡터들을 행렬곱해서 계산을 수행합니다. 이는 소프트맥스 벡터의 각 요솟값에 대응하는 밸류 벡터들을 가중합한 결과와 동치입니다.

$$\begin{bmatrix} 0.00089 & 0.90884 & 0.09027 \end{bmatrix} \times \begin{bmatrix} 1 & 2 & 3 \\ 2 & 8 & 0 \\ 2 & 6 & 3 \end{bmatrix} = \begin{bmatrix} 1.9991 & 7.8141 & 0.2735 \end{bmatrix}$$

수식 3-22 두 번째 쿼리 벡터에 관한 셀프 어텐션 계산 (3)

(4) 세 번째 쿼리의 셀프 어텐션 출력값 계산하기

수식 3-12의 마지막 세 번째 쿼리 벡터에 대해 셀프 어텐션 계산을 해보겠습니다. 다음 수식은 '세 번째 쿼리 벡터'와 '모든 키 벡터에 전치를 취한 행렬($\mathbf{K}^\top$)'을 행렬곱한 결과입니다. 우변에 있는 벡터의 첫 번째 요솟값(4)은 세 번째 쿼리 벡터와 첫 번째 키 벡터 사이의 문맥적 관계성이 녹아든 결과입니다. 두 번째 요솟값(12)은 세 번째 쿼리 벡터와 두 번째 키 벡터 사이, 세 번째 요솟값(10)은 세 번째 쿼리 벡터와 세 번째 키 벡터 사이의 문맥적 관계성이 포함돼 있습니다.

$$\begin{bmatrix} 2 & 1 & 3 \end{bmatrix} \times \begin{bmatrix} 0 & 4 & 2 \\ 1 & 4 & 3 \\ 1 & 0 & 1 \end{bmatrix} = \begin{bmatrix} 4 & 12 & 10 \end{bmatrix}$$

수식 3-23 세 번째 쿼리 벡터에 관한 셀프 어텐션 계산 (1)

다음 수식은 앞선 결과에 키 벡터의 차원 수(d_k=3) 제곱근으로 나눈 후 소프트맥스를 취해 만든 확률 벡터입니다.

$$\text{softmax}\left(\begin{bmatrix} \dfrac{4}{\sqrt{3}} & \dfrac{12}{\sqrt{3}} & \dfrac{10}{\sqrt{3}} \end{bmatrix} \right) = \begin{bmatrix} 0.00744 & 0.75471 & 0.23785 \end{bmatrix}$$

수식 3-24 세 번째 쿼리 벡터에 관한 셀프 어텐션 계산 (2)

세 번째 쿼리 벡터에 대한 셀프 어텐션 계산의 마지막은 다음 수식과 같습니다. 수식 3-24의 소프트맥스 벡터와 수식 3-14의 밸류 벡터들을 행렬곱해서 계산을 수행합니다. 이는 소프트맥스 벡터의 각 요솟값에 대응하는 밸류 벡터들을 가중합한 결과와 동치입니다.

$$\begin{bmatrix} 0.00744 & 0.75471 & 0.23785 \end{bmatrix} \times \begin{bmatrix} 1 & 2 & 3 \\ 2 & 8 & 0 \\ 2 & 6 & 3 \end{bmatrix} = \begin{bmatrix} 1.9926 & 7.4796 & 0.7359 \end{bmatrix}$$

수식 3-25 세 번째 쿼리 벡터에 관한 셀프 어텐션 계산 (3)

(5) 코드로 확인하기

지금까지는 손 계산으로 셀프 어텐션을 살펴봤는데요, 파이토치를 활용해 코드로도 확인해 보겠습니다. 우선 입력 벡터 시퀀스 $\mathbf{X}$와 쿼리, 키, 밸류 구축에 필요한 행렬($\mathbf{W}_Q$ $\mathbf{W}_K$ $\mathbf{W}_V$)들을 앞선 예시 그대로 정의합니다.

```
import torch
x = torch.tensor([
  [1.0, 0.0, 1.0, 0.0],
  [0.0, 2.0, 0.0, 2.0],
  [1.0, 1.0, 1.0, 1.0],
])
w_query = torch.tensor([
  [1.0, 0.0, 1.0],
  [1.0, 0.0, 0.0],
  [0.0, 0.0, 1.0],
  [0.0, 1.0, 1.0]
])
w_key = torch.tensor([
  [0.0, 0.0, 1.0],
  [1.0, 1.0, 0.0],
  [0.0, 1.0, 0.0],
  [1.0, 1.0, 0.0]
])
w_value = torch.tensor([
  [0.0, 2.0, 0.0],
  [0.0, 3.0, 0.0],
  [1.0, 0.0, 3.0],
  [1.0, 1.0, 0.0]
])
```

다음 코드는 수식 3-8을 계산해 입력 벡터 시퀀스로 쿼리, 키, 밸류 벡터들을 만드는 부분입니다. 코드에서 `torch.matmul`는 행렬곱을 수행하는 함수입니다.

· **코드 3-2** 쿼리, 키, 밸류 만들기

```
keys = torch.matmul(x, w_key)
querys = torch.matmul(x, w_query)
values = torch.matmul(x, w_value)
```

다음 코드는 앞 코드에서 만든 쿼리 벡터들(querys)과 키 벡터들(keys)을 행렬곱해서 어텐션 스코어를 만드는 과정입니다. keys.T는 키 벡터들을 전치한 행렬입니다.

• 코드 3-3 어텐션 스코어 만들기

```
attn_scores = torch.matmul(querys, keys.T)
```

코드 3-3을 수행한 결과는 다음과 같습니다. 정확히 수식 3-17, 3-20, 3-23과 같습니다. 이들은 쿼리 벡터를 하나씩 떼어서 계산을 수행한 것인데요, 코드 3-3처럼 쿼리 벡터들을 한꺼번에 모아서 키 벡터들과 행렬곱을 수행해도 같은 결과를 낼 수 있음을 확인할 수 있습니다.

```
>>> attn_scores
tensor([[ 2.,  4.,  4.],
        [ 4., 16., 12.],
        [ 4., 12., 10.]])
```

다음 코드는 앞 코드 결과에 키 벡터의 차원 수 제곱근으로 나눈 후 소프트맥스를 취하는 과정입니다.

• 코드 3-4 소프트맥스 확률값 만들기

```
import numpy as np
from torch.nn.functional import softmax
key_dim_sqrt = np.sqrt(keys.shape[-1])
attn_probs = softmax(attn_scores / key_dim_sqrt, dim=-1)
```

이 코드를 수행한 결과는 다음과 같습니다. 정확히 수식 3-18, 3-21, 3-24와 같습니다.

```
>>> attn_probs
tensor([[1.3613e-01, 4.3194e-01, 4.3194e-01],
        [8.9045e-04, 9.0884e-01, 9.0267e-02],
        [7.4449e-03, 7.5471e-01, 2.3785e-01]])
```

다음 코드는 앞 코드에서 구한 소프트맥스 확률과 밸류 벡터들을 가중합하는 과정을 수행합니다.

• **코드 3-5** 소프트맥스 확률과 밸류를 가중합하기

```
weighted_values = torch.matmul(attn_probs, values)
```

이 코드를 수행한 결과는 다음과 같습니다. 정확히 수식 3-19, 3-22, 3-25와 같습니다.

```
>>> weighted_values
tensor([[1.8639, 6.3194, 1.7042],
        [1.9991, 7.8141, 0.2735],
        [1.9926, 7.4796, 0.7359]])
```

셀프 어텐션의 학습 대상은 쿼리, 키, 밸류를 만드는 가중치 행렬($\mathbf{W}_Q$, $\mathbf{W}_K$, $\mathbf{W}_V$)입니다. 코드 예시에서는 w_query, w_key, w_value입니다. 이들은 태스크(예: 기계 번역)를 가장 잘 수행하는 방향으로 학습 과정에서 업데이트됩니다.

멀티 헤드 어텐션

멀티 헤드 어텐션 Multi-Head Attention은 셀프 어텐션을 동시에 여러 번 수행하는 걸 가리킵니다. 여러 헤드가 독자적으로 셀프 어텐션을 계산한다는 이야기입니다. 비유하자면 같은 문서(입력)를 두고 독자(헤드) 여러 명이 함께 읽는 구조라 할 수 있겠습니다.

그림 3-27은 입력 단어 수는 2개, 밸류의 차원은 3, 헤드는 8개인 멀티 헤드 어텐션을 나타낸 것입니다. 개별 헤드의 셀프 어텐션 수행 결과는 '입력 단어 수 × 밸류 차원 수', 즉 2 × 3 크기를 갖는 행렬입니다. 8개 헤드의 셀프 어텐션 수행 결과를 다음 그림의 ①처럼 이어 붙이면 2 × 24의 행렬이 됩니다.

① 모든 헤드의 셀프 어텐션 출력 결과를 이어 붙인다.

Z_0 Z_1 Z_2 Z_3 Z_4 Z_5 Z_6 Z_7

② ①의 결과로 도출된 행렬에 W^O를 곱한다. 이 행렬은 개별 헤드의 셀프 어텐션 관련 다른 행렬(W_Q, W_K, W_V)과 마찬가지로 태스크(기계 번역)를 가장 잘 수행하는 방향으로 업데이트된다.

W^O

③ 새롭게 도출된 Z 행렬은 동일한 입력(문서)에 대해 각각의 헤드가 분석한 결과의 총합이다.

Z

그림 3-27 멀티 헤드 어텐션

멀티 헤드 어텐션은 개별 헤드의 셀프 어텐션 수행 결과를 이어붙인 행렬(①)에 W^O를 행렬곱해서 마무리됩니다. W^O의 크기는 '셀프 어텐션 수행 결과 행렬의 열 수 × 목표 차원 수'가 됩니다. 만일 멀티 헤드 어텐션 수행 결과(Z)를 앞의 그림처럼 3차원으로 설정해 두고 싶다면 W^O는 24 × 3 크기의 행렬이 되어야 합니다.

멀티 헤드 어텐션의 최종 수행 결과는 '입력 단어 수 × 목표 차원 수'입니다. 앞의 그림에서는 입력 단어 2개 각각에 대해 3차원짜리 벡터가 멀티 헤드 어텐션의 최종 결과물로 도출되었습니다. 멀티 헤드 어텐션은 인코더, 디코더 블록 모두에 적용됩니다. 앞으로 특별한 언급이 없다면 셀프 어텐션은 멀티 헤드 어텐션인 것으로 이해하면 좋겠습니다.

인코더에서 수행하는 셀프 어텐션

이번엔 트랜스포머 인코더에서 수행하는 계산 과정을 셀프 어텐션 중심으로 살펴보겠습니다. 그림 3-28은 트랜스포머 인코더 블록을 나타낸 것인데요, 기억을 떠올리고자 다시 가져와 봤습니다. 인코더 블록의 입력은 이전 블록의 단어 벡터 시퀀스(그림에서 붉은색 실선), 출력은 이번 블록 수행 결과로 도출된 단어 벡터 시퀀스(그림에서 녹색 실선)입니다.

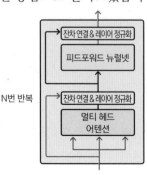
그림 3-28 트랜스포머 인코더 블록

인코더에서 수행되는 셀프 어텐션은 쿼리, 키, 밸류가 모두 소스 시퀀스와 관련된 정보입니다. 트랜스포머의 학습 과제가 한국어에서 영어로 번역하는 태스크라면 인코더의 쿼리, 키, 밸류는 모두 한국어가 된다는 이야기입니다.

다음 그림은 쿼리가 **어제**일 때 셀프 어텐션을 나타냈습니다. 잘 학습된 트랜스포머라면 쿼리, 키로부터 계산한 소프트맥스 확률(코드 3-5의 attn_probs에 대응) 가운데 과거 시제에 해당하는 **갔었어, 많더라** 등의 단어가 높은 값을 지닐 겁니다. 이 확률과 밸류 벡터를 가중합해서 셀프 어텐션 계산을 마칩니다.

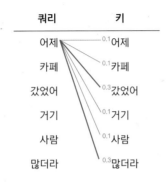

그림 3-29 쿼리가 '어제'일 때 셀프 어텐션

다음 그림은 쿼리가 **카페**일 때 셀프 어텐션을 나타냈습니다. 잘 학습된 트랜스포머라면 쿼리, 키로부터 계산한 소프트맥스 확률 가운데 장소를 지칭하는 대명사 **거기**가 높은 값을 지닐 겁니다. 이 확률과 밸류 벡터를 가중합해서 셀프 어텐션 계산을 마칩니다.

그림 3-30 쿼리가 '카페'일 때 셀프 어텐션

이러한 계산을 **갔었어, 거기, 사람, 많더라**를 대상으로도 수행합니다. 결국 인코더에서 수행하는 셀프 어텐션은 소스 시퀀스 내의 모든 단어 쌍pair 사이의 관계를 고려하게 됩니다.

디코더에서 수행하는 셀프 어텐션

다음 그림은 인코더와 디코더 블록을 나타낸 그림입니다. 그림에서도 확인할 수 있듯이 디코더 입력은 인코더 마지막 블록에서 나온 소스 단어 벡터 시퀀스(그림에서 붉은색 실선), 이전 디코더 블록의 수행 결과로 도출된 타깃 단어 벡터 시퀀스(그림에서 파란색 실선)입니다.

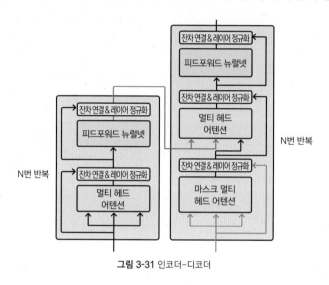

그림 3-31 인코더-디코더

그러면 디코더에서 수행되는 셀프 어텐션을 순서대로 살펴보겠습니다. 우선 **마스크 멀티 헤드 어텐션**Masked Multi-Head Attention입니다. 이 모듈에서는 타깃 언어의 단어 벡터 시퀀스를 계산 대상으로 합니다. 한국어를 영어로 번역하는 태스크를 수행하는 트랜스포머 모델이라면 여기서 계산되는 대상은 영어 단어 시퀀스가 됩니다.

이 파트에서는 입력 시퀀스가 타깃 언어(영어)로 바뀌었을 뿐 인코더 쪽 셀프 어텐션과 크게 다를 바가 없습니다. 오른쪽 그림은 쿼리가 cafe일 때 마스크 멀티 헤드 어텐션을 나타낸 것입니다. 학습이 잘 되었다면 쿼리, 키로부터 계산한 소프트맥스 확률 가운데 장소를 지칭하는 대명사 There가 높은 값을 지닐 겁니다. 이 확률과 밸류 벡터를 가중합해서 계산을 마칩니다.

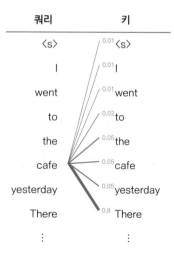

그림 3-32 마스크 멀티 헤드 어텐션

그다음은 멀티 헤드 어텐션입니다. 인코더와 디코더 쪽 정보를 모두 활용합니다. 인코더에서 넘어 온 정보는 소스 언어 문장(어제 카페 갔었어 거기 사람 많더라)의 단어 벡터 시퀀스입니다. 디코더 직전 블록에서 넘어온 정보는 타깃 언어 문장(<s> I went to the cafe yesterday There ...)의 단어 벡터 시퀀스입니다. 전자를 키, 후자를 쿼리로 삼아 셀프 어텐션 계산을 수행합니다.

다음 그림은 쿼리 단어가 cafe인 멀티 헤드 어텐션 계산을 나타낸 것입니다. 학습이 잘 되었다면 쿼리(타깃 언어 문장), 키(소스 언어 문장)로부터 계산한 소프트맥스 확률 가운데 쿼리에 대응하는 해당 장소를 지칭하는 단어 카페가 높은 값을 지닐 겁니다. 이 확률과 밸류 벡터를 가중합해서 계산을 마칩니다.

그림 3-33 디코더에서 수행되는 멀티 헤드 어텐션

그런데 학습 과정에서는 약간의 트릭을 씁니다. 트랜스포머 모델의 최종 출력은 타깃 시퀀스 각각에 대한 확률 분포인데요, 모델이 한국어를 영어로 번역하는 태스크를 수행하고 있다면 영어 문장의 다음 단어로 어떤 것이 적절할지에 관한 확률이 됩니다.

예를 들어 인코더에 어제 카페 갔었어 거기 사람 많더라가, 디코더에 <s>가 입력된 상황이라면 트랜스포머 모델은 다음 영어 단어 I를 맞히도록 학습됩니다. 하지만 학습 과정에서 모델에 이번에 맞혀야 할 정답인 I를 알려주게 되면 학습하는 의미가 사라집니다.

따라서 정답을 포함한 타깃 시퀀스의 미래 정보를 셀프 어텐션 계산에서 제외(마스킹)하게 됩니다. 다음 그림과 같습니다. 구체적으로는 타깃 시퀀스에 대한 마스크 멀티 헤드 어텐션 계산 시 제외 대상 단어들의 소프트맥스 확률이 0이 되도록 하여 멀티 헤드 어텐션에서도 해당 단어 정보들이 무시되게 하는 방식으로 수행됩니다.

쿼리	키
⟨s⟩	어제
I	카페
went	갔었어
to	거기
the	사람
cafe	많더라
⋮	

그림 3-34 학습 시 디코더에서 수행되는 셀프 어텐션(1)

이전 그림처럼 셀프 어텐션을 수행하면 디코더 마지막 블록 출력 벡터 가운데 ⟨s⟩에 해당하는 벡터에는 소스 문장 전체(어제 … 많더라)와 ⟨s⟩ 사이의 문맥적 관계성이 함축되어 있습니다. 트랜스포머 모델은 이 ⟨s⟩ 벡터를 가지고 I를 맞히도록 학습합니다. 다시 말해 정답 I에 관한 확률은 높이고 다른 단어들의 확률은 낮아지도록 합니다.

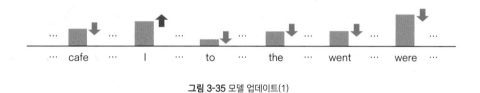

그림 3-35 모델 업데이트(1)

다음은 인코더에 **어제 카페 갔었어 거기 사람 많더라**가, 디코더에 ⟨s⟩ I가 입력된 상황입니다. 따라서 이때의 디코더 쪽 셀프 어텐션은 정답 단어 **went** 이후의 모든 타깃 언어 단어들을 모델이 보지 못하도록 하는 방식으로 수행됩니다.

쿼리	키
⟨s⟩	어제
I	카페
went	갔었어
to	거기
the	사람
cafe	많더라
⋮	

그림 3-36 학습 시 디코더에서 수행되는 셀프 어텐션(2)

디코더 마지막 블록의 I 벡터에는 소스 문장(어제 ... 많더라)과 <s> I 사이의 문맥적 관계성이 녹아 있습니다. 트랜스포머 모델은 이 I 벡터를 가지고 went를 맞히도록 학습합니다. 다시 말해 정답 went에 관한 확률은 높이고 다른 단어들의 확률은 낮아지도록 합니다.

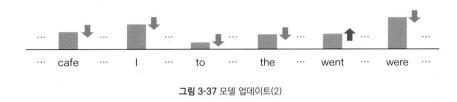

그림 3-37 모델 업데이트(2)

다음 그림은 인코더에 **어제 카페 갔었어 거기 사람 많더라**가, 디코더에 <s> I went가 입력된 상황입니다. 따라서 이때의 디코더 쪽 셀프 어텐션은 정답 단어 to 이후의 모든 타깃 언어 단어들을 모델이 보지 못하도록 하는 방식으로 수행됩니다.

쿼리	키
<s>	어제
I	카페
went	갔었어
to	거기
the	사람
cafe	많더라
⋮	

그림 3-38 학습 시 디코더에서 수행되는 셀프 어텐션(3)

디코더 마지막 블록의 went 벡터에는 소스 문장과 <s> I went 사이의 문맥적 관계성이 녹아 있습니다. 트랜스포머 모델은 이 went 벡터를 가지고 to를 맞히도록 학습합니다. 다시 말해 정답 to에 관한 확률은 높이고 다른 단어들의 확률은 낮아지도록 합니다.

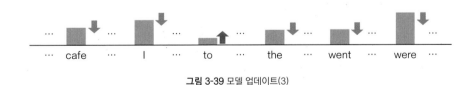

그림 3-39 모델 업데이트(3)

트랜스포머 모델은 이런 방식으로 말뭉치 전체를 훑어가면서 반복 학습합니다. 학습을 마친 모델은 다음처럼 기계 번역을 수행(인퍼런스)합니다.

1. 소스 언어(한국어) 문장을 인코더에 입력해 인코더 마지막 블록의 단어 벡터 시퀀스를 추출합니다.

2. 인코더에서 넘어온 소스 언어 문장 정보와 디코더에 타깃 문장 시작을 알리는 스페셜 토큰 ⟨s⟩를 넣어서, 타깃 언어(영어)의 첫 번째 토큰을 생성합니다.

3. 인코더 쪽에서 넘어온 소스 언어 문장 정보와 이전에 생성된 타깃 언어 토큰 시퀀스를 디코더에 넣어서 만든 정보로 타깃 언어의 다음 토큰을 생성합니다.

4. 생성된 문장 길이가 충분하거나 문장 끝을 알리는 스페셜 토큰 ⟨/s⟩가 나올 때까지 3을 반복합니다.

한편 ⟨/s⟩는 보통 타깃 언어 문장 맨 마지막에 붙여서 학습합니다. 이 토큰이 나타났다는 것은 모델이 타깃 문장 생성을 마쳤다는 의미입니다.

3-4 트랜스포머에 적용된 기술들

트랜스포머가 좋은 성능을 내는 데는 앞에서 살펴본 셀프 어텐션 말고도 다양한 기법이 적용됐기 때문입니다. 이번 절에서는 셀프 어텐션 외에 트랜스포머의 주요 요소들을 살펴보겠습니다.

트랜스포머 블록

다음 그림은 트랜스포머 모델에서 인코더와 디코더 블록 부분을 떼어 다시 그린 것입니다. 인코더와 디코더 블록의 구조는 디테일에서 차이가 있을 뿐 본질적으로는 크게 다르지 않습니다. 즉, 멀티 헤드 어텐션, 피드포워드 뉴럴 네트워크, 잔차 연결 및 레이어 정규화 등 3가지 구성 요소를 기본으로 합니다. 이 가운데 멀티 헤드 어텐션은 앞 절에서 이미 살펴봤으므로 여기서는 나머지 구성 요소인 피드포워드 뉴럴 네트워크와 잔차 연결 및 레이어 정규화를 차례대로 살펴보겠습니다.

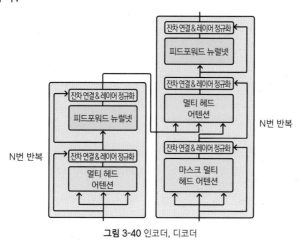

그림 3-40 인코더, 디코더

피드포워드 뉴럴 네트워크

멀티 헤드 어텐션의 출력은 입력 단어들에 대응하는 벡터 시퀀스입니다. 이후 벡터 각각을 **피드포워드 뉴럴 네트워크**^{feedforward neural network}에 입력합니다. 다시 말해 피드포워드 뉴럴 네트워크의 입력은 현재 블록의 멀티 헤드 어텐션의 개별 출력 벡터가 됩니다.

피드포워드 뉴럴 네트워크란 신경망^{neural network}의 한 종류로 다음 그림처럼 **입력층**^{input layer}(**x**), **은닉층**^{hidden layer}(**h**), **출력층**^{output layer}(**y**) 3개 계층으로 구성돼 있습니다. 그림의 각 동그라미를 **뉴런**^{neuron}이라고 합니다.

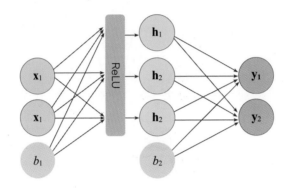

그림 3-41 피드포워드 뉴럴 네트워크

다음 그림은 뉴런과 뉴런 사이의 계산 과정을 좀 더 자세히 그린 것입니다. 이전 뉴런값 x_i와 그에 해당하는 가중치 $\mathbf{w}_i$를 가중합한 결과에 **바이어스**^{bias} b를 더해 만듭니다. 가중치들과 바이어스는 학습 과정에서 업데이트됩니다. 그림에서 **활성 함수**^{activation function} f는 현재 계산하고 있는 뉴런의 출력을 일정 범위로 제한하는 역할을 합니다.

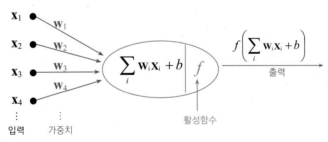

그림 3-42 뉴런의 계산 과정

트랜스포머에서 사용하는 피드포워드 뉴럴 네트워크의 활성 함수는 ReLU^{rectified linear unit}입니다. ReLU는 다음 수식처럼 정의되며 입력(x)에 대해 그림 3-43과 같은 그래프 모양을 가집니다. 다시 말해 양수 입력은 그대로 흘려보내되 음수 입력은 모두 0으로 치환해 무시합니다.

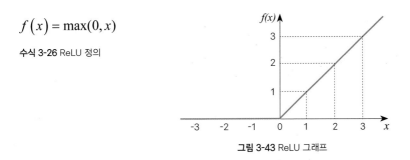

$$f(x) = \max(0, x)$$

수식 3-26 ReLU 정의

그림 3-43 ReLU 그래프

이제 피드포워드 뉴럴 네트워크의 계산 과정을 살펴보겠습니다. 입력층 뉴런이 각각 [2 1]이고 그에 해당하는 가중치가 [3 2], 바이어스가 1이라고 가정해 보겠습니다. 그러면 은닉층 첫 번째 뉴런값은 2×3+1×2+1=9가 됩니다. 이 값은 양수이므로 ReLU를 통과해도 그대로 살아남니다.

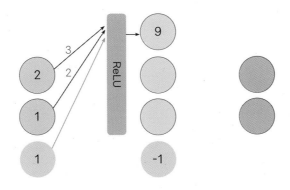

그림 3-44 피드포워드 뉴럴 네트워크 계산 예시 (1)

다시 입력이 같고 입력에 대한 가중치가 [2 −3]이라면 은닉층 두 번째 뉴런값은 2×2+1×−3+1=2가 됩니다. 이 값은 양수이므로 ReLU를 통과해도 그대로 살아남습니다.

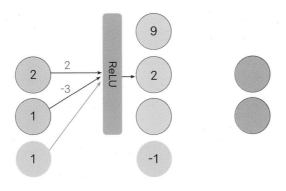

그림 3-45 피드포워드 뉴럴 네트워크 계산 예시 (2)

다시 입력이 같고 입력에 대한 가중치가 [-4 1]이라면 은닉층 세 번째 뉴런값은 2×-4+1×1+1=-6이 됩니다. 이 값은 음수이므로 ReLU를 통과하면서 0이 됩니다.

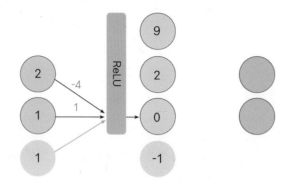

그림 3-46 피드포워드 뉴럴 네트워크 계산 예시 (3)

은닉층 처리를 마치고 이제 출력층을 계산할 차례입니다. 은닉층 뉴런이 각각 [9 2 0]이고 그에 대응하는 가중치가 [-1 1 3], 바이어스가 -1이라면 출력층 첫 번째 뉴런값은 9×-1+2×1+0×3 -1=-8이 됩니다.

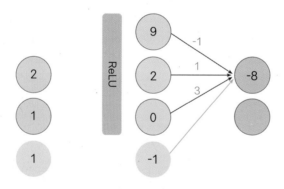

그림 3-47 피드포워드 뉴럴 네트워크 계산 예시 (4)

은닉층 뉴런값이 이전 그림과 같고 그에 대한 가중치가 [1 2 1]이라면 출력층 두 번째 뉴런값은 9×1+2×2+0×1-1=12가 됩니다.

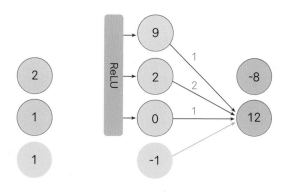

그림 3-48 피드포워드 뉴럴 네트워크 계산 예시 (5)

이번엔 위의 내용을 코드로 확인해 보겠습니다. 다음 코드는 지금까지 예시를 변수로 정의하는 코드입니다. x는 입력이고 w1은 입력층-은닉층을 연결하는 가중치, b1은 입력층-은닉층을 연결하는 바이어스입니다. w2는 은닉층-출력층을 연결하는 가중치, b2는 은닉층-출력층을 연결하는 바이어스입니다.

• **코드 3-6** 피드포워드 뉴럴 네트워크 계산 예시 (1)

```
import torch
x = torch.tensor([2, 1])
w1 = torch.tensor([[3, 2, -4],[2, -3, 1]])
b1 = 1
w2 = torch.tensor([[-1, 1], [1, 2], [3, 1]])
b2 = -1
```

다음은 실제 계산을 수행하는 코드입니다. 입력 x와 w1를 행렬곱한 뒤 b1을 더한 것이 h_preact입니다. 여기에 ReLU를 취해 은닉층 h를 만듭니다. 마지막으로 h와 w2를 행렬곱한 뒤 b2를 더해 출력층 y를 계산합니다.

• **코드 3-7** 피드포워드 뉴럴 네트워크 계산 예시 (2)

```
h_preact = torch.matmul(x, w1) + b1
h = torch.nn.functional.relu(h_preact)
y = torch.matmul(h, w2) + b2
```

다음은 이 코드를 수행한 결과를 파이썬 콘솔에서 확인한 것입니다. h_preact와 h는 그림 3-44~46에 이르는 은닉층 손 계산 예시와 똑같은 결과임을 알 수 있습니다. y는 그림 3-47과 3-48에 해당하는 출력층 손 계산 예시와 같은 결과입니다.

```
>>> h_preact
tensor([ 9, 2, -6])
>>> h
tensor([9, 2, 0])
>>> y
tensor([-8, 12])
```

피드포워드 뉴럴 네트워크의 학습 대상은 가중치와 바이어스입니다. 코드 예시에서는 w1, b1, w2, b2가 학습 대상이 됩니다. 이들은 태스크(예: 기계 번역)를 가장 잘 수행하는 방향으로 학습 과정에서 업데이트됩니다.

한편 트랜스포머에서는 은닉층의 뉴런 개수(즉, 은닉층의 차원 수)를 입력층의 4배로 설정하고 있습니다. 예를 들어 피드포워드 뉴럴 네트워크의 입력 벡터가 768차원일 경우 은닉층은 2,048차원까지 늘렸다가 출력층에서 이를 다시 768차원으로 줄입니다.

잔차 연결

잔차 연결residual connection이란 다음 그림처럼 블록이나 레이어 계산을 건너뛰는 경로를 하나 두는 것을 말합니다. 입력을 $\mathbf{x}$, 이번 계산 대상 블록을 $\mathbb{F}$라고 할 때 잔차 연결은 $\mathbb{F}(\mathbf{x}) + \mathbf{x}$로 간단히 실현합니다.

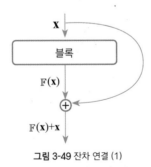

그림 3-49 잔차 연결 (1)

블록 계산이 계속될 때 잔차 연결을 두는 것은 제법 큰 효과가 있습니다. 다음 그림의 왼쪽처럼 블록 연산을 3번 수행하고 블록과 블록 사이에 잔차 연결을 모두 적용했다고 가정해 봅시다. 그렇다면 모델은 사실상 그림의 오른쪽처럼 계산하는 형태가 됩니다.

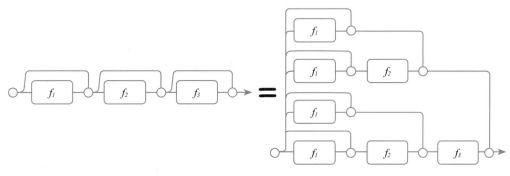

그림 3-50 잔차 연결 (2)

그림에서 오른쪽을 보면 잔차 연결을 두지 않았을 때는 f_1, f_2, f_3을 연속으로 수행하는 경로 한 가지만 존재했으나, 잔차 연결을 블록마다 설정해둠으로써 모두 8가지의 새로운 경로가 생겼습니다. 다시 말해 모델이 다양한 관점에서 블록 계산을 수행하게 된다는 이야기입니다.

딥러닝 모델은 레이어가 많아지면 학습이 어려운 경향이 있습니다. 모델을 업데이트하기 위한 신호(그레이디언트)가 전달되는 경로가 길어지기 때문입니다. 잔차 연결은 모델 중간에 블록을 건너뛰는 경로를 설정함으로써 학습을 쉽게 하는 효과까지 거둘 수 있습니다.

레이어 정규화

레이어 정규화^{layer normalization}란 미니 배치의 인스턴스($\mathbf{x}$)별로 평균($\mathbb{E}[\mathbf{x}]$)을 빼주고 표준편차($\sqrt{\mathbb{V}[\mathbf{x}]}$)로 나눠 정규화를 수행하는 기법입니다. 레이어 정규화를 수행하면 학습이 안정되고 그 속도가 빨라지는 등의 효과가 있다고 합니다. 다음 수식에서 β와 γ는 학습 과정에서 업데이트되는 가중치이며, ε은 분모가 0이 되는 걸 방지하려고 더해주는 고정값(보통 1e−5로 설정)입니다.

$$y = \frac{\mathbf{x} - \mathbb{E}[\mathbf{x}]}{\sqrt{\mathbb{V}[\mathbf{x}] + \epsilon}} \gamma + \beta$$

수식 3-27 레이어 정규화

레이어 정규화는 미니 배치의 인스턴스별로 수행합니다. 다음 그림은 배치 크기가 2인 경우 레이어 정규화 수행 과정의 일부를 나타낸 것입니다. 배치의 첫 번째 데이터(**x**=[1 2 3])의 평균과 표준편차는 각각 2, 0.8164인데요, 이 값들을 바탕으로 수식 3-27과 같은 정규화 수식을 계산하게 됩니다.

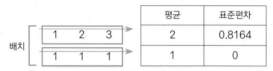

그림 3-51 레이어 정규화 수행 과정 일부

그러면 코드로도 확인해 보겠습니다. 다음 코드는 파이토치로 레이어 정규화를 수행하는 역할을 합니다. 입력의 모양은 '배치 크기(2)×피처의 차원 수(3)'가 되는데요, `torch.nn.LayerNorm(input.shape[-1])`이라는 코드는 위 그림에서 화살표 방향대로 레이어 정규화를 수행한다는 의미입니다.

• **코드 3-8** 레이어 정규화 예시

```
import torch
input = torch.tensor([[1.0, 2.0, 3.0], [1.0, 1.0, 1.0]])
m = torch.nn.LayerNorm(input.shape[-1])
output = m(input)
```

배치의 첫 번째 데이터를 수식 3-27에 따라 정규화하면 그 결과는 [−1.2247 0.0 1.2247]이 됩니다. 같은 방식으로 배치의 두 번째 데이터를 정규화하면 [0.0 0.0 0.0]이 됩니다. 다음은 앞 코드의 **output**을 파이썬 콘솔에서 확인한 결과입니다.

```
>>> output
tensor([[-1.2247,  0.0000,  1.2247],
        [ 0.0000,  0.0000,  0.0000]], grad_fn=<NativeLayerNormBackward>)
```

앞서 보인 레이어 정규화 수식을 자세히 보면 평균을 빼고 표준편차로 나눈 결과에 γ를 곱하고 마지막으로 β를 더하는 걸 알 수 있습니다. 그런데 앞의 출력 결과를 보면 이 계산을 생략한 것 같은 인상을 주는군요. 하지만 다음처럼 확인해 보면 이 의문이 풀립니다.

```
>>> m.weight
Parameter containing:
tensor([1., 1., 1.], requires_grad=True)
>>> m.bias
Parameter containing:
tensor([0., 0., 0.], requires_grad=True)
```

m.weight는 γ, m.bias는 β에 대응하는데요, 파이토치의 **LayerNorm** 객체는 이 두 값을 각각 1과 0으로 초기화합니다. 다시 말해 학습 초기 레이어 정규화 수행은 배치 인스턴스의 평균을 빼고 표준편차로 나눈 결과에 1을 곱한 후 0을 더한다는 이야기입니다. 이후 학습 과정에서는 태스크(예를 들어 기계 번역)를 가장 잘 수행하는 방향으로 이 값들을 업데이트합니다.

모델 학습 기법

여기서는 트랜스포머 모델의 학습 기법을 살펴봅니다.

드롭아웃

딥러닝 모델은 그 표현력이 아주 좋아서 학습 데이터 그 자체를 외워버릴 염려가 있습니다.[*]
이를 **과적합**[overfitting]이라고 합니다. **드롭아웃**[dropout]은 이러한 과적합 현상을 방지하고자 뉴런의 일부를 확률적으로 0으로 대치하여 계산에서 제외하는 기법입니다.

[*] 학습 데이터에 대해 오차가 적지만, 실전 데이터에선 오차가 큰 경우를 가리킵니다.

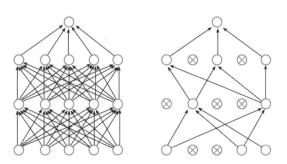

그림 3-52 일반적인 뉴럴 네트워크(왼쪽)에 드롭아웃을 적용한 예(오른쪽)

다음은 드롭아웃을 구현한 파이토치 코드입니다. torch.nn.Dropout 객체는 뉴런별로 드롭아웃을 수행할지 말지를 확률적으로 결정하는데요, p=0.2는 드롭아웃 수행 비율이 평균적으로 20%가 되게끔 하겠다는 이야기입니다.

• **코드 3-9** 드롭아웃

```
import torch
m = torch.nn.Dropout(p=0.2)
input = torch.randn(1, 10)
output = m(input)
```

다음은 앞 코드의 input과 output을 파이썬 콘솔에서 확인한 결과입니다. 드롭아웃 수행 결과 input 뉴런 가운데 8번째, 10번째가 0으로 대치되었음을 확인할 수 있습니다.

```
>>> input
tensor([[ 1.0573,  0.1351, -0.0124,  0.7029,  2.3283, -0.7240,  0.0716,  0.8494,
0.6496, -1.5225]])
>>> output
tensor([[ 1.3217,  0.1689, -0.0155,  0.8786,  2.9104, -0.9050,  0.0895,  0.0000,
0.8120, -0.0000]])
```

참고로 torch.nn.Dropout은 안정적인 학습을 위해 각 요솟값에 $1/(1-p)$를 곱하는 역할도 수행합니다. 코드 3-9에서 p를 0.2로 설정해 두었으므로 드롭아웃 적용으로 살아남은 요솟값 각각에 1.25를 곱하는 셈입니다. 이에 1.0573는 torch.nn.Dropout 수행 후 1.3217로, 0.1351은 0.1689로 변환됐습니다.

트랜스포머 모델에서 드롭아웃은 입력 임베딩과 최초 블록 사이, 블록과 블록 사이, 마지막 블록과 출력층 사이 등에 적용합니다. 드롭아웃 비율은 10%(p=0.1)로 설정하는 것이 일반적입니다. 드롭아웃은 학습 과정에만 적용하고 학습이 끝나고 나서 인퍼런스 과정에서는 적용하지 않습니다.

아담 옵티마이저

딥러닝 모델 학습은 모델 출력과 정답 사이의 **오차**[error]를 최소화하는 방향을 구하고 이 방향에 맞춰 모델 전체의 **파라미터**[parameter]들을 업데이트하는 과정입니다. 이때 오차를 **손실**[loss], 오차를 최소화하는 방향을 **그레이디언트**[gradient]라고 합니다. 그리고 오차를 최소화하는 과정을 **최적화**[optimization]라고 합니다.

파라미터란 행렬, 벡터, 스칼라 따위의 모델 구성 요소입니다. 이 값들은 학습 데이터로 구합니다. 예를 들어 대한민국 남성의 키를 '정규 분포'라는 모델로 나타낸다고 가정한다면 대한민국 남성 키의 평균과 표준편차가 이 모델의 파라미터가 됩니다.

딥러닝 모델을 학습하려면 우선 오차부터 구해야 합니다. 오차를 구하려면 현재 시점의 모델에 입력을 넣어봐서 처음부터 끝까지 계산해 보고 정답과 비교해야 합니다. 이처럼 오차를 구하려고 모델 처음부터 끝까지 순서대로 계산해 보는 과정을 **순전파**[forward propagation]라고 합니다.

오차를 구했다면 오차를 최소화하는 최초의 그레이디언트를 구할 수 있습니다. 이는 **미분**[derivative]으로 구합니다. 이후 미분의 **연쇄 법칙**[chain rule]에 따라 모델 파라미터별 그레이디언트 역시 구할 수 있습니다. 이 과정은 순전파의 역순으로 순차적으로 수행되는데요, 이를 **역전파**[backpropagation]라고 합니다. 다음 그림은 순전파와 역전파를 개념적으로 나타낸 그림입니다.

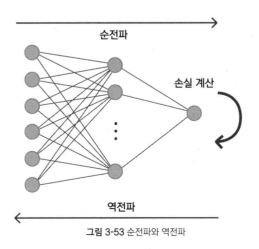

그림 3-53 순전파와 역전파

모델 파라미터를 업데이트하는 과정, 즉 학습 과정은 미니 배치 단위로 이뤄지는데요, 이는 눈을 가린 상태에서 산등성이를 한 걸음씩 내려가는 과정에 비유할 수 있습니다. 내가 지금 있는 위치에서 360도 모든 방향에 대해 한 발 한 발 내디디며 보고 가장 경사가 급한 쪽으로 한 걸음씩 내려가는 과정을 반복하는 것입니다.

모델 파라미터를 업데이트할 때(산등성이를 내려갈 때) 중요한 것은 방향과 보폭일 것입니다. 이는 최적화 도구의 도움을 받는데요, 트랜스포머 모델이 쓰는 최적화 도구가 바로 **아담 옵티마이저**^{Adam optimizer}입니다. 아담 옵티마이저는 오차를 줄이는 성능이 좋아서 트랜스포머 말고도 다양한 모델 학습에 널리 쓰이고 있습니다.

아담 옵티마이저의 핵심 동작 원리는 방향과 보폭을 적절하게 정해주는 겁니다. 방향을 정할 때는 현재 위치에서 경사가 가장 급한 쪽으로 내려가되, 여태까지 내려오던 관성(방향)을 일부 유지하도록 합니다. 보폭의 경우 안 가본 곳은 성큼 빠르게 걸어 훑고, 많이 가본 곳은 갈수록 보폭을 줄여 세밀하게 탐색하는 방식으로 정합니다.

다음은 아담 옵티마이저를 사용하는 파이토치 코드입니다. 최초의 보폭, 즉 **러닝 레이트**^{learning rate}를 정해주면 아담 옵티마이저가 최적화 대상 파라미터들(model.parameters())에 방향과 보폭을 정해줍니다.

* 다음 코드 3-10은 참고용 코드라서 실행할 수는 없습니다. 관련 내용은 4장 이후 실습을 진행하며 자연스럽게 공부할 수 있으니 눈으로 보고 넘어가세요.

> • **코드 3-10** 아담 옵티마이저

```
from torch.optim import Adam
optimizer = Adam(model.parameters(), lr=model.learning_rate)
```

참고로 이 책 실습에서는 `pytorch-lighting` 라이브러리의 `lightning` 모듈의 도움을 받아 `task`를 정의합니다. 여기엔 모델과 최적화 방법, 학습 과정 등이 포함돼 있습니다.

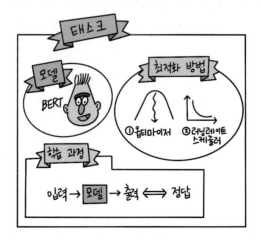

3-5 BERT와 GPT 비교

이번 절에서는 트랜스포머 아키텍처를 기본 뼈대로 하는 BERT와 GPT 모델의 공통점과 차이점을 중심으로 살펴봅니다. 마지막으로는 트랜스포머 계열 언어 모델의 최근 경향도 설명합니다.

BERT와 GPT

GPT는 언어 모델입니다. 이전 단어들이 주어졌을 때 다음 단어가 무엇인지 맞히는 과정에서 프리트레인합니다. 문장 왼쪽부터 오른쪽으로 순차적으로 계산한다는 점에서 일방향unidirectional입니다. BERT는 마스크 언어 모델입니다. 문장 중간에 빈칸을 만들고 해당 빈칸에 어떤 단어가 적절할지 맞히는 과정에서 프리트레인합니다. 빈칸 앞뒤 문맥을 모두 살필 수 있다는 점에서 양방향bidirectional 성격을 가집니다.

이 때문에 GPT는 문장 생성에, BERT는 문장의 의미를 추출하는 데 강점을 지닌 것으로 알려져 있습니다. 다음 그림은 GPT와 BERT의 프리트레인 방식을 나타낸 것입니다.

그림 3-54 GPT와 BERT의 프리트레인 방법

한편 트랜스포머에서 BERT는 인코더, GPT는 디코더만 취해 사용한다는 것 역시 다른 점입니다. 구조상 차이는 이어서 살펴보겠습니다.

GPT 구조

다음 그림은 GPT의 구조를 나타낸 것입니다. GPT는 트랜스포머에서 인코더를 제외하고 디코더만 사용합니다. 그림에서 오른쪽 디코더 블록을 자세히 보면 인코더 쪽에서 보내오는 정보를 받는 모듈(멀티 헤드 어텐션) 역시 제거돼 있음을 확인할 수 있습니다.

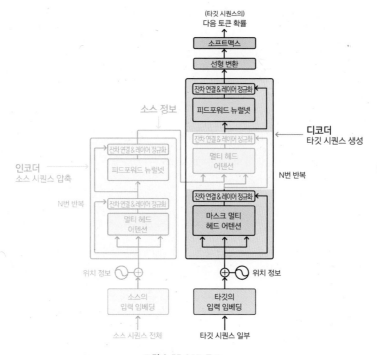

그림 3-55 GPT 구조

다음 그림은 GPT의 셀프 어텐션을 나타낸 것입니다. 입력 단어 시퀀스가 **어제 카페 갔었어 거기 사람 많더라**이고 이번이 **카페**를 맞혀야 하는 상황이라고 가정해 보겠습니다. 이때 GPT는 정답 단어 **카페**를 맞힐 때 **어제**라는 단어만 참고할 수 있습니다.

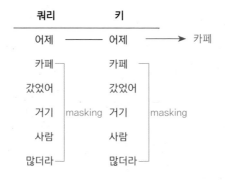

그림 3-56 GPT의 셀프 어텐션 (1)

따라서 정답 단어 이후의 모든 단어(**카페~많더라**)를 볼 수 없도록 처리해 줍니다. 구체적으로는 밸류 벡터들을 가중합할 때 참고할 수 없는 단어에 곱하는 점수가 0이 되도록 합니다. 이와 관련한 내용은 「3-3」절을 참고하기 바랍니다.

어제라는 단어에 대응하는 GPT 마지막 레이어의 출력 결과에 선형 변환과 소프트맥스를 적용해 요솟값 각각이 확률이고 학습 대상 언어의 어휘 수만큼 차원 수를 가진 벡터가 되도록 합니다. 그리고 이번 차례의 정답인 **카페**에 해당하는 확률은 높이고 나머지 단어의 확률은 낮아지도록 모델 전체를 업데이트합니다.

그림 3-57 GPT의 학습 (1)

이번에는 **갔었어**를 맞혀야 하는 상황입니다. 이때 GPT는 정답 단어 **갔었어**를 맞힐 때 **어제**와 **카페**라는 단어를 참고할 수 있습니다.

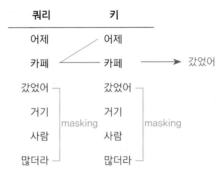

그림 3-58 GPT의 셀프 어텐션 (2)

카페라는 단어에 대응하는 GPT 마지막 레이어의 출력 결과에 선형 변환과 소프트맥스를 적용해 요솟값 각각이 확률이고 학습 대상 언어의 어휘 수만큼 차원 수를 가진 벡터가 되도록 합니다. 그리고 이번 차례의 정답인 **갔었어**에 해당하는 확률은 높이고 나머지 단어의 확률은 낮아지도록 모델 전체를 업데이트합니다.

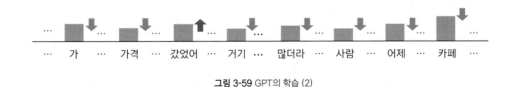

그림 3-59 GPT의 학습 (2)

거기를 맞혀야 하는 상황이라면 모델은 **어제, 카페, 갔었어** 세 단어를 참고할 수 있습니다.

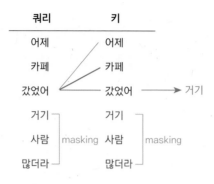

그림 3-60 GPT의 셀프 어텐션 (3)

갔었어라는 단어에 대응하는 GPT 마지막 레이어의 출력 결과에 선형 변환과 소프트맥스를 적용해 요솟값 각각이 확률이고 학습 대상 언어의 어휘 수만큼 차원 수를 가진 벡터가 되도록 합니다. 이번 차례의 정답인 **거기**에 해당하는 확률은 높이고 나머지 단어의 확률은 낮아지도록 모델 전체를 업데이트합니다.

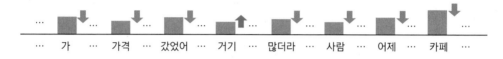

그림 3-61 GPT의 학습 (3)

BERT 구조

그림 3-62는 BERT의 구조를 나타낸 것입니다. BERT는 트랜스포머에서 디코더를 제외하고 인코더만 사용합니다.

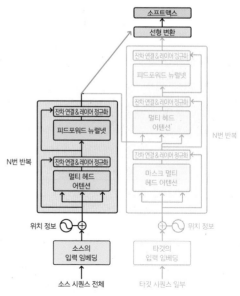

그림 3-62 BERT 구조

그림 3-63은 BERT의 셀프 어텐션을 나타낸 것입니다. 입력 단어 시퀀스가 **어제 카페 갔었어 [MASK] 사람 많더라**라고 가정해 보겠습니다. 그림에서 확인할 수 있듯이 BERT는 마스크 토큰 앞뒤 문맥을 모두 참고할 수 있습니다. 앞뒤 정보를 준다고 해서 정답을 미리 알려주는 것이 아니기 때문입니다.

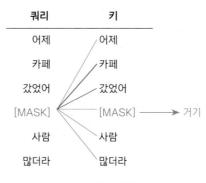

그림 3-63 BERT의 셀프 어텐션

[MASK]라는 단어에 대응하는 BERT 마지막 레이어의 출력 결과에 선형 변환과 소프트맥스를 적용해 요솟값 각각이 확률이고 학습 대상 언어의 어휘 수만큼 차원 수를 가진 벡터가 되도록 합니다. 빈칸의 정답인 **거기**에 해당하는 확률은 높이고 나머지 단어의 확률은 낮아지도록 모델 전체를 업데이트합니다.

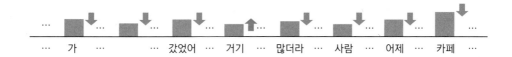

최근 트렌드

트랜스포머 계열 언어 모델의 최근 트렌드를 잠시 살펴보겠습니다. 우선 모델 크기 증가 추세가 눈에 띕니다. GPT3가 대표적인데요, 표 3-1을 보면 파라미터 수 기준 GPT3은 GPT1보다 1,400배, GPT2보다 117배 증가했습니다. OpenAI에 따르면 모델 크기 증가는 언어 모델 품질은 물론 각종 다운스트림 태스크의 성능 개선에 큰 도움이 된다고 합니다.

표 3-1 GPT 모델 크기 비교

모델명	크기
GPT1	0.125B
GPT2	1.5B
GPT3	175B

이와 별개로 모델 성능을 최대한 유지하면서 계산량 혹은 모델의 크기를 줄이려는 시도도 계속되고 있습니다. 디스틸레이션distillation, 퀀타이제이션quantization, 프루닝pruning, 파라미터 공유weight sharing 등이 바로 그것입니다. 자연어 처리 분야에서 트랜스포머의 영향력은 한동안 지속될 것으로 보입니다.

3-6 단어/문장을 벡터로 변환하기

프리트레인이 완료된 언어 모델에서 단어, 문장 수준 임베딩을 추출하는 실습을 해봅시다. 실습엔 미국 자연어 처리 기업 '허깅페이스huggingface'가 만든 트랜스포머 라이브러리를 사용합니다.

파인튜닝

이 책에서 진행하는 실습은 모두 트랜스포머 계열 언어 모델을 사용합니다. 프리트레인을 마친 언어 모델 위에 작은 모듈을 조금 더 쌓아 태스크를 수행하는 구조입니다. 프리트레인을 마친 BERT와 그 위의 작은 모듈을 포함한 전체 모델을 문서 분류, 개체명 인식 등 다운스트림 데이터로 업데이트하는 과정을 **파인튜닝**fine-tuning이라고 합니다.

BERT의 출력 결과 가운데 어떤 걸 사용하느냐에 따라 크게 두 가지 방식으로 나눠 볼 수 있습니다.

문장 벡터 활용: 문서 분류 등

문서 분류를 수행하는 모델을 만든다고 하면 그림 3-65와 같은 모양이 됩니다.

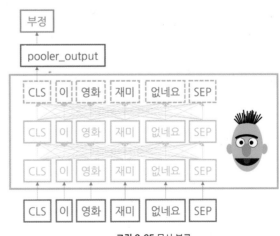

그림 3-65 문서 분류

그림에서 노란색 박스가 바로 BERT 모델입니다. '빈칸 맞히기'로 프리트레인을 이미 마쳤습니다. BERT는 트랜스포머의 인코더 블록(레이어)을 여러 개 쌓은 구조입니다. 그림에서 확인할 수 있듯이 이 블록의 입력과 출력은 단어 시퀀스(정확히는 입력 토큰에 해당하는 벡터들의 시퀀스)이며, 블록 내에서는 입력 단어(토큰 벡터)를 두 개씩 쌍을 지어 서로의 관계를 모두 고려하는 방식으로 계산됩니다.

문장을 워드피스로 토큰화한 후 앞뒤에 문장 시작과 끝을 알리는 스페셜 토큰 CLS와 SEP를 각각 추가하고 BERT에 입력합니다. 이후 BERT 모델의 마지막 블록의 출력 가운데 CLS에 해당하는 벡터를 추출합니다. 그리고 여기에 간단한 처리를 해서 최종 출력(pooler_output)을 만듭니다. 트랜스포머 인코더 블록에서는 모든 단어가 서로 영향을 끼치므로 문장 전체(이 영화 재미없네요)의 의미가 pooler_output 벡터 하나로 응집된 것으로 볼 수 있습니다.

이렇게 뽑은 pooler_output 벡터에 작은 모듈을 하나 추가해 그 출력이 미리 정해 놓은 범주(예를 들어 **긍정**, **중립**, **부정**)가 될 확률이 되도록 합니다. 학습 과정에서는 BERT와 그 위에 쌓은 작은 모듈을 포함한 전체 모델의 출력이 정답 레이블과 최대한 같아지도록 모델 전체를 업데이트합니다. 이것이 바로 **파인튜닝**입니다.

단어 벡터 활용: 개체명 인식 등

개체명 인식 같은 과제에서는 마지막 블록의 모든 단어(토큰) 벡터를 활용합니다. 그림 3-66과 같습니다.

그림 3-66 개체명 인식

그림에서 노란색 박스가 바로 BERT 모델인데요, 이 역시 '빈칸 맞히기'로 프리트레인을 이미 마쳤습니다. 문서 분류 때와 같은 방식으로 입력값을 만들고 BERT의 마지막 레이어까지 계산을 수행합니다. BERT 모델의 마지막 블록(레이어)의 출력은 문장 내 모든 단어(토큰)에 해당하는 벡터들의 시퀀스가 됩니다.

이렇게 뽑은 단어(토큰) 벡터들 위에 작은 모듈을 각각 추가해 그 출력이 각 개체명 범주(**기관명, 인명, 지명** 등)가 될 확률이 되도록 합니다. 학습 과정에서는 BERT와 그 위에 쌓은 각각의 작은 모듈을 포함한 전체 모델의 출력이 정답 레이블과 최대한 같아지도록 모델 전체를 업데이트합니다.

--- **Do it!** 실습

문장을 벡터로 변환하기

여기서는 프리트레인을 마친 BERT 모델에 문장을 입력해서 이를 벡터로 변환하는 실습을 진행해 보겠습니다. 이번 실습은 웹 브라우저에서 다음 주소(bit.ly/3BguEuE)에 접속하면 코랩 환경에서 수행할 수 있습니다.

1단계 코랩 노트북 초기화

이전 실습과 마찬가지로 코랩에서 '**내 드라이브에 복사**'와 '**하드웨어 가속기 사용 안 함**'을 설정합니다. 그리고 다음 코드를 실행해 의존성 있는 패키지를 설치합니다.

> • **코드 3-11** 의존성 패키지 설치

```
!pip install ratsnlp
```

2단계 토크나이저 선언

BERT 모델의 입력값을 만들려면 토크나이저부터 선언해 두어야 합니다. 다음 코드를 실행하면 **kcbert-base** 모델이 쓰는 토크나이저를 선언합니다.

> • **코드 3-12** 토크나이저 선언

```
from transformers import BertTokenizer
tokenizer = BertTokenizer.from_pretrained(
    "beomi/kcbert-base",
    do_lower_case=False,
)
```

모델 초기화

다음 단계는 모델을 초기화합니다. 여기서 중요한 것은 사용 대상 BERT 모델이 프리트레인 할 때 썼던 토크나이저를 그대로 사용해야 벡터 변환에 문제가 없다는 점입니다. 모델과 토크나이저의 토큰화 방식이 다르면 모델이 엉뚱한 결과를 출력하기 때문이죠. 다음 코드를 실행해 모델을 선언할 때 앞 코드와 똑같은 모델 이름을 적용합니다.

• **코드 3-13 모델 선언**

```python
from transformers import BertConfig, BertModel
pretrained_model_config = BertConfig.from_pretrained(
    "beomi/kcbert-base"
)
model = BertModel.from_pretrained(
    "beomi/kcbert-base",
    config=pretrained_model_config,
)
```

---

pretrained_model_config에는 BERT 모델을 프리트레인할 때 설정했던 내용이 담겨 있습니다. 코랩에서 pretrained_model_config를 입력하면 다음과 같은 출력을 확인할 수 있습니다. 블록(레이어) 수는 12개, 헤드 수는 12개, 어휘 집합 크기는 3만 개 등의 정보를 확인할 수 있습니다.

```
BertConfig {
  "_name_or_path": "beomi/kcbert-base",
  "architectures": [
    "BertForMaskedLM"
  ],
  "attention_probs_dropout_prob": 0.1,
  "directionality": "bidi",
  "gradient_checkpointing": false,
  "hidden_act": "gelu",
  "hidden_dropout_prob": 0.1,
  "hidden_size": 768,
  "initializer_range": 0.02,
  "intermediate_size": 3072,
  "layer_norm_eps": 1e-12,
```

```
    "max_position_embeddings": 300,
    "model_type": "bert",
    "num_attention_heads": 12,
    "num_hidden_layers": 12,
    "pad_token_id": 0,
    "pooler_fc_size": 768,
    "pooler_num_attention_heads": 12,
    "pooler_num_fc_layers": 3,
    "pooler_size_per_head": 128,
    "pooler_type": "first_token_transform",
    "position_embedding_type": "absolute",
    "transformers_version": "4.6.1",
    "type_vocab_size": 2,
    "use_cache": true,
    "vocab_size": 30000
}
```

코드 3-13의 맨 마지막 줄에서는 이러한 설정에 따라 모델 전체를 초기화한 뒤 미리 학습된 kcbert-base 체크포인트를 읽어들이는 역할을 합니다. 체크포인트가 로컬에 저장되어 있지 않다면 웹에서 내려받는 것까지 한 번에 수행합니다.

4단계 입력값 만들기

다음 코드를 수행하면 BERT 모델의 입력값을 만듭니다.

• **코드 3-14** 입력값 만들기

```
sentences = ["안녕하세요", "하이!"]
features = tokenizer(
    sentences,
    max_length=10,
    padding="max_length",
    truncation=True,
)
```

코드를 실행하고 features의 내용을 확인해 보면 다음과 같습니다.

```
{
    'input_ids': [
        [2, 19017, 8482, 3, 0, 0, 0, 0, 0, 0],
        [2, 15830, 5, 3, 0, 0, 0, 0, 0, 0]
    ],
    'attention_mask': [
        [1, 1, 1, 1, 0, 0, 0, 0, 0, 0],
        [1, 1, 1, 1, 0, 0, 0, 0, 0, 0]
    ],
    'token_type_ids': [
        [0, 0, 0, 0, 0, 0, 0, 0, 0, 0],
        [0, 0, 0, 0, 0, 0, 0, 0, 0, 0]
    ]
}
```

2개의 입력 문장 각각에 대해 워드피스 토큰화를 수행한 뒤 이를 토큰 인덱스로 변환한 결과가 input_ids입니다. BERT 모델은 문장 시작에 CLS, 끝에 SEP라는 스페셜 토큰을 추가하므로 문장 2개 모두 앞뒤에 이들 토큰에 대응하는 인덱스 2, 3이 붙었음을 확인할 수 있습니다.

토큰 최대 길이(max_length)를 10으로 설정하고, 토큰 길이가 이보다 짧으면 최대 길이에 맞게 패딩(0)을 주고(padding="max_length"), 길면 자르도록(truncation=True) 설정했으므로 input_ids의 길이는 두 문장 모두 10인 것을 확인할 수 있습니다.

한편 attention_mask는 패딩이 아닌 토큰이 1, 패딩인 토큰이 0으로 실제 토큰이 자리하는지 아닌지의 정보를 나타냅니다. token_type_ids는 세그먼트 정보로 지금처럼 각각이 1개의 문장으로 구성됐을 때는 모두 0이 됩니다.

5단계 **BERT로 단어/문장 수준 벡터 구하기**

이 책에서는 딥러닝 프레임워크로 파이토치를 쓰고 있는데요, 파이토치 모델의 입력값 자료형은 파이토치에서 제공하는 텐서^tensor여야 합니다. 따라서 코드 3-13에서 만든 파이썬 리스트 형태의 features를 텐서로 변환해 줍니다.

```
features = {k: torch.tensor(v) for k, v in features.items()}
```

드디어 BERT 입력값을 다 만들었습니다. 다음 코드를 실행해 BERT 모델을 실행합니다.

```
outputs = model(**features)
```

이 코드의 실행 결과인 outputs은 BERT 모델의 여러 출력 결과를 한데 묶은 것입니다. 코랩에서 outputs.last_hidden_state를 입력하면 다음과 같은 결과를 볼 수 있습니다. 이는 문장 2개(**안녕하세요, 하이!**)의 입력 토큰 각각에 해당하는 BERT의 마지막 레이어 출력 벡터들입니다.

```
tensor([[[-0.6969, -0.8248,  1.7512,  ..., -0.3732,  0.7399,  1.1907],
         [-1.4803, -0.4398,  0.9444,  ..., -0.7405, -0.0211,  1.3064],
         [-1.4299, -0.5033, -0.2069,  ...,  0.1285, -0.2611,  1.6057],
         ...,
         [-1.4406,  0.3431,  1.4043,  ..., -0.0565,  0.8450, -0.2170],
         [-1.3625, -0.2404,  1.1757,  ...,  0.8876, -0.1054,  0.0734],
         [-1.4244,  0.1518,  1.2920,  ...,  0.0245,  0.7572,  0.0080]],
        [[ 0.9371, -1.4749,  1.7351,  ..., -0.3426,  0.8050,  0.4031],
         [ 1.6095, -1.7269,  2.7936,  ...,  0.3100, -0.4787, -1.2491],
         [ 0.4861, -0.4569,  0.5712,  ..., -0.1769,  1.1253, -0.2756],
         ...,
         [ 1.2362, -0.6181,  2.0906,  ...,  1.3677,  0.8132, -0.2742],
         [ 0.5409, -0.9652,  1.6237,  ...,  1.2395,  0.9185,  0.1782],
         [ 1.9001, -0.5859,  3.0156,  ...,  1.4967,  0.1924, -0.4448]]],
       grad_fn=<NativeLayerNormBackward>)
```

코랩에서 outputs.last_hidden_state.shape를 입력하면 그 셰이프*를 확인할 수 있습니다. 바로 [2, 10, 768]입니다. 문장 2개에 속한 각각의 토큰(시퀀스 길이는 10)이 768차원짜리의 벡터로 변환됐다는 의미입니다.

* 셰이프(shape)란 파이토치 텐서의 크기를 나타내는 개념입니다. 셰이프의 요솟값 수는 텐서의 차원(dimension)을 가리킵니다. 예를 들어 4×5 크기의 행렬은 그 셰이프가 [4, 5]인 2차원 텐서가 됩니다. 이러한 행렬을 2개 이어 붙여 3차원 텐서를 만들 수도 있습니다. 그러면 그 셰이프는 [2, 4, 5]가 됩니다. 자연어 처리에서는 보통 [배치 크기, 토큰 수, 토큰 벡터 차원]이라는 3차원 텐서를 사용합니다.

그림 3-67은 **안녕하세요**만 따로 떼어서 그 계산 과정을 나타낸 것입니다. outputs.last_hidden_state는 이 그림에서 노란색 점선으로 표기한 벡터들에 대응합니다. 이러한 결과는 개체명 인식 과제처럼 단어별로 수행해야 하는 태스크에 활용됩니다. 한편 그림 3-67에서 패딩(0)에 해당하는 토큰들은 셀프 어텐션에서의 상호작용이 제한됩니다. 해당 토큰의 attention_mask가 0이기 때문입니다.*

* attention_mask가 0인 경우 해당 토큰에 대응하는 셀프 어텐션 소프트맥스 확률을 0으로 바꿉니다. 셀프 어텐션 계산에 관한 자세한 내용은 3-3절을 참고하세요.

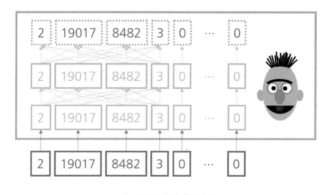

3-67 BERT의 계산 과정

코랩에서 outputs.pooler_output을 입력해 그 내용을 확인해 보면 다음과 같은 결과를 확인할 수 있습니다.

```
tensor([[-0.1594,  0.0547,  0.1101,  ...,  0.2684,  0.1596, -0.9828],
        [-0.9221,  0.2969, -0.0110,  ...,  0.4291,  0.0311, -0.9955]],
       grad_fn=<TanhBackward>)
```

이번 출력 결과의 셰이프는 [2, 768]입니다. 문장 2개가 각각 768차원짜리의 벡터로 변환됐다는 의미입니다. 이들은 BERT의 마지막 레이어 CLS 벡터(그림 3-67에서 토큰 인덱스가 2인 노란색 점선)에 다음 그림과 같은 처리를 한 결과입니다. 이러한 결과는 문서 분류 과제처럼 문장 전체를 벡터 하나로 변환한 뒤 이 벡터에 어떤 계산을 수행하는 태스크에 활용됩니다.

pooler_output을 만드는 과정은 다음 그림과 같이 마지막 레이어 CLS 벡터($\mathbf{h}$)에 행렬 하나를 곱한 뒤 해당 벡터 요솟값 각각에 하이퍼볼릭탄젠트(tanh)를 취합니다. 하이퍼볼릭탄젠트란 코사인(cos), 사인(sin) 같은 삼각함수의 일종입니다. 출력의 범위를 −1에서 1 사이로 제한합니다.

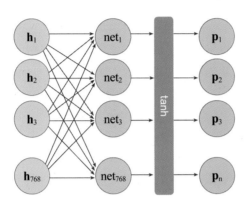

그림 3-68 pooler_output 벡터 만들기

이처럼 자연어를 벡터로 바꾼 결과를 **임베딩**^{embedding} 또는 **리프레젠테이션**^{representation}이라고 합니다. 우리는 **안녕하세요, 하이!**라는 두 문장을 단어 수준의 벡터 시퀀스(outputs.last_hidden_state)와 문장 수준의 벡터(outputs.pooler_output)로 변환했습니다. 전자를 단어 수준 임베딩(리프레젠테이션), 후자를 문장 수준 임베딩(리프레젠테이션)이라고 부릅니다.

태스크 모듈 만들기

파인튜닝을 수행하려면 단어나 문장 수준 임베딩 위에 태스크를 수행하기 위한 작은 모듈을 추가해야 합니다. 어떤 모듈을 사용할지는 다운스트림 태스크별로 조금씩 달라지는데요, 이와 관련해서는 4장 이후의 각 실습을 참고하기 바랍니다.

트랜스포머를 더 깊게 공부하고 싶다면 원 논문 정독을 추천합니다. 구글 연구팀이 2017년 발표했고 같은 해 머신러닝 분야 세계 최고 학술지 가운데 하나인 NIPS(neural information processing systems)에 게재됐습니다. 논문 제목과 접속 링크는 다음과 같습니다.

· **Attention Is All You Need:** arxiv.org/pdf/1706.03762.pdf

논문 제목이 정말 도발적입니다. 그만큼 저자들이 (셀프)어텐션이 중요하다는 걸 강조하고 싶었던 모양입니다. 이 논문에서는 당시 자연어 처리는 물론 딥러닝(deep learning) 분야를 주름잡고 있었던 합성곱 신경망(CNN)과 순환 신경망(RNN)의 단점을 지적하며 트랜스포머를 새롭게 제안했습니다. 프리트레인 없이 모델을 처음부터 학습했는데도 영어-독일어, 영어-프랑스어 번역 과제에서 당시 기준 최고 성능을 기록해 주목을 받았습니다.

이후 자연어 처리의 역사는 트랜스포머와 함께했다고 봐도 과언이 아닙니다. BERT, GPT 등 요즘 널리 쓰이는 모델 아키텍처가 전부 트랜스포머입니다. 요즘에는 자연어 처리 외에 비전, 음성 등 다양한 분야에 널리 활용되고 있습니다. 논문 내용이 어렵겠지만 한 번쯤은 읽기를 도전해 볼 만 합니다.

두 가지 더 추천해 드립니다. 위의 트랜스포머 논문과 함께 읽으면 시너지를 낼 수 있습니다. 하나는 트랜스포머의 모델 구조를 파이토치 코드로 해설한 블로그 페이지입니다. BERT 저자들마저도 이 페이지를 많이 참고했다고 자신의 논문에 별도로 언급할 정도로 권위(?)가 있는 글입니다. 제목과 링크는 다음과 같습니다.

· **The Annotated Transformer:**
nlp.seas.harvard.edu/2018/04/03/attention.html

다른 하나는 트랜스포머 계산 과정을 그림, 애니메이션, 동영상 등으로 시각화한 글입니다. 내부 동작 원리를 직관적으로 이해해 볼 수 있습니다. 제목과 링크는 다음과 같습니다.

· **The Illustrated Transformer :** jalammar.github.io/illustrated-transformer

이 장에서는 언어 모델이 말뭉치의 어떤 의미 정보를 학습하는지, 트랜스포머의 핵심 동작 원리는 무엇인지, BERT와 GPT 모델의 특징 등을 살펴보았습니다. 이 장은 4장 이후 실습에 뼈대가 되는 이론적 내용으로, 실습 코드를 깊게 이해하는 데 도움이 됩니다. 지금까지 배운 내용을 퀴즈로 정리해 봅시다.

1. 언어 모델이란 단어 시퀀스에 ⬚ 확 ⬚ 을 부여하는 모델이다.

2. 트랜스포머는 기계 번역 등 ⬚ 시 ⬚ 과제를 수행하는 모델이다. 소스 시퀀스 정보를 압축하는 ⬚ 인 ⬚, 소스 시퀀스 정보를 바탕으로 타깃 시퀀스를 생성하는 ⬚ 디 ⬚ 두 부분으로 나뉜다.

3. ⬚ 셀 ⬚ 이란 트랜스포머의 핵심 요소로, 자기 자신에 수행하는 어텐션을 가리킨다.

4. 트랜스포머에 적용된 기술들은 3번 문항 정답 말고도 다양하다. ⬚ 피 ⬚, ⬚ 잔 ⬚ 등이 있다.

5. ⬚ B ⬚ 은 문장 중간에 있는 단어를, ⬚ G ⬚ 은 다음 단어를 맞히는 과정에서 프리트레인을 수행한다. 전자는 문장의 의미를 압축, 후자는 문서를 생성하는 과제를 잘한다.

정답 1. 확률 2. 시퀀스-투-시퀀스, 인코더, 디코더 3. 셀프 어텐션
4. 피드포워드 뉴럴 네트워크, 잔차 연결 및 레이어 정규화
5. BERT/마스크 언어 모델, GPT/언어 모델

4장

문서에 꼬리표 달기

문서 분류란 입력 문서가 어떤 범주일지 분류하는 과제입니다. 예를 들어 뉴스가
정치 기사인지, 경제 기사인지, 연예 기사인지를 가려내는 것도 문서 분류라고 말
할 수 있습니다. 이 장에서는 영화 리뷰의 감성을 분류하는 모델을 만들어 보겠습
니다. 이 모델은 영화 리뷰가 긍정인지, 부정인지를 판단하는 역할을 합니다. 이 장
을 차근차근 따라 하다 보면 영화 리뷰 말고도 다양한 문서 분류 모델을 만들어 볼
수 있습니다.

4-1 문서 분류 모델 훑어보기

문서 분류[document classification]란 문서가 주어졌을 때 해당 문서의 범주를 분류하는 과제입니다. 뉴스를 입력으로 하고 정치, 경제, 연예 등 범주를 맞히거나, 영화 리뷰가 긍정/부정 등 어떤 **극성**[polarity]을 가지는지 분류하는 작업이 문서 분류의 대표적인 예입니다.

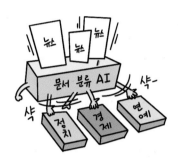

이번 장에서 사용할 데이터는 네이버 영화 리뷰 말뭉치(NSMC)인데요, 우리가 만들 문서 분류 모델은 영화 리뷰 문장을 입력으로 하고 해당 문장이 속한 극성의 확률을 출력합니다. 문서 분류 모델의 출력은 확률값이므로 적당한 후처리 과정을 거쳐 긍정, 부정처럼 사람이 보기에 좋은 형태로 가공해 줍니다. 예를 들어 다음처럼 문장의 극성을 분류하는 과제를 **감성 분석**[sentiment analysis]이라고 합니다.

진짜 짜증나네요 목소리	→	[0.02 0.98]	→	부정(positive)
너무재밓었다그래서보는것을추천한다	→	[0.99 0.01]	→	긍정(negative)
문장		긍정/부정 확률		후처리 결과

모델 구조

이 책에서 사용하는 문서 분류 모델은 입력 문장을 토큰화한 뒤 문장 시작과 끝을 알리는 스페셜 토큰 CLS와 SEP를 각각 원래 토큰 시퀀스 앞뒤에 붙입니다. 이를 BERT 모델에 입력하고 문장 수준의 벡터(pooler_output)[*]를 뽑습니다. 이 벡터에 작은 추가 모듈을 덧붙여 모델 전체의 출력이 [해당 문장이 긍정일 확률, 해당 문장이 부정일 확률] 형태가 되도록 합니다.

[*] 문장 수준의 벡터(pooler_output)를 계산하는 과정은 「3-6」절의 '단어/문장을 벡터로 변환하기' 실습을 참고하세요.

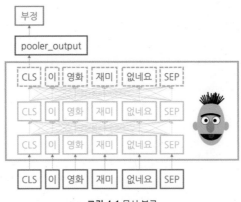

그림 4-1 문서 분류

태스크 모듈

`pooler_output` 벡터 뒤에 붙는 추가 모듈의 구조는 다음 그림과 같습니다. 우선 `pooler_output` 벡터(그림에서 **x**)에 드롭아웃*을 적용합니다. 드롭아웃을 적용한다는 의미는 그림에서 입력 벡터 **x**의 768개 각 요솟값 가운데 일부를 랜덤으로 0으로 바꿔 이후 계산에 포함하지 않도록 하는 것입니다.

* 드롭아웃에 관한 자세한 설명은 「3-4」 절을 참고하세요.

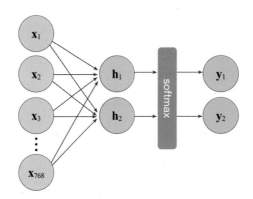

그림 4-2 문서 분류 태스크 모듈

그다음 가중치 행렬을 곱해 `pooler_output`을 분류해야 할 범주 수만큼의 차원을 갖는 벡터로 변환합니다(그림에서 **h**). 만일 `pooler_output` 벡터가 768차원이고 분류 대상 범주 수가 2개 (**긍정, 부정**)라면 가중치 행렬 크기는 768×2가 됩니다. 여기에 소프트맥스 함수를 취하면 모델의 최종 출력이 됩니다.

이렇게 만든 모델의 최종 출력과 정답 레이블을 비교해 모델 출력이 정답 레이블과 최대한 같아지도록 태스크 모듈과 BERT 레이어를 포함한 모델 전체를 업데이트합니다. 이를 **파인튜닝**fine-tuning이라고 합니다.

4-2 문서 분류 모델 학습하기

문서 분류 모델의 데이터 전처리와 학습 과정을 실습으로 진행해 보겠습니다.

Do it! 실습

영화 리뷰 감성 분석 모델 만들기

1단계 **코랩 노트북 초기화하기**

이번 실습은 웹 브라우저에서 다음 주소(bit.ly/3FjJJ1H)에 접속하면 코랩 환경에서 수행할 수 있습니다[*]. 이전 실습과 마찬가지로 코랩에서 [내 드라이브에 복사]를 진행합니다.

[*] **주의!** 이 장 실습 코드는 코랩 환경 변화와 버그 수정, 성능 개선 등 다양한 이유로 예고 없이 바뀔 수 있습니다. 이 책의 내용과 코랩 노트북의 실습 코드가 다를 경우 코랩 노트북 가이드를 따르기 바랍니다.

모델을 파인튜닝하려면 하드웨어 가속기를 사용해야 계산 속도를 높일 수 있습니다. 코랩에서는 GPU와 TPU 두 종류의 가속기를 지원합니다. 코랩의 메뉴에서 [런타임 → 런타임 유형 변경]을 클릭하고 [GPU]나 [TPU] 둘 중 **하나를 선택**합니다.

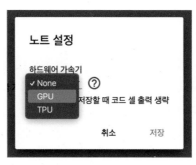

그림 4-3 하드웨어 가속기 설정

[None]을 선택해 하드웨어 가속 기능을 사용하지 않으면 파인튜닝 속도가 급격히 느려지므로 반드시 GPU나 TPU 둘 중 하나를 사용하세요. 참고로 TPU 학습은 라이브러리 지원 등이 GPU보다 불안정한 편이므로 될 수 있으면 GPU를 사용하기 바랍니다.

1단계 코랩 노트북 초기화 과정에서 하드웨어 가속기로 TPU를 선택했다면 다음 코드를 실행하세요. 그러면 TPU 관련 라이브러리들을 설치합니다.* 다만 GPU를 선택했다면 이 코드를 생략하고 코드 4-2부터 실행하세요.

* 구글 코랩 환경은 예고 없이 수시로 업데이트될 수 있으므로 언젠가 코드가 동작하지 않을 수도 있습니다. TPU를 사용하기 위한 최신 패키지 버전을 확인하려면 다음 링크를 확인하세요(Installing PyTorch/XLA 절 참고).

• colab.research.google.com/github/pytorch/xla/blob/master/contrib/colab/getting-started.ipynb

• **코드 4-1** TPU 관련 패키지 설치

```
!pip install cloud-tpu-client==0.10 https://storage.googleapis.com/tpu-pytorch/wheels/torch_xla-1.9-cp37-cp37m-linux_x86_64.whl
```

다음 코드는 TPU 이외에 의존성 있는 패키지를 설치합니다. 명령어 맨 앞에 붙은 느낌표(!)는 코랩 환경에서 파이썬이 아닌, 셸shell 명령을 수행한다는 의미입니다.

• **코드 4-2** 의존성 패키지 설치

```
!pip install ratsnlp
```

코랩 노트북은 일정 시간 사용하지 않으면 당시까지의 모든 결과물이 날아갈 수 있습니다. 모델 체크포인트 등을 저장해 두기 위해 자신의 구글 드라이브를 코랩 노트북과 연결합니다. 다음 코드를 실행하면 됩니다.

• **코드 4-3** 구글 드라이브와 연결

```
from google.colab import drive
drive.mount('/gdrive', force_remount=True)
```

이번 실습에서는 **kcbert-base** 모델을 NSMC 데이터로 파인튜닝해 볼 예정입니다. 다음 코드를 실행하면 관련 설정을 할 수 있습니다.

• **코드 4-4** 모델 환경 설정

```
import torch
from ratsnlp.nlpbook.classification import ClassificationTrainArguments
args = ClassificationTrainArguments(
```

```
    pretrained_model_name="beomi/kcbert-base",
    downstream_corpus_name="nsmc",
    downstream_model_dir="/gdrive/My Drive/nlpbook/checkpoint-doccls",
    batch_size=32 if torch.cuda.is_available() else 4,
    learning_rate=5e-5,
    max_seq_length=128,
    epochs=3,
    tpu_cores=0 if torch.cuda.is_available() else 8,
    seed=7,
)
```

참고로 TrainArguments의 각 인자가 하는 역할과 의미는 다음과 같습니다.

- pretrained_model_name: 프리트레인 마친 언어 모델의 이름(단, 해당 모델은 허깅페이스 모델 허브에 등록되어 있어야 합니다)
- downstream_corpus_name: 다운스트림 데이터의 이름
- downstream_corpus_root_dir: 다운스트림 데이터를 내려받을 위치. 입력하지 않으면 코랩 환경 로컬의 /content/Korpora에 저장됩니다.
- downstream_model_dir: 파인튜닝된 모델의 체크포인트가 저장될 위치. /gdrive/My Drive/nlpbook/checkpoint-doccls로 지정하면 자신의 구글 드라이브 [내 폴더] 아래 nlpbook/checkpoint-doccls 디렉터리에 저장됩니다.
- batch_size: 배치 크기. 하드웨어 가속기로 GPU를 선택(torch.cuda.is_available() == True)했다면 32, TPU라면(torch.cuda.is_available() == False) 4. 코랩 환경에서 TPU는 보통 8개 코어가 할당되는데 batch_size는 코어별로 적용되는 배치 크기이므로 이렇게 설정해 둡니다.
- learning_rate: 러닝 레이트(보폭). 1회 스텝에서 모델을 얼마나 업데이트할지에 관한 크기를 가리킵니다. 이와 관련한 자세한 내용은 「3-4」절의 '아담 옵티마이저' 부분을 참고하세요.
- max_seq_length: 토큰 기준 입력 문장 최대 길이. 이보다 긴 문장은 max_seq_length로 자르고, 짧은 문장은 max_seq_length가 되도록 스페셜 토큰([PAD])을 붙여 줍니다.
- epochs: 학습 에포크 수. 3이라면 학습 데이터 전체를 3회 반복 학습합니다.
- tpu_cores: TPU 코어 수. 하드웨어 가속기로 GPU를 선택했다면 0, TPU라면 8
- seed: 랜덤 시드(정수). None을 입력하면 랜덤 시드를 고정하지 않습니다.

다음 코드를 실행해 랜덤 시드를 설정합니다. 이 코드는 args에 지정된 시드로 고정하는 역할을 합니다.

```
from ratsnlp import nlpbook
nlpbook.set_seed(args)
```

무작위 수를 의미하는 **난수**^{random number}는 배치를 뽑거나 드롭아웃 대상 뉴런의 위치를 정할 때 등 다양하게 쓰입니다. 컴퓨터는 난수 생성 알고리즘으로 무작위 수를 만들어 내는데요, 이때 난수 생성 알고리즘을 실행하기 위해 쓰는 수를 **랜덤 시드**^{random seed}라고 합니다. 만일 같은 시드를 사용한다면 컴퓨터는 계속 같은 패턴의 난수를 생성합니다.

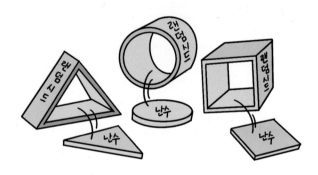

다음 코드를 실행해 각종 로그를 출력하는 로거를 설정합니다.

```
nlpbook.set_logger(args)
```

3단계 말뭉치 내려받기

다음 코드를 실행하면 NSMC 데이터를 내려받습니다. 데이터를 내려받는 도구로 코포라 ^{Korpora}*라는 파이썬 오픈소스 패키지를 사용해, corpus_name(nsmc)에 해당하는 말뭉치를 코랩 환경 로컬의 root_dir(/content/Korpora) 아래에 저장해 둡니다.　　* github.com/ko-nlp/korpora

```
from Korpora import Korpora
Korpora.fetch(
    corpus_name=args.downstream_corpus_name,
    root_dir=args.downstream_corpus_root_dir,
    force_download=True,
)
```

4단계 **토크나이저 준비하기**

이 책에서 다루는 데이터의 기본 단위는 텍스트 형태의 문장입니다. 토큰화란 문장을 토큰 시퀀스로 분절하는 과정을 가리킵니다. 이 실습에서 사용하는 모델은 자연어 문장을 분절한 토큰 시퀀스를 입력으로 받는데요, 다음 코드를 실행해 kcbert-base 모델이 사용하는 토크나이저를 선언합니다. 토크나이저는 토큰화를 수행하는 프로그램이라는 뜻입니다.

> • **코드 4-8** 토크나이저 준비

```
from transformers import BertTokenizer
tokenizer = BertTokenizer.from_pretrained(
    args.pretrained_model_name,
    do_lower_case=False,
)
```

5단계 **데이터 전처리하기**

딥러닝 모델을 학습하려면 학습 데이터를 배치 단위로 계속 모델에 공급해 주어야 합니다. 파이토치에서는 이 역할을 **데이터 로더**^{dataloader}가 수행하는데요, 그 개념을 나타내면 다음 그림과 같습니다. 데이터 로더는 **데이터셋**^{dataset}이 보유하고 있는 인스턴스를 배치 크기만큼 뽑아서^{sample} 자료형, 데이터 길이 등 정해진 형식에 맞춰^{collate} 배치를 만들어 줍니다.

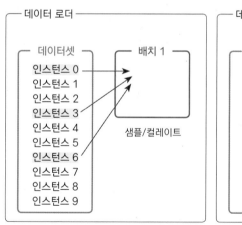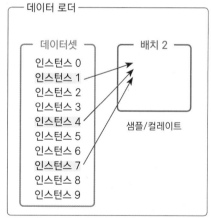

그림 4-4 데이터 로더의 기본 구조

다음 코드를 실행하면 ClassificationDataset을 만들 수 있습니다. ClassificationDataset 은 그림 4-4에서 데이터셋 역할을 합니다. 가장 큰 역할은 모든 인스턴스를 가지고 있다가 데 이터 로더가 배치를 만들 때 인스턴스를 제공하는 일입니다.

• **코드 4-9** 학습 데이터셋 구축

```python
from ratsnlp.nlpbook.classification import NsmcCorpus, ClassificationDataset
corpus = NsmcCorpus()
train_dataset = ClassificationDataset(
    args=args,
    corpus=corpus,
    tokenizer=tokenizer,
    mode="train",
)
```

그러면 ClassificationDataset 클래스가 하는 역할을 좀 더 자세히 살펴보겠습니다. 이 클래 스는 NsmcCorpus와 코드 4-8에서 선언해 둔 토크나이저(tokenizer)를 품고 있습니다. NsmcCorpus는 CSV 파일 형식의 NSMC 데이터를 문장(영화 리뷰)과 레이블(**긍정, 부정**)로 읽어 들입니다. NsmcCorpus는 ClassificationDataset이 요구하면 이 문장과 레이블을 ClassificationDataset에 제공합니다.

ClassificationDataset는 NsmcCorpus가 넘겨준 문장과 레이블 각각을 tokenizer를 활용해 모델이 학습할 수 있는 형태(ClasificationFeatures)로 가공합니다. Clasification Features라는 자료형에는 4가지 정보가 있습니다. 첫 번째는 input_ids입니다. 인덱스로 변 환된 토큰 시퀀스입니다.[*] 두 번째는 attention_mask로 해당 토큰이 패딩 토큰인지(0) 아닌 지(1)를 나타냅니다. token_type_ids는 세그먼트 정보, label은 정수로 바뀐 레이블 정보입 니다. ClassificationFeatures 각 구성 요소의 자료형 은 다음과 같습니다.

* 토큰화와 인덱싱에 대해서는 2장 실습을 참 고하세요.

- input_ids: List[int]
- attention_mask: List[int]
- token_type_ids: List[int]
- label: int

NsmcCorpus가 넘겨준 0번 데이터를 살펴보면 다음과 같습니다. 레이블 0은 부정[negative]이라는 뜻입니다.

- text: 아 더빙.. 진짜 짜증나네요 목소리
- label: 0

코랩에서 코드 4-9를 실행한 뒤 train_dataset[0]을 입력하면 다음과 같은 결과를 확인할 수 있습니다. NsmcCorpus가 넘겨준 0번 데이터(아 더빙.. 진짜 짜증나네요 목소리, 0)가 ClasificationFeatures라는 0번 인스턴스로 변환된 것입니다. 이처럼 Classification Dataset이 가지고 있는 모든 인스턴스는 인덱스로 접근할 수 있습니다. 예를 들어 100번 인스턴스를 확인하고 싶다고 한다면 train_dataset[100]을 입력하면 됩니다.

```
ClassificationFeatures(
    input_ids=[2, 2170, 832, 5045, 17, 17, 7992, 29734, 4040, 10720, 3, 0, 0, 0, 0, 0,
0, 0, 0, 0, 0, 0, 0, 0, 0, 0, 0, 0, 0, 0, 0, 0, 0, 0, 0, 0, 0, 0, 0, 0, 0, 0, 0, 0,
0, 0, 0, 0, 0, 0, 0, 0, 0, 0, 0, 0, 0, 0, 0, 0, 0, 0, 0, 0, 0, 0, 0, 0, 0, 0, 0, 0,
0, 0, 0, 0, 0, 0, 0, 0, 0, 0, 0, 0, 0, 0, 0, 0, 0, 0, 0, 0, 0, 0, 0, 0, 0, 0, 0, 0,
0, 0, 0, 0, 0, 0, 0, 0, 0, 0, 0, 0, 0, 0, 0, 0, 0, 0, 0, 0, 0, 0, 0, 0, 0, 0, 0, 0],
    attention_mask=[1, 1, 1, 1, 1, 1, 1, 1, 1, 1, 1, 0, 0, 0, 0, 0, 0, 0, 0, 0, 0, 0,
0, 0, 0, 0, 0, 0, 0, 0, 0, 0, 0, 0, 0, 0, 0, 0, 0, 0, 0, 0, 0, 0, 0, 0, 0, 0, 0, 0,
0, 0, 0, 0, 0, 0, 0, 0, 0, 0, 0, 0, 0, 0, 0, 0, 0, 0, 0, 0, 0, 0, 0, 0, 0, 0, 0, 0,
0, 0, 0, 0, 0, 0, 0, 0, 0, 0, 0, 0, 0, 0, 0, 0, 0, 0, 0, 0, 0, 0, 0, 0, 0, 0, 0, 0,
0, 0, 0, 0, 0, 0, 0, 0, 0, 0, 0, 0, 0, 0, 0, 0, 0, 0, 0, 0],
    token_type_ids=[0, 0, 0, 0, 0, 0, 0, 0, 0, 0, 0, 0, 0, 0, 0, 0, 0, 0, 0, 0, 0, 0,
0, 0, 0, 0, 0, 0, 0, 0, 0, 0, 0, 0, 0, 0, 0, 0, 0, 0, 0, 0, 0, 0, 0, 0, 0, 0, 0, 0,
0, 0, 0, 0, 0, 0, 0, 0, 0, 0, 0, 0, 0, 0, 0, 0, 0, 0, 0, 0, 0, 0, 0, 0, 0, 0, 0, 0,
0, 0, 0, 0, 0, 0, 0, 0, 0, 0, 0, 0, 0, 0, 0, 0, 0, 0, 0, 0, 0, 0, 0, 0, 0, 0, 0, 0,
0, 0, 0, 0, 0, 0, 0, 0, 0, 0, 0, 0, 0, 0, 0, 0, 0, 0, 0, 0],
    label=0,
)
```

train_dataset[0].input_ids, train_dataset[0].attention_mask, train_dataset[0].token_type_ids의 길이가 모두 128인 이유는 토큰 기준 최대 길이(max_seq_length)를 코드 4-4의 args에서 128로 설정해 두었기 때문입니다. train_dataset[0].input_ids에 패딩 토큰([PAD])의 인덱스에 해당하는 0이 많이 붙어 있음을 확인할 수 있는데요, 이는 분석 대상 문

장의 토큰 길이가 max_seq_length보다 짧아서입니다. 반대로 이보다 긴 문장이면 128로 줄입니다.

세그먼트 정보(token_type_ids)를 입력하는 건 BERT 모델의 특징입니다. BERT의 프리트레인 과제는 '빈칸 맞히기' 외에 '이어진 문서인지 맞히기'next sentence prediction'도 있습니다. 다시말해 문서 2개를 입력하고 2개의 문서가 이어진 것인지, 아닌지를 **이진 분류**binary classification하는 과정에서 프리트레인을 수행한다는 이야기입니다.

BERT의 **세그먼트**segment 정보는 첫 번째 문서에 해당하는 토큰 시퀀스가 0, 두 번째 문서의 토큰 시퀀스가 1이 되도록 만듭니다. 하지만 우리는 영화 리뷰 문서 하나를 입력하고 그 문서의극성을 분류하는 과제를 수행 중입니다. 따라서 이 실습에서 모든 인스턴스의 세그먼트 정보는 0으로 넣습니다. 문장을 모델 입력값으로 변환하는 절차와 관련한 내용은 「2-4」절의 '토큰화하기' 실습을 참고하세요.

한편 NsmcCorpus와 ClassificationDataset의 역할과 자세한 구현 내용은 다음 링크를 참고하세요. NSMC 말고 내가 가진 말뭉치를 문서 분류 모델 학습용 데이터로 전처리하는 방법역시 안내하고 있습니다.

• ratsgo.github.io/nlpbook/docs/doc_cls/detail

이어서 다음 코드를 실행하면 학습할 때 쓰이는 데이터 로더를 만들 수 있습니다. 데이터 로더는 ClassificationDataset 클래스가 들고 있는 전체 인스턴스 가운데 배치 크기(코드 4-4에서 정의한 args의 batch_size)만큼을 뽑아 배치 형태로 가공(nlpbook.data_collator)하는 역할을 수행합니다.

> • **코드 4-10** 학습 데이터 로더 구축

```
from torch.utils.data import DataLoader, RandomSampler
train_dataloader = DataLoader(
    train_dataset,
    batch_size=args.batch_size,
    sampler=RandomSampler(train_dataset, replacement=False),
    collate_fn=nlpbook.data_collator,
    drop_last=False,
    num_workers=args.cpu_workers,
)
```

코드 4-10을 자세히 보면 sampler와 collate_fn이 눈에 띕니다. 전자는 샘플링 방식을 정의합니다. 여기서 만든 데이터 로더는 배치를 만들 때 ClassificationDataset이 들고 있는 전체 인스턴스 가운데 batch_size 개수만큼을 비복원(replacement=False) 랜덤 추출(Random Sampler)합니다.

collate_fn은 이렇게 뽑은 인스턴스들을 배치로 만드는 역할을 하는 함수입니다. nlpbook. data_collator는 같은 배치에서 인스턴스가 여럿일 때 이를 input_ids, attention_mask 등 종류별로 모으고 파이토치가 요구하는 자료형인 텐서^{tensor} 형태로 바꾸는 역할을 수행합니다. 배치 크기가 2이고 sampler가 뽑은 인스턴스가 1, 3번일 때를 예로 들면 다음과 같습니다.

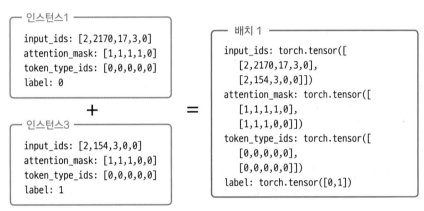

그림 4-5 collate_fn의 역할

다음 코드를 실행하면 평가용 데이터 로더를 구축할 수 있습니다. 평가용 데이터 로더는 학습용 데이터 로더와 달리 SequentialSampler를 사용합니다. SequentialSampler는 인스턴스를 batch_size만큼 순서대로 추출하는 역할을 합니다. 학습 때 배치 구성은 랜덤으로 하는 것이 좋은데요, 평가할 때는 평가용 데이터 전체를 사용하므로 군이 랜덤으로 구성할 이유가 없어서 SequentialSampler를 씁니다.

• 코드 4-11 평가용 데이터 로더 구축

```
from torch.utils.data import SequentialSampler
val_dataset = ClassificationDataset(
    args=args,
    corpus=corpus,
    tokenizer=tokenizer,
    mode="test",
)
```

```
val_dataloader = DataLoader(
    val_dataset,
    batch_size=args.batch_size,
    sampler=SequentialSampler(val_dataset),
    collate_fn=nlpbook.data_collator,
    drop_last=False,
    num_workers=args.cpu_workers,
)
```

6단계 모델 불러오기

이제 모델을 초기화하는 다음 코드를 실행합니다. 코드 4-4에서 `pretrained_model_name`을 **beomi/kcbert-base**로 지정했으므로 프리트레인을 마친 BERT로 **kcbert-base**를 사용합니다. 모델을 초기화하는 코드에서 `BertForSequenceClassification`은 프리트레인을 마친 BERT 모델 위에 「4-1」절에서 설명한 문서 분류용 태스크 모듈이 덧붙여진 형태의 모델 클래스입니다. 이 클래스는 허깅페이스에서 제공하는 `transformers` 라이브러리에 포함돼 있습니다.

> • **코드 4-12** 모델 초기화

```
from transformers import BertConfig, BertForSequenceClassification
pretrained_model_config = BertConfig.from_pretrained(
    args.pretrained_model_name,
    num_labels=corpus.num_labels,
)
model = BertForSequenceClassification.from_pretrained(
    args.pretrained_model_name,
    config=pretrained_model_config,
)
```

허깅페이스 모델 허브에 등록된 모델이라면 별다른 코드 수정 없이 **kcbert-base** 이외에 다른 언어 모델을 사용할 수 있습니다. 예를 들어 `bert-base-uncased` 모델은 구글이 공개한 다국어 BERT 모델인데요, 코드 4-4에서 `pretrained_model_name`에 이 모델명을 입력하면 해당 모델을 쓸 수 있습니다. 허깅페이스에 등록된 모델 목록은 huggingface.co/models에서 확인할 수 있습니다. 아울러 코드 4-8, 4-12에는 똑같은 모델 이름을 입력해야 합니다.

모델 학습시키기

파이토치 라이트닝^{pytorch lightning}*이 제공하는 `LightningModule` 클래스를 상속받아 태스크
(task)를 정의합니다. 태스크에는 다음 그림처럼 모델과 옵티마이저, 학습 과정 등이 정의돼
있습니다.

* github.com/PyTorchLightning/pytorch-lightning

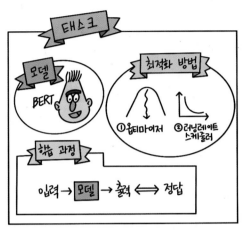

그림 4-6 TASK의 역할

다음 코드를 실행하면 문서 분류용 태스크를 정의할 수 있습니다. 코드 4-4에서 만든 학습 설
정(args)과 코드 4-12에서 준비한 모델(model)을 `ClassificationTask`에 주입합니다.
`ClassificationTask`에는 **옵티마이저**^{optimizer}*, **러닝 레이트 스케줄러**^{learning rate scheduler}가 정의
돼 있는데요, 옵티마이저로는 **아담**^{Adam}, 러닝 레이트 스
케줄러로는 ExponentialLR을 사용합니다.

* 옵티마이저는 「3-4」절의 '모델 학습'을 참고
하세요.

> • **코드 4-13** TASK 정의

```
from ratsnlp.nlpbook.classification import ClassificationTask
task = ClassificationTask(model, args)
```

모델 학습 과정은 눈을 가린 상태에서 산등성이를 한 걸음씩 내려가는 과정에 비유할 수 있습
니다. 러닝 레이트는 한 번 내려갈 때 얼마나 이동할지 보폭에 해당합니다. 학습이 진행되는 동
안 점차 러닝 레이트를 줄여 세밀하게 탐색하면 좀 더 좋은 모델을 만들 수 있습니다. 이 역할을
하는 게 바로 러닝 레이트 스케줄러입니다. ExponentialLR은 현재 에포크*의 러닝 레이트를
'이전 에포크의 러닝 레이트 × gamma'로 스케줄링합니
다. 이 책의 실습에서는 gamma를 0.9로 두고 있습니다.

* 에포크(epoch)란 데이터 전체를 학습한 횟수
입니다. 만일 에포크가 3이라면 데이터를 3번 반
복 학습한다는 뜻입니다.

ClassificationTask의 자세한 구현 내용에 대해서는 다음 링크를 참고하세요. 학습 및 평가 과정에서 미니 배치가 입력됐을 때 손실[loss]을 계산하는 과정, 옵티마이저와 러닝 레이트 스케줄러를 정의하는 내용 등을 소개합니다.

- ratsgo.github.io/nlpbook/docs/doc_cls/detail

코드 4-14를 실행하면 트레이너를 정의할 수 있습니다. 이 트레이너는 파이토치 라이트닝 라이브러리의 도움을 받아 GPU/TPU 설정, 로그 및 체크포인트 등 귀찮은 설정들을 알아서 해줍니다.

- **코드 4-14** 트레이너 정의

```
trainer = nlpbook.get_trainer(args)
```

다음 코드처럼 트레이너의 `fit()` 함수를 호출하면 학습을 시작합니다. 학습 시간은 자신의 코랩 환경에 따라 다를 수 있으나 꽤 오래 걸릴 수 있습니다. 1에포크 학습에 필요한 예상 시간은 그림처럼 확인할 수 있습니다. 학습이 진행되는 도중 브라우저를 끄면 모델 학습을 비롯한 코랩 실행이 중단되니 주의하세요.

> • **코드 4-15 학습 개시**

```
trainer.fit(
    task,
    train_dataloader=train_dataloader,
    val_dataloaders=val_dataloader,
)
```

참고로 코랩 정책이 변경되거나 계정 종류에 따라서 학습을 다 마치지 않았는데 실행이 중단 될 수도 있습니다. 하지만 이 경우라도 코드 4-4의 `args.downstream_model_dir`에 해당하는 디렉터리에 모델 체크포인트(확장자가 ckpt인 파일)가 하나라도 있으면 다음 절 실습을 진행 할 수 있습니다. 이 실습 코드에서는 각 에포크 종료 시 평가용 데이터로 모델의 성능을 측정 한 뒤 이전보다 성능이 개선되었을 경우 모델 체크포인트를 저장합니다. 코드 4-4의 `args. epochs`를 1이나 2로 줄여서 학습 시간을 단축하는 것도 방법입니다.

지금까지 우리는 문서 분류 모델 학습을 실습해 보았습니다. 큰 줄기는 이렇습니다. 각종 설 정을 마친 뒤 말뭉치를 내려받아 전처리합니다. 프리트레인을 마친 모델을 이 데이터에 맞게 파인튜닝합니다. 이 장 실습은 이후 다른 장 실습의 기본이 되니 잘 숙지해 두면 좋습니다. 특 히 데이터셋, 데이터 로더 등 개념에 익숙해진다면 더할 나위 없을 듯합니다.

그림 4-7 코랩 환경에서의 학습

4-3 학습 마친 모델을 실전 투입하기

학습을 마친 문서 분류 모델을 **인퍼런스**[inference]하는 과정을 실습해 보겠습니다. 인퍼런스란 학습을 마친 모델로 실제 과제를 수행하는 행위나 그 과정을 가리킵니다. 다시 말해 모델을 문서 분류라는 실전에 투입하는 것이죠.

Do it! 실습

영화 리뷰 감성 분석 웹 서비스 만들기

이번 실습에서는 앞 절에서 학습을 마친 문서 분류 모델을 가지고 웹 서비스를 만들어 보려고 합니다. 대강의 개념도는 다음 그림과 같습니다. 문장을 받아 해당 문장이 긍정인지 부정인지 답변하는 웹 서비스인데요, 문장을 토큰화한 뒤 모델 입력값으로 만들고 이를 모델에 입력해 [해당 문장이 긍정일 확률, 해당 문장이 부정일 확률]을 계산하게 만듭니다. 이후 약간의 후처리 과정을 거쳐 응답하게 만드는 방식입니다.

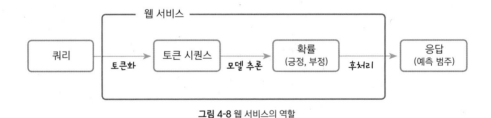

그림 4-8 웹 서비스의 역할

웹 서비스란 네트워크에서 컴퓨터 간에 상호작용을 하기 위해 만들어진 소프트웨어 시스템입니다. 이 장에서는 원격 사용자가 보낸 문장을 수신해 해당 문장이 긍정인지 부정인지 응답을 만들고 이 응답을 원격 사용자에게 전달하는 웹 서비스를 코랩 환경에서 만듭니다.

1단계 코랩 노트북 초기화하기

이번 실습은 웹 브라우저에서 다음 주소(bit.ly/3leMWYr)에 접속하면 코랩 환경에서 수행할 수 있습니다. 이전 실습과 마찬가지로 코랩에서 [내 드라이브에 복사]를 진행합니다. 다만 런타임 유형은 [None]으로 설정해 하드웨어 가속을 사용하지 않습니다.

2단계 환경 설정하기

우선 다음 코드를 실행해 의존성 있는 패키지를 설치합니다.

• **코드 4-16** 의존성 패키지 설치

```
!pip install ratsnlp
```

앞 절에서 학습한 모델의 체크포인트는 구글 드라이브에 저장해 두었으므로 다음 코드를 실행해 코랩 노트북과 자신의 구글 드라이브를 연동합니다.

• **코드 4-17** 구글 드라이브 연동

```
from google.colab import drive
drive.mount('/gdrive', force_remount=True)
```

그리고 다음 코드를 실행해 각종 인자를 설정합니다.

• **코드 4-18** 인퍼런스 설정

```
from ratsnlp.nlpbook.classification import ClassificationDeployArguments
args = ClassificationDeployArguments(
    pretrained_model_name="beomi/kcbert-base",
    downstream_model_dir="/gdrive/My Drive/nlpbook/checkpoint-doccls",
    max_seq_length=128,
)
```

각 인자의 역할과 내용은 다음과 같습니다.

- pretrained_model_name: 앞 절에서 적용한 pretrained_model_name(단, 해당 모델은 허깅페이스 라이브러리에 등록되어 있어야 합니다)
- downstream_model_dir: 앞 절에서 파인튜닝한 모델의 체크포인트 저장 위치(확장자가 ckpt인 파일이 하나 이상 있어야 합니다)
- max_seq_length: 토큰 기준 입력 문장 최대 길이. 아무것도 입력하지 않으면 128

3단계 토크나이저 및 모델 불러오기

다음 코드를 실행해 토크나이저를 초기화합니다.

• 코드 4-19 토크나이저 로드

```
from transformers import BertTokenizer
tokenizer = BertTokenizer.from_pretrained(
    args.pretrained_model_name,
    do_lower_case=False,
)
```

이어서 다음 코드는 앞 절에서 파인튜닝한 모델의 체크포인트를 읽어들입니다.

• 코드 4-20 체크포인트 로드

```
import torch
fine_tuned_model_ckpt = torch.load(
    args.downstream_model_checkpoint_fpath,
    map_location=torch.device("cpu"),
)
```

다음 코드는 앞 절 파인튜닝 때 사용한 pretrained_model_name에 해당하는 모델의 설정값들을 읽어들입니다. 이어서 코드 4-22를 실행하면 해당 설정값대로 BERT 모델을 초기화합니다.

• 코드 4-21 BERT 설정 로드

```
from transformers import BertConfig
pretrained_model_config = BertConfig.from_pretrained(
    args.pretrained_model_name,
    num_labels=fine_tuned_model_ckpt["state_dict"]["model.classifier.bias"].shape.numel(),
)
```

```
from transformers import BertForSequenceClassification
model = BertForSequenceClassification(pretrained_model_config)
```

다음 코드는 초기화한 BERT 모델에 체크포인트(fine_tuned_model_ckpt)를 주입합니다. 이어서 코드 4-24를 실행하면 모델이 평가 모드로 전환됩니다. 드롭아웃 등 학습 때만 사용하는 기법들을 무효화하는 역할을 합니다.

```
model.load_state_dict({k.replace("model.", ""): v for k, v in fine_tuned_model_
ckpt['state_dict'].items()})
```

```
model.eval()
```

4단계 **모델 출력값 만들고 후처리하기**

코드 4-25는 인퍼런스 과정을 정의한 함수입니다. 문장에 토큰화를 수행한 뒤 input_ids, attention_mask, token_type_ids를 만듭니다. 이들 입력값을 파이토치의 텐서 자료형으로 변환한 뒤 모델에 입력합니다. 모델 출력값(outputs.logits)은 소프트맥스 함수 적용 이전의 **로짓**[logit] 형태인데요, 여기에 소프트맥스 함수를 써서 모델 출력을 '[부정일 확률, 긍정일 확률]'로 바꿉니다.

마지막으로 모델 출력을 약간 후처리하여 예측 확률의 최댓값이 부정 위치일 때 해당 문장이 '부정 (negative)', 반대일 때는 '긍정 (positive)'이 되도록 pred값을 만듭니다.

```
def inference_fn(sentence):
    inputs = tokenizer(
        [sentence],
        max_length=args.max_seq_length,
        padding="max_length",
        truncation=True,
    )
```

문장을 토큰화한 뒤
input_id, attention_masks,
token_type_ids 만들기

```
with torch.no_grad():
    outputs = model(**{k: torch.tensor(v) for k, v in inputs.items()})
    prob = outputs.logits.softmax(dim=1)
    positive_prob = round(prob[0][1].item(), 4)
    negative_prob = round(prob[0][0].item(), 4)
    pred = "긍정 (positive)" if torch.argmax(prob) == 1 else "부정 (negative)"
return {
    'sentence': sentence,
    'prediction': pred,
    'positive_data': f"긍정 {positive_prob}",
    'negative_data': f"부정 {negative_prob}",
    'positive_width': f"{positive_prob * 100}%",
    'negative_width': f"{negative_prob * 100}%",
}
```

- inputs를 파이토치 텐서로 바꾸기
- 모델 계산하기
- 로짓에 소프트맥스 취하기
- 긍정/부정 확률을 소수점 4자리로 반올림
- 예측 확률의 최댓값 위치에 따라 pred 만들기

이 코드에서 positive_width, negative_width는 웹 페이지에서 긍정/부정 막대의 길이를 조정하려는 것으로 크게 신경 쓰지 않아도 됩니다.

5단계 웹 서비스 시작하기

앞 단계에서 정의한 인퍼런스 함수 inference_fn을 가지고 다음 코드를 실행하면 플라스크 flask라는 파이썬 라이브러리의 도움을 받아 웹 서비스를 띄울 수 있습니다.

> • 코드 4-26 웹 서비스

```
from ratsnlp.nlpbook.classification import get_web_service_app
app = get_web_service_app(inference_fn)
app.run()
```

그러면 다음 그림과 같은 출력 결과를 확인할 수 있는데요, 여기서 http://37e862e6897f. ngrok.io라는 링크를 클릭합니다. 단, 이 주소는 코드 4-26을 실행할 때마다 바뀌므로 여러 분이 실습할 때는 결과 화면에 보이는 주소로 접근해야 합니다. 그러면 웹 브라우저에서 다음 과 같은 화면을 볼 수 있습니다.

그림 4-9 웹 서비스를 실행한 결과

웹 페이지에서 '문장을 입력하세요' 부분에 문장(ㅇㅈ)을 입력하면 모델이 해당 문장의 극성 (**긍정**)을 분류합니다. 긍정(0.8118)과 부정(0.1882) 확률도 출력됩니다. 둘을 합치면 1이 됩니다.

우리는 NSMC로 모델을 파인튜닝했으므로 모델은 입력된 문장이 영화 리뷰라고 생각하고 극성을 분석합니다. 예를 들어 '졸립다'는 표현의 경우 침대 등 상품 리뷰에서는 긍정적인 극성을 가질 가능성이 큽니다. 하지만 영화 리뷰에서는 그 반대이므로 모델의 예측 결과 역시 이러한 경향을 따릅니다. 즉, 학습 데이터의 특성에 따라 다른 모델이 도출된다는 이야기입니다.

맺음말

지금까지 우리는 문서 분류 모델을 만드는 과정을 실습했습니다. 실습 대상 말뭉치가 NSMC 여서 해당 말뭉치로 학습한 모델은 영화 리뷰의 극성을 분류하는데요, 뉴스 본문과 카테고리 (정치, 경제, 사회 등)로 짝지어진 말뭉치를 활용한다면 뉴스 카테고리를 분류하는 모델을 만들 수 있습니다. 그뿐만 아니라 허깅페이스 모델 허브에 등록만 돼 있으면 BERT보다 좋은 성능을 가진 언어 모델을 활용할 수 있어 분류 성능을 더욱 끌어올릴 수 있습니다. 문서 분류 과제는 개체명 인식, 문서 생성 등 이후 소개할 과제의 기본이 되므로 잘 숙지해 두기 바랍니다.

이번 장에서 소개한 내용과 관련해 추천할 자료가 2가지 있습니다. 하나는 구글에서 2018년 발표한 BERT 논문입니다. 제목과 링크는 다음과 같습니다.

- **Bidirectional Encoder Representations from Transformers:** arxiv.org/pdf/1810.04805.pdf

BERT는 트랜스포머의 인코더를 그대로 활용했다는 점에서 아키텍처상 독창성은 거의 없습니다. 이 때문에 처음에는 큰 주목을 받지 못했습니다. 하지만 저자들은 빈칸 맞히기(마스크 언어 모델)라는 프리트레인 태스크를 제안하고, 프리트레인을 마친 언어 모델로 문서 분류, 개체명 인식 등 다운스트림 태스크에 파인튜닝하는 프레임워크를 정립했습니다. BERT는 트랜스포머를 트랜스퍼 러닝에 본격적으로 적용한 첫 논문인 셈이죠.

BERT가 다양한 다운스트림 태스크에서 최고 성능을 기록하면서 입소문을 타기 시작해 세계적으로 유명한 논문이 되었습니다. 자연어 처리 분야 최고 학회 가운데 하나인 NAACL은 이러한 공로를 인정해 이 논문을 발표 이듬해인 2019년 최우수 논문으로 선정했습니다. 마스크 언어 모델을 제시하게 된 배경과 그 효과 등에 관해 저자들의 고민을 엿볼 수 있어서 읽어 볼 가치는 충분합니다.

BERT가 발표된 이후 비슷한 논문이 쏟아졌습니다. 이 가운데 주목할 기법은 페이스북이 2019년 발표한 RoBERTa입니다. 큰 틀에서는 BERT와 비슷하나 어휘 집합(vocabulary) 구축, 프리트레인 태스크, 학습 말뭉치 선정 등 디테일에서 차이를 보입니다. 성능이 좋아 최근에는 BERT보다 널리 쓰이고 있습니다. 제목과 링크는 다음과 같습니다.

- **RoBERTa: A Robustly Optimized BERT Pretraining Approach:** arxiv.org/pdf/1907.11692.pdf

이 장에서는 문서 분류 과제를 실습했습니다. 이 장 내용은 개체명 인식, 문서 생성 등 이후 소개할 과제의 기본이 되므로 중요합니다. 지금까지 배운 내용을 퀴즈로 정리해 봅시다.

1. 문서 분류란 문서가 주어졌을 때 해당 문서의 [범   ] 를 분류하는 과제다.

2. 문서 분류 모델의 출력은 [확   ] 이다.

3. ClassificationDataset 클래스에 속한 인스턴스들은 [i   ] , [a   ] , [t   ] , [l   ] 4가지 필드를 가진다.

4. 딥러닝에서 [에   ] 는 학습의 횟수를 가리킨다. 만일 이 값이 3이라면 학습 데이터 전체를 3회 반복 학습했다는 뜻이 된다.

5. 난수 생성 알고리즘을 실행하기 위해 쓰는 수를 [랜   ] 라고 한다.

정답 1. 범주(category) 2. (범주에 속할) 확률
3. input_ids, attention_mask, token_type_ids, label
4. 에포크(epoch) 5. 랜덤 시드(random seed)

5장

문장 쌍 분류하기

문장 쌍 분류란 문장(또는 문서) 2개가 주어졌을 때 해당 문장 사이의 관계가 어떤 범주일지 분류하는 과제입니다. 문장 쌍 분류의 대표 예시로 자연어 추론이 있습니다. 자연어 추론은 두 문장의 관계가 참인지, 거짓인지, 중립 또는 판단 불가인지 가려내는 것입니다. 이 장에서는 인공지능 기업 '업스테이지'가 공개한 KLUE-NLI 데이터셋을 가지고 문장 쌍 분류 모델을 구축하는 방법을 살펴봅니다.

5-1 문장 쌍 분류 모델 훑어보기

이 장에서는 **문장 쌍 분류**^{sentence pair classification}의 대표 예로 **자연어 추론**^{natural langugage inference, NLI} 과제
를 실습합니다. 본격적인 실습에 앞서 모델의 아키텍처와 입출력 등 전반을 살펴보겠습니다.

> 66 문장 쌍 분류란 문장 2개가 주어졌을 때
>
> 해당 문장 사이의 관계가 어떤 범주일지 분류하는 과제다. 99

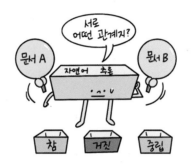

자연어 추론은 2개의 문장(또는 문서)이 참^{entailment}, 거짓^{contradiction}, 중립 또는 판단 불가^{neutral}인
지 가려내는 것입니다. 여기에서 entailment는 '함의', contradiction은 '모순'으로 번역되
기도 합니다. 예를 들면 다음과 같습니다.

> 나 출근했어 + 난 백수야 → **거짓**
> 나 출근했어 + 난 개발자다 → **중립**

이번 실습에서 사용할 데이터는 업스테이지에서 공개한 NLI 데이터셋[*]입니다. 이 데이터셋
은 전제^{premise}에 대한 가설^{hypothesis}이 참인지, 거짓인지, 중립인지 정보가 레이블(gold_label)
로 주어져 있습니다.

* klue-benchmark.com/tasks/68/overview/description

표 5-1 NLI 데이터셋 예시

전제	100분간 잘껄 그래도 소닉붐땜에 2점준다	100분간 잘껄 그래도 소닉붐땜에 2점준다	101빌딩 근처에 나름 즐길거리가 많습니다.
가설	100분간 잤다.	소닉붐이 정말 멋있었다.	101빌딩 부근에서는 여러가지를 즐길수 있습니다.
레이블	contradiction	neutral	entailment

* 이 책에서 각종 데이터셋은 교정하지 않고 원문 그대로 실었습니다.

우리가 만들 NLI 과제 수행 모델은 전제와 가설 2개 문장을 입력으로 하고, 두 문장의 관계가 어떤 범주일지 확률을 출력으로 합니다. 그리고 출력을 적당한 후처리 과정을 거쳐 참 (entailment), 거짓(contradiction), 중립(neutral) 등 사람이 보기에 좋은 형태로 가공해 줍니다. 예를 들어 다음과 같습니다.

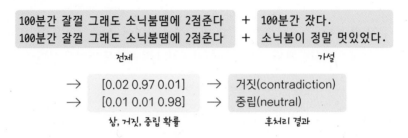

모델 구조

이 책에서 사용하는 문장 쌍 분류 모델은 전제와 가설 두 문장을 각각 토큰화한 뒤 [CLS] + 전제 + [SEP] + 가설 + [SEP] 형태로 이어 붙입니다. 여기에서 CLS는 문장 시작을 알리는 스페셜 토큰, SEP는 전제와 가설을 서로 구분해 주는 스페셜 토큰입니다.

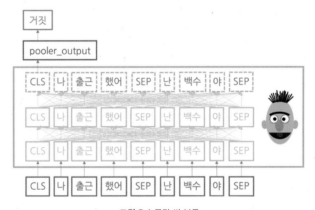

그림 5-1 문장 쌍 분류

이를 BERT 모델에 입력하고 문장 수준의 벡터(`pooler_output`)[*]를 뽑습니다. 이 벡터엔 전제와 가설의 의미가 응축되어 있습니다. 여기에 작은 추가 모듈을 덧붙여 모델 전체의 출력이 [전제에 대해 가설이 참일 확률, 전제에 대해 가설이 거짓일 확률, 전제에 대해 가설이 중립일 확률] 형태가 되도록 합니다.

* 문장 수준의 벡터(pooler_output)를 계산하는 과정은 3장 '문장을 벡터로 변환하기' 실습을 참고하세요.

태스크 모듈

`pooler_output` 벡터 뒤에 붙는 추가 모듈의 구조는 다음 그림과 같습니다. 우선 `pooler_output` 벡터(그림에서 **x**)에 드롭아웃을 적용합니다. 그다음 가중치 행렬을 곱해 `pooler_output`을 분류해야 할 범주 수만큼의 차원을 갖는 벡터로 변환합니다(그림에서 **h**). 만일 `pooler_output` 벡터가 768차원이고 분류 대상 범주 수가 3개(참, 거짓, 중립)라면 가중치 행렬 크기는 768 × 3이 됩니다.

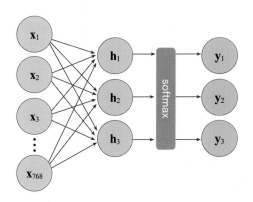

그림 5-2 문장 쌍 분류 태스크 모듈

여기에 소프트맥스 함수를 취하면 모델의 최종 출력(그림에서 **y**)이 됩니다. 이렇게 만든 모델의 최종 출력과 정답 레이블을 비교해 모델 출력이 정답 레이블과 최대한 같아지도록 BERT 레이어를 포함한 모델 전체를 업데이트합니다.

문장 쌍 분류 태스크 모듈은 4장에서 다룬 문서 분류 태스크 모듈과 거의 유사한 모습입니다. 문서 분류 과제를 3개 범주(긍정, 부정, 중립)를 분류하는 태스크로 상정한다면 두 모듈 구조는 똑같습니다. 다만 차이는 태스크 모듈의 입력(`pooler_output`)이 됩니다. 즉, `pooler_output`에 문장 1개의 의미가 응축되어 있다면 문서 분류, 2개의 의미가 내포해 있다면 문장 쌍 분류 과제가 됩니다.

5-2 문장 쌍 분류 모델 학습하기

문장 쌍 분류 모델의 데이터 전처리와 학습 과정을 실습으로 진행해 보겠습니다. 이미 4장에서 실습 준비와 설정과 관련한 내용은 자세하게 설명했으므로 이번 실습부터는 반복되는 내용을 줄이고 본 내용에 집중하겠습니다. 따라서 책을 순서대로 읽지 않았다면 「4-2」절의 실습을 먼저 보기 바랍니다.

Do it! 실습

전제와 가설을 검증하는 자연어 추론 모델 만들기

1단계 코랩 노트북 초기화하기

이번 실습은 웹 브라우저에서 다음 주소(bit.ly/3ajrGuo)에 접속하면 코랩 환경에서 수행할 수 있습니다. 이전 실습과 마찬가지로 코랩에서 [내 드라이브에 복사]와 런타임 유형에서 하드웨어 가속을 [GPU]로 선택합니다.

2단계 각종 설정하기

1단계 코랩 노트북 초기화 과정에서 하드웨어 가속기로 TPU를 선택했다면 다음 코드를 실행하고, GPU를 선택했다면 실행하지 않습니다.

> • **코드 5-1** TPU 관련 패키지 설치

```
!pip install cloud-tpu-client==0.10 https://storage.googleapis.com/tpu-pytorch
/wheels/torch_xla-1.9-cp37-cp37m-linux_x86_64.whl
```

다음 코드를 실행해 TPU 이외에 의존성 있는 패키지를 설치하고 코드 5-3도 실행해 자신의 구글 드라이브를 코랩 노트북과 연결합니다.

> • **코드 5-2** 의존성 패키지 설치

```
!pip install ratsnlp
```

```
from google.colab import drive
drive.mount('/gdrive', force_remount=True)
```

이번 실습에서는 **kcbert-base** 모델을 인공지능 기업 업스테이지가 공개한 KLUE-NLI 데이터*로 파인튜닝해 볼 계획입니다. 다음 코드를 실행하면 관련 설정을 할 수 있습니다. 우리는 문장 쌍 분류 모델을 학습할 예정이므로 downstream_task_name에 pair-classification이라고 적어 둡니다. 이외에 이 코드에서 설정하는 각종 인자에 관한 설명은 「4-2」절을 참고 바랍니다.

* klue-benchmark.com/tasks/68/data/description

```
import torch
from ratsnlp.nlpbook.classification import ClassificationTrainArguments
args = ClassificationTrainArguments(
    pretrained_model_name="beomi/kcbert-base",
    downstream_task_name="pair-classification",
    downstream_corpus_name="klue-nli",
    downstream_model_dir="/gdrive/My Drive/nlpbook/checkpoint-paircls",
    batch_size=32 if torch.cuda.is_available() else 4,
    learning_rate=5e-5,
    max_seq_length=64,
    epochs=5,
    tpu_cores=0 if torch.cuda.is_available() else 8,
    seed=7,
)
```

다음 코드는 랜덤 시드를 설정합니다. 이 코드는 **args**에 지정된 시드로 고정하는 역할을 합니다. 그리고 코드 5-6을 실행해 각종 로그를 출력하는 로거를 설정합니다.

```
from ratsnlp import nlpbook
nlpbook.set_seed(args)
```

• 코드 5-6 로거 설정

```
nlpbook.set_logger(args)
```

3단계 말뭉치 내려받기

다음 코드를 실행하면 KLUE-NLI 데이터를 내려받습니다. corpus_name에 해당하는 말뭉치 (klue-nli)를 코랩 환경 로컬의 downstream_corpus_root_dir 아래(/content/Korpora)에 저장해 둡니다.

• 코드 5-7 말뭉치 내려받기

```
nlpbook.download_downstream_dataset(args)
```

4단계 토크나이저 준비하기

다음 코드를 실행해 pretrained_model_name에 해당하는 모델(kcbert-base)이 사용하는 토크나이저를 선언합니다.

• 코드 5-8 토크나이저 준비

```
from transformers import BertTokenizer
tokenizer = BertTokenizer.from_pretrained(
    args.pretrained_model_name,
    do_lower_case=False,
)
```

5단계 데이터 전처리하기

다음 코드를 수행하면 학습 데이터셋*을 만들 수 있습니다. KlueNLICorpus 클래스는 JSON 파일 형식의 KLUE-NLI 데이터를 문장(전제 + 가설)과 레이블(참, 거짓, 중립)로 읽어들입니다. KlueNLICorpus는 ClassificationDataset이 요구하면 이 문장과 레이블을 ClassificationDataset에 제공합니다.

> * 데이터셋의 역할, 데이터셋과 데이터 로더의 관계는 그림 4-3의 '데이터 로더의 기본 구조'를 참고하세요.

• 코드 5-9 학습 데이터셋 구축

```
from ratsnlp.nlpbook.paircls import KlueNLICorpus
from ratsnlp.nlpbook.classification import ClassificationDataset
corpus = KlueNLICorpus()
train_dataset = ClassificationDataset(
    args=args,
    corpus=corpus,
    tokenizer=tokenizer,
    mode="train",
)
```

ClassificationDataset 클래스는 KlueNLICorpus와 코드 5-8에서 선언해 둔 토크나이저를 품고 있습니다. ClassificationDataset는 KlueNLICorpus가 넘겨준 문장(전제, 가설)과 레이블 각각을 모델이 학습할 수 있는 형태(ClasificationFeatures*)로 가공합니다. 다시 말해 전제와 가설 2개 문장을 각각 토큰화하고 이를 인덱스로 변환하는 한편, 레이블 역시 정수로 바꿔주는 역할을 합니다(entailment: 0, contradiction: 1, neutral: 2).

* 데이터 인스턴스를 input_ids, attention_mask, token_type_ids, label 등 4가지로 변환한 자료입니다. 자세한 내용은 「4-2」절을 참고 바랍니다.

그러면 KlueNLICorpus가 넘겨준 0번 데이터를 봅시다.

- **전제**: 100분간 잘껄 그래도 소닉붐땜에 2점준다
- **가설**: 100분간 잤다.
- **레이블**: contradiction

그러면 ClassificationDataset은 우선 전제와 가설을 각각 토큰화한 뒤 '[CLS] **전제** [SEP] **가설** [SEP]' 형태로 이어 붙입니다. 토큰화 결과를 확인해 보면 다음과 같습니다. 시퀀스 뒷부분에 [PAD] 토큰이 많이 붙어 있는데요, 이는 전제와 가설을 모두 합친 토큰 시퀀스의 길이가 코드 5-4에서 정한 max_seq_length인 64보다 짧아서입니다. 이보다 길면 64로 줄입니다.

```
[CLS] 100 ##분간 잘 ##껄 그래도 소 ##닉 ##붐 ##땜에 2 ##점 ##준다 [SEP] 100 ##분간 잤 ##다
. [SEP] [PAD] [PAD] [PAD] [PAD] [PAD] [PAD] [PAD] [PAD] [PAD] [PAD] [PAD] [PAD] [PAD]
[PAD] [PAD] [PAD] [PAD] [PAD] [PAD] [PAD] [PAD] [PAD] [PAD] [PAD] [PAD] [PAD] [PAD]
[PAD] [PAD] [PAD] [PAD] [PAD] [PAD] [PAD] [PAD] [PAD] [PAD] [PAD] [PAD] [PAD] [PAD]
[PAD] [PAD] [PAD]
```
— 패딩 토큰

코랩에서 코드 5-9를 실행한 뒤 train_dataset[0]을 입력하면 다음과 같은 결과를 확인할 수 있습니다. KlueNLICorpus가 넘겨준 0번 데이터가 최종적으로 ClasificationDataset의 0번 인스턴스로 변환된 것입니다. 이처럼 ClassificationDataset이 가지고 있는 모든 인스턴스는 인덱스로 접근할 수 있습니다.

```
ClassificationFeatures(
    input_ids : [2, 8327, 15760, 2483, 4260, 8446, 1895, 5623, 5969, 10319, 21, 4213,
10172, 3, 8327, 15760, 2491, 4020, 17, 3, 0, 0, 0, 0, 0, 0, 0, 0, 0, 0, 0, 0, 0, 0, 0,
0, 0, 0, 0, 0, 0, 0, 0, 0, 0, 0, 0, 0, 0, 0, 0, 0, 0, 0, 0, 0, 0, 0, 0, 0, 0, 0, 0, 0],
    attention_mask : [1, 1, 1, 1, 1, 1, 1, 1, 1, 1, 1, 1, 1, 1, 1, 1, 1, 1, 1, 1, 0, 0,
0, 0, 0, 0, 0, 0, 0, 0, 0, 0, 0, 0, 0, 0, 0, 0, 0, 0, 0, 0, 0, 0, 0, 0, 0, 0, 0, 0, 0, 0,
0, 0, 0, 0, 0, 0, 0, 0, 0, 0, 0, 0],
    token_type_ids : [0, 0, 0, 0, 0, 0, 0, 0, 0, 0, 0, 0, 0, 0, 1, 1, 1, 1, 1, 1, 0, 0,
0, 0, 0, 0, 0, 0, 0, 0, 0, 0, 0, 0, 0, 0, 0, 0, 0, 0, 0, 0, 0, 0, 0, 0, 0, 0, 0, 0, 0, 0,
0, 0, 0, 0, 0, 0, 0, 0, 0, 0, 0, 0],
    label : 1,
)
```

train_dataset[0].input_ids는 '[CLS] 전제 [SEP] 가설 [SEP]'를 토큰화한 뒤 인덱싱한 결과입니다. train_dataset[0].attention_mask는 해당 위치의 토큰이 패딩 토큰인지(0) 아닌지(1)를 나타냅니다.

train_dataset[0].token_type_ids는 세그먼트^{segment} 정보입니다. '[CLS] 전제 [SEP]'에 해당하는 첫 번째 세그먼트는 0, '가설 [SEP]'에 해당하는 두 번째 세그먼트는 1, 나머지 패딩에 속하는 세 번째 세그먼트는 0을 줍니다. 전제와 가설의 토큰 수는 각각 12, 5개이므로 첫 번째 세그먼트(0으로 채움)의 길이는 [CLS]와 [SEP]를 합쳐 14, 두 번째 세그먼트(1로 채움)는 [SEP]를 포함해 6이 됩니다. 마지막 세그먼트(0으로 채움)의 길이는 64(max_seq_length) − 14(첫 번째 세그먼트 길이) − 6(두 번째 세그먼트 길이), 즉 44가 됩니다.

한편 KlueNLICorpus와 ClassificationDataset의 역할과 자세한 구현 내용은 다음 링크를 참고하세요. KLUE-NLI 말고 내가 가진 말뭉치를 문장 쌍 분류 모델 학습용 데이터로 전처리하는 방법 역시 안내하고 있습니다.

• ratsgo.github.io/nlpbook/docs/pair_cls/detail

다음 코드를 실행하면 학습할 때 쓰이는 데이터 로더를 만들 수 있습니다. 학습용 데이터 로더는 ClassificationDataset 클래스가 들고 있는 전체 인스턴스 가운데 배치 크기(코드 5-4에서 정의한 args의 batch_size)만큼의 인스턴스들을 비복원(replacement=False) 랜덤 추출(RandomSampler)한 뒤 이를 배치 형태로 가공(nlpbook.data_collator)해 모델에 공급하는 역할을 수행합니다.

· 코드 5-10 학습 데이터 로더 구축

```
from torch.utils.data import DataLoader, RandomSampler
train_dataloader = DataLoader(
    train_dataset,
    batch_size=args.batch_size,
    sampler=RandomSampler(train_dataset, replacement=False),
    collate_fn=nlpbook.data_collator,
    drop_last=False,
    num_workers=args.cpu_workers,
)
```

다음 코드를 실행하면 평가용 데이터 로더를 구축할 수 있습니다. 평가용 데이터 로더는 배치 크기(코드 5-4에서 정의한 args의 batch_size)만큼의 인스턴스를 순서대로 추출(Sequential Sampler)한 후 이를 배치 형태로 가공(nlpbook.data_collator)해 모델에 공급합니다.

· 코드 5-11 평가용 데이터 로더 구축

```
val_dataset = ClassificationDataset(
    args=args,
    corpus=corpus,
    tokenizer=tokenizer,
    mode="test",
)
val_dataloader = DataLoader(
    val_dataset,
    batch_size=args.batch_size,
    sampler=SequentialSampler(val_dataset),
    collate_fn=nlpbook.data_collator,
    drop_last=False,
    num_workers=args.cpu_workers,
)
```

다음 코드를 수행해 모델을 초기화합니다. 프리트레인을 마친 BERT로 **kcbert-base**를 사용합니다. 코드 5-4에서 **pretrained_model_name**을 **beomi/kcbert-base**로 지정했기 때문입니다. 물론 허깅페이스 모델 허브에 등록된 모델이라면 다른 모델 역시 사용할 수 있습니다.

BertForSequenceClassification은 프리트레인을 마친 BERT 모델 위에 문서 분류용 태스크 모듈을 덧붙인 형태의 모델 클래스입니다. 이 클래스는 4-2절 문서 분류에 썼던 것과 동일합니다.

> • **코드 5-12** 모델 초기화

```
from transformers import BertConfig, BertForSequenceClassification
pretrained_model_config = BertConfig.from_pretrained(
    args.pretrained_model_name,
    num_labels=corpus.num_labels,
)
model = BertForSequenceClassification.from_pretrained(
    args.pretrained_model_name,
    config=pretrained_model_config,
)
```

다음 코드를 실행하면 문장 쌍 분류용 태스크를 정의할 수 있습니다. 모델은 코드 5-12에서 준비한 모델 클래스를 ClassificationTask에 포함합니다. ClassificationTask 클래스에는 옵티마이저, 러닝 레이트 스케줄러가 정의돼 있는데요, 옵티마이저로는 아담[Adam], 러닝 레이트 스케줄러로는 ExponentialLR을 사용합니다.

> • **코드 5-13** 태스크 정의

```
from ratsnlp.nlpbook.classification import ClassificationTask
task = ClassificationTask(model, args)
```

ClassificationTask의 자세한 구현 내용은 다음 링크를 참고하세요.

- • ratsgo.github.io/nlpbook/docs/pair_cls/detail

다음 코드를 실행하면 트레이너를 정의할 수 있습니다. 이 트레이너는 파이토치 라이트닝 라이브러리의 도움을 받아 GPU/TPU 설정, 로그 및 체크포인트 등 귀찮은 설정들을 알아서 해줍니다.

> **• 코드 5-14** 트레이너 정의

```
trainer = nlpbook.get_trainer(args)
```

다음 코드처럼 트레이너의 fit() 함수를 호출하면 학습을 시작합니다.

> **• 코드 5-15** 학습 개시

```
trainer.fit(
    task,
    train_dataloader=train_dataloader,
    val_dataloaders=val_dataloader,
)
```

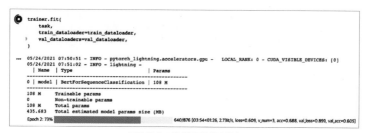

그림 5-3 코랩 환경에서의 학습

지금까지 우리는 문장 쌍 분류의 대표 과제인 자연어 추론 모델 학습을 실습해 보았습니다. 문장 쌍 분류는 「4-2」절 문서 분류 과제와 태스크 모듈 구조 등에서 본질적으로 다르지 않습니다. 입력 문서가 1개냐(문서 분류) 2개냐(문장 쌍 분류)의 차이가 있을 뿐입니다. 이로써 문서 분류 모델은 한 문서의 범주, 문장 쌍 분류 모델은 두 문서 사이의 관계를 분류할 수 있게 됩니다.

5-3 학습 마친 모델을 실전 투입하기

학습을 마친 문장 쌍 분류 모델을 인퍼런스하는 과정을 실습해 보겠습니다. 이번 실습에서 만드는 웹 서비스의 개념도는 다음과 같습니다.

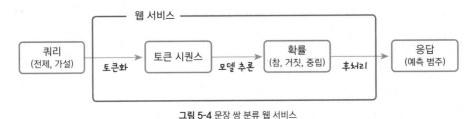

그림 5-4 문장 쌍 분류 웹 서비스

전제와 가설 문장을 받아 답변하는 웹 서비스인데요, 전제와 가설 각각을 토큰화, 인덱싱한 뒤 모델 입력값으로 만들고 이를 모델에 넣어 [전제에 대해 가설이 참일 확률, 전제에 대해 가설이 거짓일 확률, 전제에 대해 가설이 중립일 확률]을 계산합니다. 이후 약간의 후처리 과정을 거쳐 응답하는 방식입니다.

Do it! 실습

전제와 가설을 검증하는 웹 서비스 만들기

1단계 **코랩 노트북 초기화하기**

이번 실습은 웹 브라우저에서 다음 주소(bit.ly/3iHQZea)에 접속하면 코랩 환경에서 수행할 수 있습니다. 코랩에 접속한 후 [내 드라이브에 복사]를 진행하고 [런타임 → 런타임 유형 변경] 메뉴에서 하드웨어 가속을 사용하지 않도록 [None]을 선택합니다.

2단계 **환경 설정하기**

다음 셀 명령으로 의존성 있는 패키지를 설치합니다.

> • **코드 5-16** 의존성 패키지 설치

```
!pip install ratsnlp
```

앞 절에서 학습한 모델의 체크포인트는 구글 드라이브에 저장해 두었으므로 다음 코드를 실행해 코랩 노트북과 자신의 구글 드라이브를 연동합니다.

• **코드 5-17 구글 드라이브 연동**

```
from google.colab import drive
drive.mount('/gdrive', force_remount=True)
```

이어서 다음 코드를 실행하면 각종 인퍼런스 설정을 수행합니다. pretrained_model_name과 max_seq_length, downstream_model_dir 모두 앞 절에서 적용한 그대로 입력해야 합니다.

• **코드 5-18 인퍼런스 설정**

```
from ratsnlp.nlpbook.classification import ClassificationDeployArguments
args = ClassificationDeployArguments(
    pretrained_model_name="beomi/kcbert-base",
    downstream_model_dir="/gdrive/My Drive/nlpbook/checkpoint-paircls",
    max_seq_length=64,
)
```

3단계 토크나이저 및 모델 불러오기

다음 코드를 차례로 실행해 토크나이저를 초기화하고 앞 절에서 파인튜닝한 모델의 체크포인트를 읽어들입니다.

• **코드 5-19 토크나이저 로드**

```
from transformers import BertTokenizer
tokenizer = BertTokenizer.from_pretrained(
    args.pretrained_model_name,
    do_lower_case=False,
)
```

• **코드 5-20 체크포인트 로드**

```
import torch
fine_tuned_model_ckpt = torch.load(
    args.downstream_model_checkpoint_fpath,
    map_location=torch.device("cpu"),
)
```

그리고 파인튜닝 때 사용한 `pretrained_model_name`에 해당하는 모델의 설정값들을 읽어들여 해당 값대로 BERT 모델을 초기화합니다.

• 코드 5-21 BERT 설정 로드

```
from transformers import BertConfig
pretrained_model_config = BertConfig.from_pretrained(
    args.pretrained_model_name,
    num_labels=fine_tuned_model_ckpt['state_dict']['model.classifier.bias'].shape.numel(),
)
```

• 코드 5-22 BERT 모델 초기화

```
from transformers import BertForSequenceClassification
model = BertForSequenceClassification(pretrained_model_config)
```

다음 코드는 초기화한 BERT 모델에 코드 5-20의 체크포인트를 주입합니다.

• 코드 5-23 체크포인트 주입하기

```
model.load_state_dict({k.replace("model.", ""): v for k, v in fine_tuned_model_
ckpt['state_dict'].items()})
```

이어서 모델을 평가 모드로 전환합니다. 이는 드롭아웃 등 학습 때만 사용하는 기법들을 무효화하는 역할을 합니다.

• 코드 5-24 평가 모드로 전환

```
model.eval()
```

4단계 모델 출력값 만들고 후처리하기

다음 코드는 인퍼런스 과정을 정의한 함수입니다. 전제(premise)와 가설(hypothesis)을 입력받아 각각 토큰화, 인덱싱을 수행한 뒤 input_ids, attention_mask, token_type_ids를 만듭니다. 이들 입력값을 파이토치 텐서 자료형으로 변환한 뒤 모델에 입력합니다.

```python
def inference_fn(premise, hypothesis):
    inputs = tokenizer(
        [(premise, hypothesis)],
        max_length=args.max_seq_length,
        padding="max_length",
        truncation=True,
    )
    with torch.no_grad():
        outputs = model(**{k: torch.tensor(v) for k, v in inputs.items()})
        prob = outputs.logits.softmax(dim=1)
        entailment_prob = round(prob[0][0].item(), 2)
        contradiction_prob = round(prob[0][1].item(), 2)
        neutral_prob = round(prob[0][2].item(), 2)
        if torch.argmax(prob) == 0:
            pred = "참 (entailment)"
        elif torch.argmax(prob) == 1:
            pred = "거짓 (contradiction)"
        else:
            pred = "중립 (neutral)"
    return {
        'premise': premise,
        'hypothesis': hypothesis,
        'prediction': pred,
        'entailment_data': f"참 {entailment_prob}",
        'contradiction_data': f"거짓 {contradiction_prob}",
        'neutral_data': f"중립 {neutral_prob}",
        'entailment_width': f"{entailment_prob * 100}%",
        'contradiction_width': f"{contradiction_prob * 100}%",
        'neutral_width': f"{neutral_prob * 100}%",
    }
```

전제와 가설을 모델 입력값으로 만들기

inputs를 파이토치 텐서로 바꾸기

모델 계산하기

로짓에 소프트맥스 취하기

확률을 소수점 두 자리에서 반올림

예측 확률의 최댓값 위치에 따라 pred 만들기

모델 출력값(outputs.logits)은 소프트맥스 함수 적용 이전의 로짓 형태인데요, 여기에 소프트맥스 함수를 써서 모델 출력을 확률 형태로 바꿉니다. 그리고 약간 후처리하여 예측 확률의 최댓값이 참 위치(0)일 경우 해당 문장이 '참(entailment)', 거짓 위치(1)일 경우 '거짓(contradiction)', 중립 위치(2)일 경우 '중립(neutral)'이 되도록 pred값을 만듭니다.

한편 entailment_width, contradiction_width, neutral_width는 웹 페이지에서 참, 거짓, 중립 막대 길이를 조정하는 정보이므로 크게 신경 쓰지 않아도 됩니다.

5단계 **웹 서비스 시작하기**

인퍼런스 함수 inference_fn을 가지고 다음 코드를 실행하면 웹 서비스를 띄울 수 있습니다. 파이썬의 플라스크를 활용한 앱입니다.

• **코드 5-26 웹 서비스**

```
from ratsnlp.nlpbook.classification import get_web_service_app
app = get_web_service_app(inference_fn)
app.run()
```

그러면 다음 그림과 같은 출력 결과를 확인할 수 있는데요, 여기서 http://de4dc525be1c.ngrok.io라는 링크를 클릭합니다. 단, 이 주소는 코드 5-26을 실행할 때마다 바뀌므로 여러분이 실습할 때는 결과 화면에 보이는 주소로 접근해야 합니다. 그러면 웹 브라우저에서 그림 5-5와 같은 화면을 볼 수 있습니다.

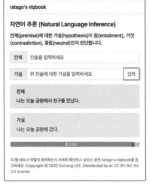

그림 5-5 웹 서비스를 실행한 결과

전제와 가설을 입력하고 〈입력〉을 누르면 모델이 예측한 결과가 나타납니다.

맺음말

지금까지 우리는 문장 쌍 분류 모델을 만드는 과정을 실습했습니다. 자연어 추론 데이터 (KLUE-NLI)를 가지고 실습했으므로 이 말뭉치로 학습한 모델은 두 문장의 의미/논리적 관계(참, 거짓, 중립)를 판단할 수 있습니다. 물론 다른 데이터를 쓴다면 다른 태스크를 수행할 수 있습니다. 문장 쌍 분류는 두 문서 사이의 유사도^{similarity} 혹은 관련도^{relevance}를 따지는 검색 ^{retrieval} 모델로도 발전시킬 수 있어 그 활용도가 높습니다.

transformers는 미국 자연어 처리 기업 허깅페이스(huggingface)가 개발한 오픈소스 파이썬 라이브러리입니다. BERT와 함께 혜성처럼 등장했죠.

BERT 저자들은 논문과 텐서플로(tensorflow) 구현체를 2018년 공개했습니다. 파이토치 구현체 수요가 생길 수밖에 없었습니다. 당시 허깅페이스 개발진이 나서서 BERT의 파이토치 버전을 만들어 발 빠르게 선보였습니다. transformers가 탄생한 배경입니다.

BERT 이후 트랜스포머 계열 언어 모델이 다수 제안됐습니다. transformers가 전 세계 연구자들과 개발자들 사이에서 입소문이 나면서, BERT 이외 다양한 모델이 transformers에 포함되기 시작했습니다. 모델 저자들이 transformers 개발에 참여해 직접 기여하는 경우도 많아졌습니다. 덕분에 transformers 명성이 더욱 높아졌죠.

transformers의 기능과 역할은 날로 확대되고 있습니다. 파이토치뿐 아니라 텐서플로 환경에서도 동작할 수 있게 개발됐으며 모델 허브, AutoNLP 등 수많은 부가 기능이 추가되고 있습니다. 뿐만 아니라 최근의 transformers는 자연어 처리를 넘어서 음성 인식, 이미지 처리 등도 수행합니다.

transformers의 가장 큰 장점은 아무리 복잡한 모델이라도 파이썬 코드 한두 줄만으로도 해당 모델을 학습, 인퍼런스할 수 있다는 점입니다. 덕분에 이 책에서도 transformers를 기본으로 사용하고 있습니다.

글이 길었습니다만 좀 더 깊게 공부하고 싶은 독자 여러분께 transformers 공식 문서를 추천해 드립니다. transformers를 활용할 수 있는 범위가 워낙 넓고 현재도 발전을 거듭하고 있기 때문에 공부할 가치는 충분하다고 봅니다. 공식 문서 링크는 다음과 같습니다.

• huggingface.co/transformers

물론 transformers 역시 완벽한 것은 아닙니다. 버그를 잡거나 기능 개선이 필요할 수 있습니다. transformers를 개선하고자 여러 사람이 고민하는 흔적을 다음 링크에서 엿볼 수 있습니다. 이곳에 의견이나 질문을 남기면 전세계 연구자, 개발자들과 토론할 수 있습니다.

• github.com/huggingface/transformers/issues

transformers에 기여(contribution)하는 방법은 다음 문서에 자세히 나와 있습니다. 여러분도 도전해 보세요.

- lassl.github.io/history/contribution-to-transformers.html

퀴즈 풀며 정리하기!

지금까지 설명한 내용을 간단한 퀴즈로 정리해 보기 바랍니다.

1. 문서 분류는 문장(또는 문서)　　　　개가 주어졌을 때 해당 문장의 범주를 분류하는 과제다.

2. 문장 쌍 분류는 문장(또는 문서)　　　　개가 주어졌을 때 해당 문장 사이의 관계가 어떤 범주일지 분류하는 과제다.

3. 　자　　　　은 두 문장(또는 문서)의 관계가 참인지, 거짓인지, 중립인지 가려내는 과제다. 이 과제는　　문　　　의 대표 태스크다.

4. 자연어 추론 학습 데이터의 세그먼트 정보는 다음과 같이 부여한다. '[CLS] 전제 [SEP]'에 해당하는 첫 번째 세그먼트는　　　　, '가설 [SEP]'에 해당하는 두 번째 세그먼트는　　　　, 나머지 패딩에 속하는 세 번째 세그먼트는　　　　을 준다.

5. 데이터 로더 구성 요소 가운데 인스턴스를 랜덤 추출하는 역할을 하는 클래스는　R　　　　　　　　이다.

정답 **1.** 한(1) **2.** 두(2) **3.** 자연어 추론(Natural Language Inference), 문장 쌍 분류
4. 0, 1, 0 **5.** RandomSampler

6장

단어에 꼬리표 달기

시퀀스 레이블링이란 음성, 단어 따위의 시퀀스 데이터에 레이블을 달아 주는 과제를 가리킵니다. 자연어 처리에서 대표적인 시퀀스 레이블링 과제로 개체명 인식이 있습니다. 문장을 토큰화한 뒤 토큰 각각에 인명, 기관명, 장소 등 개체명 태그를 붙여 주는 과제입니다. 이 장에서는 한국해양대학교에서 공개한 데이터셋에 자체로 제작한 데이터셋을 합친 데이터를 가지고 개체명 인식 모델을 구축하는 방법을 살펴봅니다.

6-1 개체명 인식 모델 훑어보기

이 장에서는 개체명 인식 과제를 실습합니다. **개체명 인식**[named entity recognition]이란 문장을 토큰화한 뒤 토큰 각각에 인명, 지명, 기관명 등 개체명 태그를 붙여 주는 과제입니다. 예를 들어 다음과 같습니다.

그 제품 삼성 건가요? → 그: 개체명 아님
입력 문장 제품: 개체명 아님
삼성: 기관명
건가요: 개체명 아님

분석 결과

이번 실습에서 사용할 데이터는 한국해양대학교 자연언어처리연구실*에서 공개한 데이터를 사용합니다. 여기에 자체적으로 제작한 데이터를 추가로 포함했습니다. 자체 제작 데이터는 윤주성 님이 개발한 BERT 기반 개체명 인식 모 　　* github.com/kmounlp/NER
델**로 초벌 레이블링을 수행한 뒤 수작업으로 해 　** github.com/eagle705/pytorch-bert-crf-ner
당 레이블이 맞는지 검토해 만들었습니다.

개체명 태그 수와 종류는 데이터를 제작할 때 자유롭게 정할 수 있습니다. 하지만 이번 실습은 한국해양대학교 데이터셋을 기본으로 하므로 이 데이터의 태그 체계를 따릅니다. 그 종류는 다음과 같습니다. 총 10개 태그입니다.

태그	종류	태그	종류
PER	인명	DUR	기간
LOC	지명	MNY	통화
ORG	기관명	PNT	비율
DAT	날짜	NOH	기타 수량표현
TIM	시간	POH	기타

우리가 만들 개체명 인식 모델의 입력은 토큰 시퀀스입니다. 앞에서 든 예를 기준으로 설명한다면 모델의 입력은 [**그, 제품, 삼성, 건가요**]가 됩니다. 이 모델의 출력은 각 토큰이 어떤 개체명 태그에 속할지 확률을 나타냅니다. 다음과 같습니다.

> [인명(PER)일 확률, 지명(LOC)일 확률, 기관명(ORG)일 확률, 날짜(DAT)일 확률, 시간(TIM)일 확률, 기간(DUR)일 확률, 통화(MNY)일 확률, 비율(PNT)일 확률, 기타 수량표현(NOH)일 확률, 기타(POH)일 확률, 어떤 개체명도 아닐 확률]

예를 들어 입력된 토큰이 5개라면 모델은 5개 토큰 각각에 대해 해당 토큰이 어떤 개체명에 속할지 확률값을 내어 줍니다. 이를 적당한 후처리 과정을 거쳐 사람이 보기에 좋은 형태로 가공해 주면 문장 내에서 어떤 부분이 개체명에 속하는지 알 수 있습니다.

모델 구조

이 책에서 사용하는 개체명 인식 모델은 다음 그림과 같은 구조입니다. 입력 문장을 토큰화한 뒤 문장 시작과 끝을 알리는 스페셜 토큰 CLS와 SEP를 각각 원래 토큰 시퀀스 앞뒤에 붙입니다. 이를 BERT 모델에 입력하고 모든 토큰에 대해 BERT 모델 마지막 레이어의 출력을 뽑습니다. 이들 토큰 벡터 각각에 작은 추가 모듈을 덧붙여 모델의 출력이 해당 토큰이 특정 개체명에 속할 확률이 되도록 합니다.

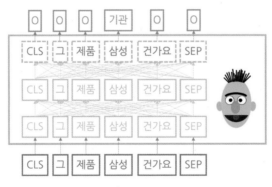

그림 6-1 개체명 인식

태스크 모듈

개체명 인식 모델에 붙는 태스크 모듈의 구조는 다음 그림과 같습니다. 우선 마지막 레이어의 개별 토큰 벡터(그림에서 **x**)에 드롭아웃을 적용합니다. 그다음 개별 토큰 벡터 각각에 가중치 행렬을 곱해 개별 토큰 벡터 각각을 분류해야 할 범주 수만큼의 차원을 갖는 벡터로 변환합니다(그림에서 **h**). 만일 토큰 벡터 하나가 768차원이고 분류 대상 범주 수가 11개(개체명 태그 10개 범주 + '개체명 아님' 범주)라면 가중치 행렬 크기는 768 × 11이 됩니다. 여기에 소프트맥스 함수를 취하면 모델의 최종 출력(그림에서 **y**)이 됩니다.

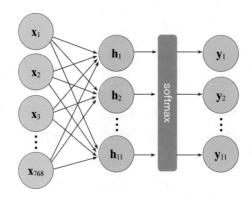

그림 6-2 개체명 인식 태스크 모듈 (1)

다만 개체명 인식 모델은 토큰 각각을 개체명 확률로 내어 주므로 개별 토큰 벡터 차원 수가 768, 분류 대상 개체명 범주 수가 m개, 입력 토큰 수가 n개라면 실제로는 다음 그림과 같은 구조가 됩니다. 이렇게 만든 모델의 최종 출력과 정답 레이블을 비교해 모델 출력이 정답 레이블과 최대한 같아지도록 BERT 레이어 전체를 포함한 모델 전체를 업데이트합니다.

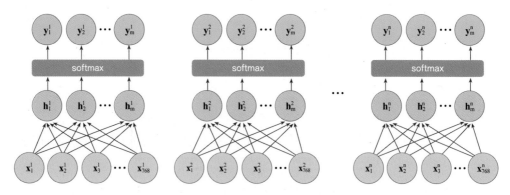

그림 6-3 개체명 인식 태스크 모듈 (2)

6-2 개체명 인식 모델 학습하기

개체명 인식 데이터 전처리와 모델의 학습 과정을 살펴보겠습니다.

개체명을 인식하는 모델 만들기

1단계 코랩 노트북 초기화하기

이번 실습은 웹 브라우저에서 다음 주소(bit.ly/3oMA8L1)에 접속하면 코랩 환경에서 수행할 수 있습니다. 코랩에 접속한 후 [내 드라이브에 복사]와 런타임 유형에서 하드웨어 가속을 [GPU]로 선택합니다.

2단계 각종 설정하기

1단계 코랩 노트북 초기화 과정에서 하드웨어 가속기를 TPU로 선택했다면 다음 코드를 실행하고, GPU를 선택했다면 실행하지 않습니다.

• **코드 6-1** TPU 관련 패키지 설치

```
!pip install cloud-tpu-client==0.10 https://storage.googleapis.com/tpu-pytorch
/wheels/torch_xla-1.9-cp37-cp37m-linux_x86_64.whl
```

다음 코드를 실행해 TPU 이외에 의존성 있는 패키지를 설치하고 자신의 구글 드라이브를 코랩 노트북과 연결합니다.

• **코드 6-2** 의존성 패키지 설치

```
!pip install ratsnlp
```

• **코드 6-3** 구글 드라이브와 연결

```
from google.colab import drive
drive.mount('/gdrive', force_remount=True)
```

이번 실습에서는 이준범 님이 공개한 **kcbert-base** 모델을 실습 데이터로 파인튜닝해 볼 예정입니다. 실습 데이터로는 한국해양대학교 자연언어처리연구실에서 공개한 데이터와 자체 제작한 데이터(ner)를 합쳐 사용합니다. 다음 코드를 실행하면 관련 설정을 할 수 있습니다. 개체명 인식을 위한 환경 설정은 문서 분류와 본질적으로 다르지 않습니다. 이 코드에서 설정하는 각종 인자에 관한 설명은 「4-2」절을 참고 바랍니다.

• **코드 6-4 모델 환경 설정**

```python
import torch
from ratsnlp.nlpbook.ner import NERTrainArguments
args = NERTrainArguments(
    pretrained_model_name="beomi/kcbert-base",
    downstream_corpus_name="ner",
    downstream_model_dir="/gdrive/My Drive/nlpbook/checkpoint-ner",    ← 모델 체크포인트 저장 위치
    batch_size=32 if torch.cuda.is_available() else 4,
    learning_rate=5e-5,
    max_seq_length=64,
    epochs=3,
    tpu_cores=0 if torch.cuda.is_available() else 8,
    seed=7,
)
```

이어서 다음 코드를 실행해 랜덤 시드를 고정하고 로거를 설정합니다.

• **코드 6-5 랜덤 시드 고정**

```python
from ratsnlp import nlpbook
nlpbook.set_seed(args)
```

• **코드 6-6 로거 설정**

```python
nlpbook.set_logger(args)
```

3단계 **말뭉치 내려받기**

다음 코드를 실행하면 corpus_name(ner)에 해당하는 말뭉치를 코랩 환경 로컬에 내려받습니다.

• 코드 6-7 말뭉치 다운로드

```
nlpbook.download_downstream_dataset(args)
```

4단계   토크나이저 준비하기

다음 코드를 실행해 kcbert-base 모델이 사용하는 토크나이저를 선언합니다.

• 코드 6-8 토크나이저 준비

```
from transformers import BertTokenizer
tokenizer = BertTokenizer.from_pretrained(
    args.pretrained_model_name,
    do_lower_case=False,
)
```

5단계   데이터 전처리하기

다음 코드를 수행하면 데이터셋*을 만들 수 있습니다. NERCorpus 클래스는 텍스트 파일을 '원본 문장 + 개체명 태그를 레이블한 문장' 형태로 읽어들입니다. NERCorpus는 NERDataset이 요구하면 원본 문장과 레이블한 문장을 NERDataset에 제공합니다.

* 데이터셋의 역할, 데이터셋과 데이터로더의 관계는 그림 4-3 '데이터 로더의 기본 구조'를 참고하세요.

• 코드 6-9 학습 데이터셋 구축

```
from ratsnlp.nlpbook.ner import NERCorpus, NERDataset
corpus = NERCorpus(args)
train_dataset = NERDataset(
    args=args,
    corpus=corpus,
    tokenizer=tokenizer,
    mode="train",
)
```

NERDataset 클래스는 NERCorpus와 코드 6-8에서 선언해 둔 토크나이저를 품고 있습니다. NERDataset은 NERCorpus가 넘겨 준 데이터(원본 문장, 레이블한 문장)를 모델이 학습할 수 있는 형태로 가공합니다. 다시 말해 문장을 토큰화하고 이를 인덱스로 변환하는 한편, 레이블한 문장을 모델이 읽어들일 수 있는 포맷(NERFeatures)으로 바꿔 주는 역할을 합니다.

NERFeatures라는 자료형에는 네 가지 정보가 있습니다. 첫 번째는 input_ids입니다. 인덱스로 변환된 토큰 시퀀스입니다.* 두 번째는 attention_mask로 해당 토큰이 패딩 토큰인지(0) 아닌지(1)를 나타냅니다. token_type_ids는 세그먼트, label_ids은 정수로 바뀐 레이블 시퀀스입니다. NERFeatures 각 구성 요소의 자료형은 다음과 같습니다.

* 토큰화와 인덱싱에 대해서는 2장 실습을 참고하세요.

- input_ids: List[int]
- attention_mask: List[int]
- token_type_ids: List[int]
- label_ids: List[int]

그러면 말뭉치의 3번 데이터를 살펴봅시다. 다음과 같습니다. 여기서 RS는 구분자이며, 이해를 돕고자 개체명에 해당하는 부분을 별도 색상으로 표시했습니다.

> ―효진 역의 김환희(14)가 특히 인상적이었다. RS―〈효진:PER〉 역의 〈김환희:PER〉(〈14:NOH〉)가 특히 인상적이었다.

이 내용에 대응하는 NERCorpus 데이터는 다음과 같습니다.

- text: ―효진 역의 김환희(14)가 특히 인상적이었다.
- label: ―〈효진:PER〉 역의 〈김환희:PER〉(〈14:NOH〉)가 특히 인상적이었다.

NERDataset은 우선 원본 문장(text)을 토큰화합니다. 그 결과는 다음과 같습니다. 원본 문장의 토큰 시퀀스 앞뒤에 각각 [CLS]와 [SEP]를 붙이고 코드 6-3의 max_seq_length(=64)가 되도록 패딩 토큰을 뒷부분에 추가했습니다.

```
[CLS] [UNK] 효 ##진 역 ##의 김 ##환 ##희 ( 14 ) 가 특히 인상 ##적이 ##었다 . [SEP]
[PAD] [PAD] [PAD] [PAD] [PAD] [PAD] [PAD] [PAD] [PAD] [PAD] [PAD] [PAD] [PAD] [PAD]
[PAD] [PAD] [PAD] [PAD] [PAD] [PAD] [PAD] [PAD] [PAD] [PAD] [PAD] [PAD] [PAD] [PAD]    ┤ 패딩 토큰
[PAD] [PAD] [PAD] [PAD] [PAD] [PAD] [PAD] [PAD] [PAD] [PAD] [PAD] [PAD] [PAD] [PAD]
[PAD] [PAD] [PAD]
```

이후 NERDataset은 레이블한 문장(label)을 바탕으로 레이블 시퀀스를 만듭니다. 문장 앞뒤에 각각 [CLS]와 [SEP]를 붙이고 코드 6-3의 max_seq_length(=64)가 되도록 패딩 토큰을 추가하는 원칙은 이전과 같습니다. 레이블한 문장을 보면 개체명은 총 3개가 있는데요, 〈효진:PER〉, 〈김환희:PER〉, 〈14:NOH〉이 바로 그것입니다.

PER(인명)로 레이블링된 **효진**의 범위는 위의 토큰화 결과에서 세 번째 토큰(**효**)부터 네 번째 토큰(**##진**)인 걸 확인할 수 있습니다. 이에 다음 레이블 시퀀스의 세 번째 토큰과 네 번째 토큰이 PER(인명)이 되도록 합니다. 단, 여기에서 B-는 해당 태그의 시작[begin], I-는 해당 태그의 시작이 아님[inside]을 의미합니다.

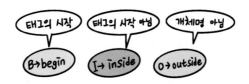

PER(인명)로 레이블링된 **김환희**는 일곱 번째 토큰(**김**)부터 아홉 번째 토큰(**##희**)입니다. 이에 레이블 시퀀스의 일곱 번째 토큰과 아홉 번째 토큰이 PER(인명)이 되도록 합니다. 마찬가지로 14의 경우 labels의 열한 번째 토큰이 NOH(기타 수량 표현)가 되도록 만들었습니다. 한편 다음 레이블 시퀀스에서 0는 outside의 약자로, 개체명이 아님을 의미합니다.

• 레이블 시퀀스

[CLS] O ⌈B-PER I-PER⌉ O O ⌈B-PER I-PER I-PER⌉ O ⌈B-NOH⌉ O O O O O O [SEP] [PAD] [PAD]
[PAD] [PAD] [PAD] [PAD] [PAD] [PAD] [PAD] [PAD] [PAD] [PAD] [PAD] [PAD] [PAD] [PAD]
[PAD] [PAD] [PAD] [PAD] [PAD] [PAD] [PAD] [PAD] [PAD] [PAD] [PAD] [PAD] [PAD] [PAD]
[PAD] [PAD] [PAD] [PAD] [PAD] [PAD] [PAD] [PAD] [PAD] [PAD] [PAD] [PAD] [PAD] [PAD]
[PAD]   효진   김환희   14

코랩에서 코드 6-9를 실행한 뒤 train_dataset[3]을 입력하면 다음과 같은 결과를 확인할 수 있습니다. NERCorpus가 넘겨준 3번 데이터가 최종적으로 NERFeatures라는 3번 인스턴스로 변환된 것입니다. 이처럼 NERDataset이 가지고 있는 모든 인스턴스는 인덱스로 접근 가능합니다.

```
NERFeatures(
    input_ids=[2, 1, 3476, 4153, 2270, 4042, 420, 4185, 4346, 11, 11524, 12, 197,
    9250, 11662, 8805, 8217, 17, 3, 0, 0, 0, 0, 0, 0, 0, 0, 0, 0, 0, 0, 0, 0, 0, 0, 0,
    0, 0, 0, 0, 0, 0, 0, 0, 0, 0, 0, 0, 0, 0, 0, 0, 0, 0, 0, 0, 0, 0, 0, 0, 0, 0, 0, 0,
    0, 0],
    attention_mask=[1, 1, 1, 1, 1, 1, 1, 1, 1, 1, 1, 1, 1, 1, 1, 1, 1, 1, 1, 0, 0, 0,
    0, 0, 0, 0, 0, 0, 0, 0, 0, 0, 0, 0, 0, 0, 0, 0, 0, 0, 0, 0, 0, 0, 0, 0, 0, 0, 0, 0,
    0, 0, 0, 0, 0, 0, 0, 0, 0, 0, 0, 0, 0, 0],
```

```
    token_type_ids=[0, 0, 0, 0, 0, 0, 0, 0, 0, 0, 0, 0, 0, 0, 0, 0, 0, 0, 0, 0, 0,
    0, 0, 0, 0, 0, 0, 0, 0, 0, 0, 0, 0, 0, 0, 0, 0, 0, 0, 0, 0, 0, 0, 0, 0, 0, 0,
    0, 0, 0, 0, 0, 0, 0, 0, 0, 0, 0, 0, 0, 0, 0, 0],
    label_ids=[0, 4, 5, 15, 4, 4, 5, 15, 15, 4, 6, 4, 4, 4, 4, 4, 4, 4, 1, 2, 2, 2,
    2, 2, 2, 2, 2, 2, 2, 2, 2, 2, 2, 2, 2, 2, 2, 2, 2, 2, 2, 2, 2, 2, 2, 2, 2, 2,
    2, 2, 2, 2, 2, 2, 2, 2, 2, 2, 2, 2, 2, 2, 2]
)
```

train_dataset[3].input_ids는 원본 문장을 토큰화한 뒤 인덱싱을 수행한 결과이며 train_dataset[3].attention_mask는 해당 위치 토큰이 패딩인지(0) 아닌지(1)를 나타냅니다. train_dataset[3].token_type_ids는 세그먼트 정보로, 모두 0으로 넣습니다. 마지막으로 train_dataset[3].label_ids는 토큰별 각 개체명 태그(B-PER, I-PER 등)를 정수로 바꾼 결과입니다.

한편 NERCorpus와 NERDataset의 역할과 자세한 구현 내용에 대해서는 다음 링크를 참고하세요.

- ratsgo.github.io/nlpbook/docs/ner/detail

다음 코드를 실행하면 학습, 평가용 데이터 로더를 만들 수 있습니다. 데이터셋을 제외한 sampler, collate_fn 등 모든 인자는 이전 장에서 실습한 것과 동일합니다.

> **· 코드 6-10 학습 데이터 로더 구축**
>
> ```
> from torch.utils.data import DataLoader, RandomSampler
> train_dataloader = DataLoader(
>     train_dataset,
>     batch_size=args.batch_size,
>     sampler=RandomSampler(train_dataset, replacement=False),
>     collate_fn=nlpbook.data_collator,
>     drop_last=False,
>     num_workers=args.cpu_workers,
> )
> ```

```python
from torch.utils.data import SequentialSampler
val_dataset = NERDataset(
    args=args,
    corpus=corpus,
    tokenizer=tokenizer,
    mode="val",
)
val_dataloader = DataLoader(
    val_dataset,
    batch_size=args.batch_size,
    sampler=SequentialSampler(val_dataset),
    collate_fn=nlpbook.data_collator,
    drop_last=False,
    num_workers=args.cpu_workers,
)
```

6단계 모델 불러오기

다음 코드를 수행해 kcbert-base로 모델을 초기화합니다. 물론 허깅페이스 transformers에 등록된 모델이라면 다른 모델 역시 사용할 수 있습니다. BertForTokenClassification은 프리트레인을 마친 BERT 모델 위에 「6-1」절에서 설명한 개체명 인식을 위한 태스크 모듈이 덧붙여진 형태의 모델 클래스입니다.

• **코드 6-12 모델 초기화**

```python
from transformers import BertConfig, BertForTokenClassification
pretrained_model_config = BertConfig.from_pretrained(
    args.pretrained_model_name,
    num_labels=corpus.num_labels,
)
model = BertForTokenClassification.from_pretrained(
    args.pretrained_model_name,
    config=pretrained_model_config,
)
```

모델 학습시키기

다음 코드를 실행하면 개체명 인식을 위한 태스크(task)를 정의할 수 있습니다. 모델은 코드
6-12에서 준비한 모델 클래스를 사용하고 옵티마이저로는 아담[Adam], 러닝 레이트 스케줄러
로는 ExponentialLR을 사용합니다.

• **코드 6-13 태스크 정의**

```
from ratsnlp.nlpbook.ner import NERTask
task = NERTask(model, args)
```

NERTask의 자세한 구현 내용은 다음 링크를 참고하세요.

• ratsgo.github.io/nlpbook/docs/ner/detail

다음 코드를 실행하면 트레이너를 정의할 수 있습니다. 이어 트레이너의 **fit()** 함수를 호출
하면 학습을 시작합니다.

• **코드 6-14 트레이너 정의**

```
trainer = nlpbook.get_trainer(args)
```

• **코드 6-15 학습 개시**

```
trainer.fit(
    task,
    train_dataloader=train_dataloader,
    val_dataloaders=val_dataloader,
)
```

```
trainer.fit(
    task,
    train_dataloader=train_dataloader,
    val_dataloaders=val_dataloader,
)

05/25/2021 08:58:26 - INFO - pytorch_lightning.accelerators.gpu -    LOCAL_RANK: 0 - CUDA_VISIBLE_DEVICES: [0]
05/25/2021 08:58:36 - INFO - lightning -
  | Name  | Type                       | Params
---------------------------------------------------
0 | model | BertForTokenClassification | 108 M
---------------------------------------------------
108 M      Trainable params
0          Non-trainable params
108 M      Total params
433.389    Total estimated model params size (MB)
Epoch 0: 63%                              1060/1689 [06:22<03:47, 2.77it/s, loss=0.245, v_num=1, acc=0.902]
```

그림 6-4 코랩 환경에서의 학습

지금까지 우리는 시퀀스 레이블링의 대표 과제인 개체명 인식 모델 학습을 실습해 보았습니다. 문서 분류(4장), 문장 쌍 분류(5장)는 입력 문서가 속하는 범주가 무엇인지 분류하지만, 시퀀스 레이블링은 개별 입력 토큰 각각의 범주를 가려낸다는 점에서 차이가 있습니다. 다시 말해 범주 수가 m개이고 입력 토큰이 n개일 때 문서 분류, 문장 쌍 분류 모델 출력은 m차원의 확률 벡터 1개입니다. 반면 시퀀스 레이블링은 m차원 확률 벡터가 n개 만들어집니다.

세 과제의 차이를 표로 나타내면 다음과 같습니다. 어떤 모델을 사용할지는 수행하려는 태스크의 속성을 면밀히 파악한 뒤 결정해야 합니다.

표 6-2 문서 분류, 문장 쌍 분류, 시퀀스 레이블링의 차이

방법론	입력	출력	대표 과제
문서 분류	문서(혹은 문장) 1개	한 문서가 속하는 범주에 대한 확률	감성 분석
문장 쌍 분류	문서(혹은 문장) 2개	두 문서를 아우르는 범주에 대한 확률	자연어 추론
시퀀스 레이블링	문서(혹은 문장) 1개	토큰 각각의 범주 확률	개체명 인식

6-3 학습 마친 모델을 실전 투입하기

학습을 마친 개체명 인식 모델을 인퍼런스하는 과정을 실습해 보겠습니다.

Do it! 실습

개체명 인식 웹 서비스 만들기

이번 실습에서는 개체명 인식 웹 서비스를 만들어 보겠습니다. 문장을 토큰화한 뒤 모델 입력 값으로 만들고 이를 모델에 입력해 문장 내 각 토큰이 특정 개체명 태그일 확률값을 계산한 후 약간의 후처리 과정을 거쳐 응답하는 웹 서비스입니다.

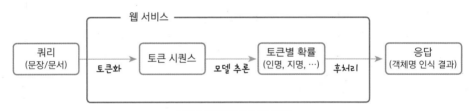

그림 6-5 개체명 인식 웹 서비스

1단계 코랩 노트북 초기화하기

이번 실습은 웹 브라우저에서 다음 주소(bit.ly/3apA0Zn)에 접속하면 코랩 환경에서 수행할 수 있습니다. 코랩에 접속한 후 [내 드라이브에 복사]를 진 행하고 [런타임 → 런타임 유형 변경] 메뉴에서 하드웨어 가속을 사용하지 않도록 [None]을 선택합니다.

2단계 환경 설정하기

우선 다음 셀 명령으로 의존성 있는 패키지를 설치합니다.

• **코드 6-16** 의존성 패키지 설치

```
!pip install ratsnlp
```

앞 절에서 학습한 모델의 체크포인트는 구글 드라이브에 저장해 두었으므로 다음 코드를 실행해 코랩 노트북과 자신의 구글 드라이브를 연동합니다.

• 코드 6-17 구글 드라이브 연동

```
from google.colab import drive
drive.mount('/gdrive', force_remount=True)
```

이어서 다음 코드를 실행하면 각종 인퍼런스 설정을 수행합니다. pretrained_model_name과 max_seq_length, downstream_model_dir 모두 「6-2」절에서 적용한 그대로 입력해야 합니다.

• 코드 6-18 인퍼런스 설정

```
from ratsnlp.nlpbook.ner import NERDeployArguments
args = NERDeployArguments(
    pretrained_model_name="beomi/kcbert-base",
    downstream_model_dir="/gdrive/My Drive/nlpbook/checkpoint-ner",
    max_seq_length=64,
)
```

3단계 토크나이저 및 모델 불러오기

다음 코드를 실행하면 토크나이저를 초기화할 수 있습니다.

• 코드 6-18 토크나이저 로드

```
from transformers import BertTokenizer
tokenizer = BertTokenizer.from_pretrained(
    args.pretrained_model_name,
    do_lower_case=False,
)
```

다음 코드를 실행하면 앞 절에서 파인튜닝한 모델의 체크포인트를 읽어들입니다.

> • **코드 6-19** 체크포인트 로드

```
import torch
fine_tuned_model_ckpt = torch.load(
    args.downstream_model_checkpoint_fpath,
    map_location=torch.device("cpu"),
)
```

그리고 다음 코드를 수행하면 파인튜닝 때 사용한 `pretrained_model_name`에 해당하는 모델의 설정값들을 읽어들일 수 있습니다. 이어서 코드 6-21을 실행하면 해당 설정값대로 BERT 모델을 초기화합니다.

> • **코드 6-20** BERT 설정 로드

```
from transformers import BertConfig
pretrained_model_config = BertConfig.from_pretrained(
    args.pretrained_model_name,
    num_labels=fine_tuned_model_ckpt['state_dict']['model.classifier.bias'].shape.numel(),
)
```

> • **코드 6-21** BERT 모델 초기화

```
from transformers import BertForTokenClassification
model = BertForTokenClassification(pretrained_model_config)
```

다음 코드를 수행하면 코드 6-21에서 초기화한 BERT 모델에 코드 6-19의 체크포인트를 주입합니다. 이어서 코드 6-23을 실행하면 모델이 평가 모드로 전환됩니다.

> • **코드 6-22** 체크포인트 주입하기

```
model.load_state_dict({k.replace("model.", ""): v for k, v in fine_tuned_model_
ckpt['state_dict'].items()})
```

> • **코드 6-23** 평가 모드로 전환

```
model.eval()
```

모델 출력값 만들고 후처리하기

개체명 인식 모델의 출력은 각 토큰이 어떤 개체명 태그에 속하는지 확률입니다. 인퍼런스를 하려면 확률값의 각 요솟값이 어떤 태그에 대응하는지 정보를 알고 있어야 합니다. 이와 관련 해 다음 코드를 실행하면 정수 인덱스를 레이블에 매핑하는 사전^{dictionary}을 만듭니다.

> • **코드 6-24** 레이블 맵 작성

```python
labels = [label.strip() for label in open(args.downstream_model_labelmap_fpath, "r").
readlines()]
id_to_label = {}
for idx, label in enumerate(labels):
  if "PER" in label:
    label = "인명"
  elif "LOC" in label:
    label = "지명"
  elif "ORG" in label:
    label = "기관명"
  elif "DAT" in label:
    label = "날짜"
  elif "TIM" in label:
    label = "시간"
  elif "DUR" in label:
    label = "기간"
  elif "MNY" in label:
    label = "통화"
  elif "PNT" in label:
    label = "비율"
  elif "NOH" in label:
    label = "기타 수량표현"
  elif "POH" in label:
    label = "기타"
  else:
    label = label
  id_to_label[idx] = label
```

이 코드를 실행한 결과(id_to_label)는 다음과 같습니다.

```
{0: '[CLS]', 1: '[SEP]', 2: '[PAD]', 3: '[MASK]', 4: 'O', 5: '인명', 6: '기타 수량표현',
7: '기타', 8: '기관명', 9: '날짜', 10: '지명', 11: '통화', 12: '비율', 13: '시간', 14: '기
간', 15: '인명', 16: '기타 수량표현', 17: '기타', 18: '기관명', 19: '날짜', 20: '지명', 21:
'통화', 22: '비율', 23: '시간', 24: '기간'}
```

다음 코드는 인퍼런스 과정을 정의한 함수입니다. 문장을 입력받아 토큰화를 수행한 뒤
input_ids, attention_mask, token_type_ids를 만듭니다. 이들 입력값을 파이토치 텐서 자
료형으로 변환한 뒤 모델에 입력합니다.

• 코드 6-25 인퍼런스

```python
def inference_fn(sentence):
    inputs = tokenizer(
        [sentence],
        max_length=args.max_seq_length,
        padding="max_length",
        truncation=True,
    )
    with torch.no_grad():
        outputs = model(**{k: torch.tensor(v) for k, v in inputs.items()})
        probs = outputs.logits[0].softmax(dim=1)
        top_probs, preds = torch.topk(probs, dim=1, k=1)
        tokens = tokenizer.convert_ids_to_tokens(inputs["input_ids"][0])
        predicted_tags = [id_to_label[pred.item()] for pred in preds]
        result = []
        for token, predicted_tag, top_prob in zip(tokens, predicted_tags, top_probs):
            if token not in [tokenizer.pad_token, tokenizer.cls_token,
                                tokenizer.sep_token]:
                token_result = {
                    "token": token,
                    "predicted_tag": predicted_tag,
                    "top_prob": str(round(top_prob[0].item(), 4)),
                }
                result.append(token_result)
    return {
        "sentence": sentence,
        "result": result,
    }
```

문장을 토큰화하고 인덱싱하되 max_seq_length
보다 짧으면 이에 맞게 패딩하고, 길면 자르기

inputs를 파이토치 텐서로 변환하기

각 토큰이 속하는 개체명 확률 분
포(probs) 가운데 가장 높은 확률
값(top_probs)과 그에 속하는 개
체명 인덱스(preds) 구하기

모델 계산하기

로짓(output.logits[0])에
소프트맥스를 취해 각 토
큰이 어떤 개체명에 속하
는지 확률 구하기

토큰 인덱스 시퀀스(List[int])를 토큰
시퀀스(List[str])로 변환하기

개체명 인덱스 시퀀스(List[int])를 개
체명 시퀀스(List[str])로 변환하기

[CLS], [SEP], [PAD]를 제외한
토큰 각각에 대해 모델이 예측한
개체명(predicted_tag)과 그 확률
값(top_prob)을 반환하기

모델 출력값(outputs.logits)은 토큰 각각에 대해 반환되며 소프트맥스 함수 적용 이전의 로 짓입니다. 여기에 소프트맥스 함수를 써서 해당 토큰이 특정 개체명 태그일 확률 형태로 바꿉니다. 마지막으로 모델 출력을 약간 후처리하여 예측 확률의 최댓값과 해당 태그가 출력되도록 pred값을 만듭니다.

5단계 웹 서비스 시작하기

앞 단계에서 정의한 인퍼런스 함수 inference_fn()을 가지고 다음 코드를 실행하면 웹 서비스를 시작할 수 있습니다.

> • **코드 6-26** 웹 서비스

```
from ratsnlp.nlpbook.ner import get_web_service_app
app = get_web_service_app(inference_fn)
app.run()
```

그러면 다음 그림과 같은 출력 결과를 확인할 수 있는데요, 여기서 http://f58617dfc683.ngrok.io라는 링크를 클릭합니다. 단, 이 주소는 코드 6-26을 실행할 때마다 바뀌므로 여러분이 실습할 때는 다를 수 있습니다. 해당 주소로 접근해야 합니다. 그러면 웹 브라우저에서 그림 6-6과 같은 화면을 볼 수 있습니다.

그림 6-6 웹 서비스를 실행한 결과

맺음말

지금까지 우리는 개체명 인식 모델을 만드는 과정을 실습했습니다. 이 모델은 개체명 인식 데이터를 학습했으므로 입력 문장에서 어느 부분이 개체명인지 가려낼 수 있습니다. 만일 똑같은 구조로 품사part-of-speech 데이터를 학습한다면 입력 토큰 각각이 어떤 품사인지를 맞추는 품사 부착 모델을 구축할 수 있으며, 마찬가지로 띄어쓰기 교정 모델(입력 토큰 각각에 대해 띄어 써야 할지 말아야 할지 결정) 역시 만들 수 있습니다. 이처럼 시퀀스 레이블링은 다양한 과제에 응용할 수 있습니다.

자연어 처리 관련 양질의 국내 강의를 소개합니다. 가장 먼저 추천할 강의는 강필성 고려대 교수의 '텍스트 애널리틱스(Text Analytics)'입니다. 이 강의에서는 단어 수준 임베딩(embedding), 토픽 모델링(topic modeling), 언어 모델(language model) 등 자연어 처리 대부분의 주제를 망라하고 있습니다. 모든 강의가 유튜브로 공개돼 있습니다. 다음 링크에서 확인할 수 있습니다.

　• **강필성 교수의 〈텍스트 애널리틱스〉**: github.com/pilsung-kang/Text-Analytics

기계 번역의 대가인 조경현 뉴욕대 교수의 강의 역시 추천합니다. 딥러닝 기반의 언어 모델과 기계 번역 관련 핵심 이론을 설명하고 있습니다. 기본을 다지기에 좋은 강의라고 생각합니다. 다음 링크에서 무료로 들을 수 있습니다.

　• **조경현 교수의 〈딥러닝을 이용한 자연어 처리〉**: boostcourse.org/ai331

김현중 님의 자료도 깊이와 방대함 면에서 빼놓을 수 없습니다. 형태소 분석, 품사 판별, 명사 추출, 띄어쓰기 교정, 문서 군집화 등 텍스트 처리의 기본을 튜토리얼 방식으로 설명합니다. 강의는 블로그 포스트 형태로 제공되며 모든 튜토리얼의 코드와 데이터가 공개돼 있습니다.

　• **김현중 님의 〈자연어 처리를 위한 머신러닝〉**: github.com/lovit/fastcampus_textml_blogs

서민준 카이스트 교수의 '자연어 처리를 위한 딥러닝(Deep Learning for NLP)'도 있습니다. 순환 신경망(Recurrent Neural Network), 트랜스포머(Transformer) 등은 물론 문장 생성, 제로샷 러닝(zero-shot learning) 등 최신 주제까지 다룹니다. 강의는 유튜브로 들을 수 있지만 영어 강의인 점 참고 바랍니다.

　• **서민준 교수의 〈자연어 처리를 위한 딥러닝〉**: seominjoon.github.io/kaist-ai605

지금까지 설명한 내용을 간단한 퀴즈로 정리해 보기 바랍니다.

1. 시⬚⬚⬚⬚⬚⬚⬚⬚⬚⬚⬚⬚⬚ 이란 음성, 단어 따위의 시퀀스 데이터에 레이블을 달아 주는 과제를 가리킨다.

2. 개⬚⬚⬚⬚⬚⬚⬚⬚⬚⬚⬚⬚ 은 문장을 토큰화한 뒤 토큰 각각에 인명, 기관명, 장소 등 개체명 태그를 붙여 주는 과제다.

3. NERFeatures에서 label_ids는 파이썬 자료형 기준으로 ⬚L⬚⬚⬚⬚ 이다. 문서 분류, 문장 쌍 분류와 달리 레이블이 정수(int)가 아닌 정수 시퀀스라는 뜻이다.

4. BIO 태그 체계에서 B는 해당 태그의 ⬚시⬚⬚⬚⬚, I는 해당 태그의 ⬚시⬚⬚⬚⬚⬚⬚, O는 ⬚개⬚⬚⬚⬚⬚⬚ 을 의미한다.

5. 문서 분류, 문장 쌍 분류를 위한 허깅페이스 transformers의 클래스는 ⬚B⬚⬚⬚⬚⬚⬚⬚⬚⬚⬚⬚⬚, 시퀀스 레이블링을 위한 transformers 클래스는 ⬚B⬚⬚⬚⬚⬚⬚⬚⬚⬚ 이다.

> **정답** 1. 시퀀스 레이블링(sequence labeling) 2. 개체명 인식(named entity recognition)
> 3. List[int] 4. 시작(begin), 시작이 아님(inside), 개체명이 아님(outside)
> 4. BertForSequenceClassification, BertForTokenClassification

7장

질문에 답하기

질의응답이란 질문에 답을 하는 과제입니다. 이 장에서는 LG CNS가 공개한
KorQuAD 1.0 데이터셋을 가지고 질의응답 모델을 구축하는 방법을 살펴봅니다.

7-1 질의응답 모델 훑어보기

이 장에서는 질의응답 과제를 실습하면서 모델의 아키텍처, 입출력 등 전반을 살펴보겠습니다. **질의응답**^{question answering}이란 질문에 답을 하는 과제입니다. 질의응답 과제의 유형은 다양하지만 이 책의 실습에서는 다음 예시처럼 질문에 대한 답을 지문^{context}에서 찾는 것입니다.

- **지문(context):** 한글은 홀소리와 닿소리 모두 소리틀을 본떠 만든 음소문자로 한글 맞춤법에서는 닿소리 14개와 홀소리 10개, 모두 24개를 표준으로 삼는다. "나랏말이 중국과 달라" 문제를 느낀 조선의 세종대왕이 한국어는 물론 이웃 나랏말까지 나타내도록 1443년 창제하여 1446년 반포하였다.
- **질문(question):** 한글이 창제된 연도는?
- **답변(answer):** 1443년

위와 같은 형태의 질의응답 과제에서 모델의 입력은 질문과 지문, 출력은 입력의 각 토큰이 [정답의 시작일 확률, 정답의 끝일 확률]인 형태입니다. 예를 들면 다음과 같습니다.

입력		출력
한글이 창제된 연도는? 한글은 홀소리와 닿소리 모두 소리틀을 본떠 만든 음소문자로 한글 맞춤법에서는 닿소리 14개와 홀소리 10개, 모두 24개를 표준으로 삼는다. "나랏말이 중국과 달라" 문제를 느낀 조선의 세종대왕이 한국어는 물론 이웃 나랏말까지 나타내도록 1443년 창제하여 1446년 반포하였다.	→	(…생략…) 나타내도록 → [0.02, 0.01] 1443 → [0.93, 0.01] 년 → [0.01, 0.90] 창제하여 → [0.01, 0.01] (…생략…)

우선 **나타내도록**을 봅시다. 여기에서 '정답의 시작일 확률(0.02)'과 '정답의 끝일 확률(0.01)'의 합이 1이 안 되는 것에 의문을 가질 수도 있을 것 같습니다. 정답의 시작일 확률과 끝일 확률은 각각 전체 토큰에 걸쳐 계산됩니다. 다시 말해 정답의 시작과 관련된 확률 분포는 [⋯, 0.02, 0.93, 0.01, 0.01, ⋯]이며 [⋯, **나타내도록**, **1443**, **년**, **창제하여**, ⋯]에 각각 대응됩니다. 마찬가지로 정답의 끝과 관련된 확률 분포는 [⋯, 0.01, 0.01, 0.90, 0.01, ⋯]이며 [⋯, **나타내도록**, **1443**, **년**, **창제하여**, ⋯]에 각각 대응됩니다.

질의응답 모델의 이러한 출력 확률을 적당한 후처리 과정을 거쳐 사람이 보기에 좋은 형태로 가공해 줍니다. 정답의 시작 확률 분포에서 가장 큰 확률값을 가진 토큰부터, 정답의 끝 확률 분포에서 가장 큰 확률값을 가진 토큰까지 이어붙이면 됩니다. 앞의 예시에서는 **1443 + 년**이 모델이 예측하는 정답이 됩니다.

이 책의 질의응답 실습에서는 LG CNS가 공개한 KorQuAD 1.0[*]데이터를 활용해 모델을 구축하는 실습을 진행합니다.

* korquad.github.io/KorQuad%201.0/

모델 구조

이 책에서 사용하는 질의응답 모델은 다음 그림과 같은 구조입니다. 질문과 지문을 각각 토큰화한 뒤 '[CLS] 질문 [SEP] 지문 [SEP]' 형태로 이어 붙입니다. 여기에서 CLS는 문장 시작을 알리는 스페셜 토큰, SEP는 질문과 지문을 서로 구분해 주는 의미의 스페셜 토큰입니다. 이를 BERT 모델에 입력하고 모든 입력 토큰에 대해 BERT 모델 마지막 레이어의 출력을 뽑습니다. 이들 토큰 벡터 각각에 작은 추가 모듈을 덧붙여 모델의 출력이 [해당 지문 토큰이 정답의 시작일 확률, 해당 지문 토큰이 정답의 끝일 확률]이 되도록 합니다.

그림 7-1 질의응답 모델

태스크 모듈

질의응답 모델에 붙는 모듈의 구조는 다음 그림과 같습니다. 우선 마지막 레이어의 개별 토큰 벡터 각각(그림에서 **x**)에 드롭아웃을 적용합니다. 그다음 가중치 행렬을 곱해 2차원 벡터로 변환합니다(그림에서 **h**). 개별 토큰 벡터 각각을 2차원으로 사영[projection]하는 이유는 각각이 정답의 시작이냐 아니냐, 정답의 끝이냐 아니냐 정보를 나타내기 때문입니다. 만일 마지막 레이어의 개별 토큰 벡터가 768차원이라면 가중치 행렬 크기는 768 × 2가 됩니다.

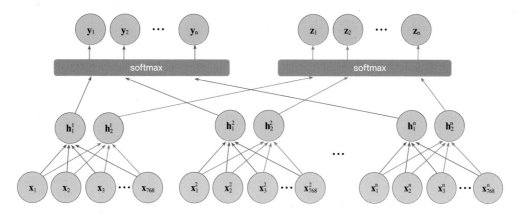

그림 7-2 질의응답 태스크 모듈

이후 **h**의 첫 번째 값들만 모아서 소프트맥스를 취하면 정답의 시작과 관련한 모델의 출력 **y**가 됩니다. **h**의 두 번째 값들만 모아서 소프트맥스를 취하면 정답의 끝과 관련한 모델의 출력 **z** 입니다. 만일 입력 토큰 개수가 n개라면 **y**, **z** 모두 그 차원 수는 n이 됩니다.

이 실습에서 사용되는 레이블은 입력 토큰 기준 정답의 시작 위치와 끝 위치입니다. 위와 같이 만든 모델의 최종 출력(**y**, **z**)과 정답 레이블(토큰 기준 위치)을 비교해 모델 출력이 정답 레이블과 최대한 같아지도록 BERT 레이어를 포함한 모델 전체를 업데이트합니다. 이를 파인튜닝이라고 합니다.

7-2 질의응답 모델 학습하기

질의응답 모델의 데이터 전처리와 학습 과정을 실습해 보겠습니다.

Do it! 실습

질문에 답하는 모델 만들기

1단계 코랩 노트북 초기화하기

이번 실습은 웹 브라우저에서 다음 주소(bit.ly/3lm61b4)에 접속하면 코랩
환경에서 수행할 수 있습니다. 이전 실습과 마찬가지로 코랩에서 [내 드라이
브에 복사]를 진행합니다. 그리고 코랩의 메뉴에서 [런타임 → 런타임 유형
변경]을 클릭하고 [GPU]나 [TPU] 둘 중 하나를 선택(GPU 권장)해 하드웨
어 가속을 사용합니다.

2단계 각종 설정하기

다음 코드를 차례로 실행해 TPU 관련 라이브러리와 그 외에 의존성 있는 패키지를 설치하고
자신의 구글 드라이브를 코랩 노트북과 연결합니다. 다만 1단계에서 GPU를 선택했다면 코
드 7-1은 생략합니다.

• **코드 7-1** TPU 관련 패키지 설치

```
!pip install cloud-tpu-client==0.10 https://storage.googleapis.com/tpu-pytorch/wheels/
torch_xla-1.9-cp37-cp37m-linux_x86_64.whl
```

• **코드 7-2** 의존성 패키지 설치

```
!pip install ratsnlp
```

• **코드 7-3** 구글 드라이브와 연결

```
from google.colab import drive
drive.mount('/gdrive', force_remount=True)
```

이번 실습에서는 kcbert-base 모델을 KorQuAD 1.0 데이터로 파인튜닝해 볼 예정입니다. 다음 코드를 실행하면 관련 설정을 할 수 있습니다.

· 코드 7-4 모델 환경 설정

```python
import torch
from ratsnlp.nlpbook.qa import QATrainArguments
args = QATrainArguments(
    pretrained_model_name="beomi/kcbert-base",
    downstream_corpus_name="korquad-v1",
    downstream_model_dir="/gdrive/My Drive/nlpbook/checkpoint-qa",
    max_seq_length=128,
    max_query_length=32,
    doc_stride=64,
    batch_size=32 if torch.cuda.is_available() else 4,
    learning_rate=5e-5,
    epochs=3,
    tpu_cores=0 if torch.cuda.is_available() else 8,
    seed=7,
)
```

참고로 QATrainArguments의 각 인자는 4장 문서 분류 실습에서 설명한 것과 같지만, 특별히 이번 실습에서 max_seq_length, max_query_length, doc_stride의 역할과 의미는 다음과 같습니다.

- **max_seq_length**: 입력 문장 최대 길이(질문과 지문 모두 포함)
- **max_query_length**: 질문 최대 길이
- **doc_stride**: 지문에서 몇 개 토큰을 슬라이딩해가면서 데이터를 늘릴지 결정. '5단계 데이터 전처리 하기' 참고

이어서 다음 코드를 차례로 실행해 랜덤 시드를 설정하고 각종 기록을 출력하는 로거를 설정합니다.

```
from ratsnlp import nlpbook
nlpbook.set_seed(args)
```

```
nlpbook.set_logger(args)
```

3단계 말뭉치 내려받기

다음 코드를 실행하면 이 실습에서 사용할 KorQuAD 1.0 데이터셋을 내려받습니다. 데이터셋을 내려받을 때는 nlpbook에 포함된 download_downstream_dataset() 함수를 사용합니다. 이 함수에 코드 7-4에서 선언한 args를 전달하면 downstream_corpus_name(korquad-v1)에 해당하는 말뭉치를 내려받습니다.

```
nlpbook.download_downstream_dataset(args)
```

4단계 토크나이저 준비하기

다음 코드를 실행해 kcbert-base 모델이 사용하는 토크나이저를 선언합니다.

```
from transformers import BertTokenizer
tokenizer = BertTokenizer.from_pretrained(
    args.pretrained_model_name,
    do_lower_case=False,
)
```

5단계 데이터 전처리하기

딥러닝 모델을 학습하려면 데이터 로더를 이용해 데이터를 배치 단위로 모델에 공급해 주어야 합니다. 다음 코드를 실행하면 학습용 데이터 로더의 구성 요소인 데이터셋(train_dataset)이 만들어집니다.

```
from ratsnlp.nlpbook.qa import KorQuADV1Corpus, QADataset
corpus = KorQuADV1Corpus()
train_dataset = QADataset(
    args=args,
    corpus=corpus,
    tokenizer=tokenizer,
    mode="train",
)
```

KorQuADV1Corpus 클래스는 JSON 포맷의 KorQuAD 1.0 데이터를 QAExample로 읽어옵니다. KorQuADV1Corpus는 QADataset이 요구하면 QAExample을 QADataset에 제공합니다. 0번 QAExample은 다음과 같습니다.

- question_text(질문): 바그너는 괴테의 파우스트를 읽고 무엇을 쓰고자 했는가?
- context_text(지문): 1839년 바그너는 괴테의 파우스트을 처음 읽고 그 내용에 마음이 끌려 이를 소재로 해서 하나의 교향곡을 쓰려는 뜻을 갖는다. 이 시기 바그너는 1838에 빚 독촉으로 산전수전을 다 겪은 상황이라 좌절과 실망에 가득했으며 메피스토펠레스를 만나는 파우스트의 심경에 공감했다고 한다. 또한 파리에서 아브네크의 지휘로 파리 음악원 관현악단이 연주하는 베토벤의 교향곡 9번을 듣고 깊은 감명을 받았는데, 이것이 이듬해 1월에 파우스트의 서곡으로 쓰여진 이 작품에 조금이라도 영향을 끼쳤으리라는 것은 의심할 여지가 없다. 여기의 라단조 조성의 경우에도 그의 전기에 적혀 있는 것처럼 단순한 정신적 피로나 실의가 반영된 것이 아니라 베토벤의 합창교향곡 조성의 영향을 받은 것을 볼 수 있다. (...생략...)
- answer_text(정답): 교향곡
- start_position_character(정답의 시작 인덱스): 54

참고로 파이썬에서는 어떤 요소의 순서를 부여할 때 0부터 시작합니다. 만일 start_position_character가 0이라면 context_text의 첫 번째 글자가 정답의 시작이라는 뜻입니다. 마찬가지로 start_position_character가 54라면 정답 시작 글자는 쉰다섯 번째가 됩니다. 이처럼 순서를 셀 때는 공백, 줄바꿈 등도 글자 하나로 취급합니다.

QADataset 클래스는 tokenizer를 활용해 KorQuADV1Corpus가 넘겨준 QAExample을 모델이 학습할 수 있는 형태(QAFeatures)로 가공합니다. QAFeatures 각 구성 요소의 자료형은 다음과 같습니다.

- input_ids: List[int]
- attention_mask: List[int]
- token_type_ids: List[int]
- start_positions: int
- end_positions: int

KorQuADV1Corpus가 넘겨준 0번 QAExample에 대한 QADataset 클래스의 중간 산출물은 다음과 같습니다. 그 처리 과정은 이렇습니다. QADataset 클래스는 QAExample의 question_text를 질문, context_text을 지문으로 취급하고 '[CLS] 질문 [SEP] 지문 [SEP]'으로 이어붙인 뒤 토큰화를 수행합니다. 이때 코드 7-4에서 입력 문장(질문+지문) 최대 길이인 max_seq_length와 질문 최대 길이인 max_query_length를 각각 128, 32로 설정해 두었으므로 전체 토큰 개수와 질문 토큰 개수가 이보다 많아지지 않도록 토큰화합니다.

그리고 QAExample의 answer_text와 start_position_character를 활용해 정답 시작과 끝 토큰을 찾습니다. 지금 예시에서 이에 해당하는 토큰은 각각 교, ##곡입니다.

[CLS] 바 ##그 ##너 ##는 괴 ##테 ##의 파 ##우스 ##트를 읽고 무엇을 쓰고 ##자 했 ##는가 ? [SEP] 18 ##3 ##9년 바 ##그 ##너 ##는 괴 ##테 ##의 파 ##우스 ##트 ##을 처음 읽고 그 내용 ##에 마음이 끌려 이를 소재 ##로 해서 하나의 교 ##향 ##곡 ##을 쓰 ##려는 뜻을 갖 ##는다 . 이 시기 바 ##그 ##너 ##는 18 ##3 ##8년 ##에 빛 독 ##촉 ##으로 산 ##전 ##수 ##전을 다 겪 ##은 상황이 ##라 좌 ##절 ##과 실망 ##에 가득 ##했 ##으며 메 ##피 ##스 ##토 ##펠 ##레스 ##를 만나는 파 ##우스 ##트 ##의 심 ##경 ##에 공감 ##했다고 한다 . 또한 파리 ##에서 아 ##브 ##네 ##크 ##의 지휘 ##로 파리 음악 ##원 관 ##현 ##악 ##단이 연 ##주 ##하는 베 ##토 [SEP]

정답

코랩에서 코드 7-9를 실행한 뒤 train_dataset[0]을 확인하면 다음과 같습니다. train_dataset[0].input_ids는 원본 문장을 토큰화한 뒤 인덱싱을 수행한 결과이며 train_dataset[0].attention_mask는 해당 위치 토큰이 패딩인지(0) 아닌지(1)를 나타냅니다. 이번 예시에서는 패딩 토큰이 전혀 없으므로 attention_mask가 모두 1인 걸 알 수 있습니다.

train_dataset[0].token_type_ids는 세그먼트 정보를 나타냅니다. [CLS] 질문 [SEP]에 해당하는 첫 번째 세그먼트는 0, 지문 [SEP]에 해당하는 두 번째 세그먼트는 1, 나머지 패딩에 속하는 세 번째 세그먼트는 0을 줍니다. 질문과 지문의 토큰 수는 각각 17개와 108개이므로 0으로 채우는 첫 번째 세그먼트의 길이는 [CLS]와 [SEP]를 합쳐 19개, 1로 채우는 두 번째 세그먼트는 [SEP]를 포함해 109개가 됩니다. 마지막 세그먼트(0으로 채움)의 길이는 128(max_seq_length) − 19(첫 번째 세그먼트 길이) − 109(두 번째 세그먼트 길이), 즉 0이 됩니다.

한편 train_dataset[0].start_positions와 train_dataset[0].end_positions는 각각 train_dataset[0].input_ids에서 정답 토큰의 시작과 끝 인덱스를 가리킵니다. 다시 말해 정답의 시작 토큰인 교는 train_dataset[0].input_ids에서의 인덱스가 45, 끝 토큰 인 ##곡은 47이라는 뜻입니다.*

> * start_positions가 0이라면 input_ids의 첫 번째가 정답의 시작이라는 뜻입니다. 마찬 가지로 start_positions가 45라면 정답 시 작은 input_ids의 마흔여섯 번째가 됩니다.

```
QAFeatures(
    input_ids=[2, 1480, 4313, 4538, 4008, 336, 4065, 4042, 3231, 23243, 19143, 13985,
12449, 9194, 4105, 3385, 9411, 32, 3, 8601, 4633, 29697, 1480, 4313, 4538, 4008, 336,
4065, 4042, 3231, 23243, 4104, 4027, 8793, 13985, 391, 9132, 4113, 10966, 11728, 12023,
14657, 4091, 8598, 16639, 341, 4573, 4771, 4027, 2139, 8478, 14416, 214, 8202, 17,
2451, 13007, 1480, 4313, 4538, 4008, 8601, 4633, 22903, 4113, 1676, 868, 4913, 7965,
1789, 4203, 4110, 15031, 786, 250, 4057, 10878, 4007, 2593, 4094, 4128, 10289, 4113,
10958, 4062, 9511, 1355, 4600, 4103, 4775, 5602, 10770, 4180, 26732, 3231, 23243, 4104,
4042, 2015, 4012, 4113, 9198, 8763, 8129, 17, 10384, 23008, 7971, 2170, 4408, 4011,
4147, 4042, 17015, 4091, 23008, 21056, 4165, 323, 4175, 4158, 11413, 2273, 4043, 7966,
1543, 4775, 3],
    attention_mask=[1, 1, 1, 1, 1, 1, 1, 1, 1, 1, 1, 1, 1, 1, 1, 1, 1, 1, 1, 1, 1, 1,
1, 1, 1, 1, 1, 1, 1, 1, 1, 1, 1, 1, 1, 1, 1, 1, 1, 1, 1, 1, 1, 1, 1, 1, 1, 1, 1, 1, 1,
1, 1, 1, 1, 1, 1, 1, 1, 1, 1, 1, 1, 1, 1, 1, 1, 1, 1, 1, 1, 1, 1, 1, 1, 1, 1, 1, 1, 1,
1, 1, 1, 1, 1, 1, 1, 1, 1, 1, 1, 1, 1, 1, 1, 1, 1, 1, 1, 1, 1, 1, 1, 1, 1, 1, 1, 1, 1,
1, 1, 1, 1, 1, 1, 1, 1, 1, 1, 1, 1, 1, 1, 1, 1, 1, 1],
    token_type_ids=[0, 0, 0, 0, 0, 0, 0, 0, 0, 0, 0, 0, 0, 0, 0, 0, 0, 0, 0, 0, 1, 1, 1,
1, 1, 1, 1, 1, 1, 1, 1, 1, 1, 1, 1, 1, 1, 1, 1, 1, 1, 1, 1, 1, 1, 1, 1, 1, 1, 1, 1, 1,
1, 1, 1, 1, 1, 1, 1, 1, 1, 1, 1, 1, 1, 1, 1, 1, 1, 1, 1, 1, 1, 1, 1, 1, 1, 1, 1, 1, 1,
1, 1, 1, 1, 1, 1, 1, 1, 1, 1, 1, 1, 1, 1, 1, 1, 1, 1, 1, 1, 1, 1, 1, 1, 1, 1, 1, 1, 1,
1, 1, 1, 1, 1, 1, 1, 1, 1, 1, 1, 1, 1, 1, 1, 1, 1, 1],
    start_positions=45,
    end_positions=47,
)
```

코드 7-4에서 설정해 두었던 doc_stride라는 인자에 주목할 필요가 있습니다. 질의응답 태스크를 수행할 때 지문의 길이는 BERT 모델이 처리할 수 있는 max_seq_length보다 긴 경우가 많습니다. 이럴 때는 어쩔 수 없이 질문은 그대로 두고 지문 일부를 편집하는 방식으로 학습 데이터를 만들 수밖에 없습니다.

예를 들어 doc_stride를 64로 설정해 둔다면 원래 지문 앞부분 64개 토큰(18 ##3 ##9년 ... 좌 ##절 ##과 실망 ##에)을 없애고 원래 지문 뒷부분에 이어지고 있던 64개 토큰(##벤 ##의 ... 정신적 피로 ##나)을 가져와 붙입니다. 다음과 같습니다.

[CLS] 바 ##그 ##너 ##는 괴 ##테 ##의 파 ##우스 ##트를 읽고 무엇을 쓰고 ##자 했 ##는가 ? [SEP]
18 ##3 ##9년 바 ##그 ##너 ##는 괴 ##테 ##의 파 ##우스 ##트 ##을 처음 읽고 그 내용 ##에 마음이 끌려 이를 소재 ##로 해서 하나의 교 ##향 ##곡 ##을 쓰 ##려는 뜻을 갖 ##는다 . 이 시기 바 ##그 ##너 ##는 18 ##3 ##8년 ##에 빚 독 ##촉 ##으로 산 ##전 ##수 ##전을 다 겪 ##은 상황이 ##라 좌 ##절 ##과 실망 ##에 가득 ##했 ##으며 메 ##피 ##스 ##토 ##펠 ##레스 ##를 만나는 파 ##우스 ##트 ##의 심 ##경 ##에 공감 ##했다고 한다 . 또한 파리 ##에서 아 ##브 ##네 ##크 ##의 지휘 ##로 파리 음악 ##원 관 ##현 ##악 ##단이 연 ##주 ##하는 베 ##토 [SEP]   [다음 인스턴스 만들 때 삭제 대상]

그런데 max_seq_length 때문에 지문을 이처럼 인위적으로 편집하면 정답 토큰 시퀀스(교 ##향 ##곡)도 함께 날아갈 수 있습니다. 이 경우 start_positions, end_positions 모두 0을 줍니다. 실제로 다음에 해당하는 전처리 최종 결과는 train_dataset[1]인데요, train_dataset[1].start_positions, train_dataset[1].end_positions을 확인해 보면 모두 0임을 알 수 있습니다.

[CLS] 바 ##그 ##너 ##는 괴 ##테 ##의 파 ##우스 ##트를 읽고 무엇을 쓰고 ##자 했 ##는가 ? [SEP]
가득 ##했 ##으며 메 ##피 ##스 ##토 ##펠 ##레스 ##를 만나는 파 ##우스 ##트 ##의 심 ##경 ##에 공감 ##했다고 한다 . 또한 파리 ##에서 아 ##브 ##네 ##크 ##의 지휘 ##로 파리 음악 ##원 관 ##현 ##악 ##단이 연 ##주 ##하는 베 ##토 ##벤 ##의 교 ##향 ##곡 9 ##번 ##을 듣고 깊은 감 ##명을 받았는 데 , 이것이 이 ##듬 ##해 1월 ##에 파 ##우스 ##트 ##의 서 ##곡 ##으로 쓰여 ##진 이 작품 ##에 조금이라도 영향을 끼 ##쳤 ##으리 ##라는 것은 의심 ##할 여지가 없다 . 여기 ##의 라 ##단 ##조 조성 ##의 경우 ##에도 그의 전기 ##에 적 ##혀 있는 것처럼 단순한 정신적 피로 ##나 [SEP]

[이번 인스턴스 만들 때 이어 붙인 토큰]

한편 KorQuADV1Corpus와 QADataset의 역할과 자세한 구현 내용은 다음 링크를 참고하세요.

- ratsgo.github.io/nlpbook/docs/qa/detail

이렇게 학습 데이터셋(train_dataset)을 구축했으면 이를 바탕으로 데이터 로더를 만듭니다. 데이터셋을 제외한 학습 데이터 로더의 구성 요소는 문서 분류, 문장 쌍 분류, 개체명 인식 등 이전 장 실습과 동일합니다.

```python
from torch.utils.data import DataLoader, RandomSampler
train_dataloader = DataLoader(
    train_dataset,
    batch_size=args.batch_size,
    sampler=RandomSampler(train_dataset, replacement=False),
    collate_fn=nlpbook.data_collator,
    drop_last=False,
    num_workers=args.cpu_workers,
)
```

평가용 데이터 로더를 구축하려면 다음 코드를 실행합니다. 평가용 데이터셋(`val_dataset`)
구축 방식은 학습용(`train_dataset`)과 동일합니다. 데이터 로더와 관련한 자세한 내용은
「4-2 문서 분류 모델 학습하기」를 참고하세요.

```python
from torch.utils.data import SequentialSampler
val_dataset = QADataset(
    args=args,
    corpus=corpus,
    tokenizer=tokenizer,
    mode="val",
)
val_dataloader = DataLoader(
    val_dataset,
    batch_size=args.batch_size,
    sampler=SequentialSampler(val_dataset),
    collate_fn=nlpbook.data_collator,
    drop_last=False,
    num_workers=args.cpu_workers,
)
```

6단계 모델 불러오기

다음 코드를 수행해 모델을 초기화합니다. `BertForQuestionAnswering`은 프리트레인을 마친
BERT 모델 위에 「7-1」절에서 설명한 질의응답용 태스크 모듈이 덧붙여진 형태의 모델 클래
스입니다.

```
from transformers import BertConfig, BertForQuestionAnswering
pretrained_model_config = BertConfig.from_pretrained(
    args.pretrained_model_name,
)
model = BertForQuestionAnswering.from_pretrained(
    args.pretrained_model_name,
    config=pretrained_model_config,
)
```

7단계 모델 학습시키기

파이토치 라이트닝이 제공하는 lightning 모듈을 상속받아 모델과 옵티마이저, 학습 과정 등이 정의된 태스크를 정의합니다. 다음 코드를 실행하면 질의응답용 태스크(task)를 정의할수 있습니다. 모델은 코드 7-12에서 준비한 모델 클래스를 사용하고, 옵티마이저로는 아담Adam, 러닝 레이트 스케줄러로는 ExponentialLR을 사용합니다.

```
from ratsnlp.nlpbook.qa import QATask
task = QATask(model, args)
```

QATask의 자세한 구현 내용은 다음 링크를 참고하세요.

• ratsgo.github.io/nlpbook/docs/qa/detail

다음 코드를 실행하면 트레이너를 정의할 수 있습니다. 이 트레이너는 GPU/TPU 설정, 로그와 체크포인트 등 귀찮은 설정들을 알아서 해줍니다.

```
trainer = nlpbook.get_trainer(args)
```

마지막으로 트레이너의 fit() 함수를 호출하면 학습을 시작합니다.

• **코드 7-15** 학습 개시

```
trainer.fit(
    task,
    train_dataloader=train_dataloader,
    val_dataloaders=val_dataloader,
)
```

```
trainer.fit(
    task,
    train_dataloader=train_dataloader,
    val_dataloaders=val_dataloader,
)

05/25/2021 09:38:59 - INFO - pytorch_lightning.accelerators.gpu -   LOCAL_RANK: 0 - CUDA_VISIBLE_DEVICES: [0]
05/25/2021 09:39:10 - INFO - lightning -
  | Name  | Type                    | Params
---------------------------------------------------
0 | model | BertForQuestionAnswering | 108 M
---------------------------------------------------
108 M     Trainable params
0         Non-trainable params
108 M     Total params
433.318   Total estimated model params size (MB)
Epoch 0: 1%|                                    40/7688 [00:25<1:22:06, 1.55it/s, loss=1.56, v_num=0, acc=0.734]
```

그림 7-3 코랩 환경에서의 학습

지금까지 우리는 질의응답 모델을 학습하는 과정을 실습했습니다. 질의응답 모델은 입력 토큰 각각에 대해 어떤 범주에 속할 확률을 반환한다는 점에선 시퀀스 레이블링(6장)과 비슷하지만 입출력이 살짝 다릅니다. 그 내용을 정리하면 다음과 같습니다.

표 7-1 시퀀스 레이블링과 질의응답 모델 비교

방법론	입력	출력	대표 과제
질의응답	문서 2개(질문+지문)	토큰 각각이 정답의 시작/끝일 확률	KorQuAD
시퀀스 레이블링	문서 1개	토큰 각각의 범주 확률	개체명 인식

7-3 학습 마친 모델을 실전 투입하기

학습을 마친 질의응답 모델을 인퍼런스하는 과정을 실습해 보겠습니다.

질문에 답하는 웹 서비스 만들기

이 절에서는 지문과 질문을 받아 답변하는 웹 서비스를 만들어 볼 것인데요, 지문과 질문을 각각 토큰화한 뒤 모델 입력값으로 만들고 이를 모델에 입력해 지문에서 정답이 어떤 위치에 나타나는지 확률값을 계산하게 만듭니다. 이후 약간의 후처리 과정을 거쳐 응답하게 만드는 방식입니다.

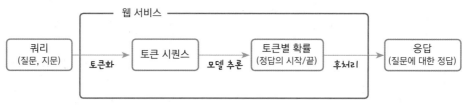

그림 7-4 질의응답 웹 서비스

1단계 **코랩 노트북 초기화하기**

이번 실습은 웹 브라우저에서 다음 주소(bit.ly/3iEf9WL)에 접속하면 코랩 환경에서 수행할 수 있습니다. 코랩에 접속한 후 [내 드라이브에 복사]를 진행하고 [런타임 → 런타임 유형 변경] 메뉴에서 하드웨어 가속을 사용하지 않도록 [None]을 선택합니다.

2단계 **환경 설정하기**

우선 다음 명령을 차례로 실행해 의존성 있는 패키지를 설치하고 코랩 노트북과 자신의 구글 드라이브를 연동합니다.

· **코드 7-16** 의존성 패키지 설치

```
!pip install ratsnlp
```

· **코드 7-17** 구글 드라이브 연동

```
from google.colab import drive
drive.mount('/gdrive', force_remount=True)
```

다음 코드를 실행해 각종 설정을 진행합니다. 모든 인자는 「7-2」절에서 적용한 그대로 입력해야 합니다.

· **코드 7-18** 인퍼런스 설정

```
from ratsnlp.nlpbook.qa import QADeployArguments
args = QADeployArguments(
    pretrained_model_name="beomi/kcbert-base",
    downstream_model_dir="/gdrive/My Drive/nlpbook/checkpoint-qa",
    max_seq_length=128,
    max_query_length=32,
)
```

3단계 **토크나이저 및 모델 불러오기**

다음 코드를 차례로 실행해 토크나이저를 초기화하고 앞 절에서 파인튜닝한 모델의 체크포인트를 읽어들입니다.

· **코드 7-19** 토크나이저 로드

```
from transformers import BertTokenizer
tokenizer = BertTokenizer.from_pretrained(
    args.pretrained_model_name,
    do_lower_case=False,
)
```

```
import torch
fine_tuned_model_ckpt = torch.load(
    args.downstream_model_checkpoint_path,
    map_location=torch.device("cpu"),
)
```

다음 코드를 차례로 실행해 앞 절 파인튜닝 때 사용한 pretrained_model_name에 해당하는 모델의 설정값들을 읽어들이고 해당 설정값대로 BERT 모델을 초기화합니다.

```
from transformers import BertConfig
pretrained_model_config = BertConfig.from_pretrained(
    args.pretrained_model_name,
)
```

```
from transformers import BertForQuestionAnswering
model = BertForQuestionAnswering(pretrained_model_config)
```

이어서 초기화한 BERT 모델에 체크포인트를 주입하고 모델을 평가 모드로 전환합니다.

```
model.load_state_dict({k.replace("model.", ""): v for k, v in fine_tuned_model_
ckpt['state_dict'].items()})
```

```
model.eval()
```

모델 출력값 만들고 후처리하기

인퍼런스 함수는 질문(question)과 지문(context)을 입력받아 토큰화를 수행한 뒤 input_ids,
attention_mask, token_type_ids를 만듭니다. 이들 입력값을 파이토치 텐서 자료형으로 변환
한 뒤 모델에 입력합니다. 모델 출력값은 소프트맥스 함수 적용 이전의 로짓 형태입니다.

마지막으로 모델 출력을 약간 후처리하여 정답 시작 로짓(start_logits)의 최댓값 위치부터
정답 끝 로짓(end_logits)의 최댓값 위치까지의 토큰들을 이어붙여 pred_text로 만듭니다.
로짓에 소프트맥스를 취하더라도 최댓값은 바뀌지 않으므로 소프트맥스 적용은 생략했습
니다.

• **코드 7-25 인퍼런스**

```python
def inference_fn(question, context):
    if question and context:
        truncated_query = tokenizer.encode(
            question,
            add_special_tokens=False,
            truncation=True,
            max_length=args.max_query_length
        )
        inputs = tokenizer.encode_plus(
            text=truncated_query,
            text_pair=context,
            truncation="only_second",
            padding="max_length",
            max_length=args.max_seq_length,
            return_token_type_ids=True,
        )
        with torch.no_grad():
            outputs = model(**{k: torch.tensor([v]) for k, v in inputs.items()})
            start_pred = outputs.start_logits.argmax(dim=-1).item()
            end_pred = outputs.end_logits.argmax(dim=-1).item()
            pred_text = tokenizer.decode(inputs['input_ids'][start_pred:end_pred+1])
    else:
        pred_text = ""
    return {
        'question': question,
        'context': context,
        'answer': pred_text,
    }
```

> 질문(question)을 토큰화하고 인덱싱하되 max_query_length보다 길면 이에 맞게 자르기

> 앞서 처리한 질문(truncated_query)을 지문(context)과 함께 토큰화하고 인덱싱하되 전체 길이가 max_seq_length보다 길면 지문 자르기(truncation="only_second")

> 정답의 시작 위치와 관련된 로짓(outputs.start_logits)에서 가장 큰 값이 가리키는 토큰 위치를 알아내기

> 정답의 끝 위치와 관련된 로짓(outputs.end_logits)에서 가장 큰 값이 가리키는 토큰 위치를 알아내기

> 정답 시작부터 끝까지의 토큰들을 이어붙여 정답 만들기

웹 서비스 시작하기

앞 단계에서 정의한 인퍼런스 함수 `inference_fn`을 가지고 다음 코드를 실행하면 파이썬 플라스크를 활용한 웹 서비스를 띄울 수 있습니다.

• **코드 7-26 웹 서비스**

```python
from ratsnlp.nlpbook.qa import get_web_service_app
app = get_web_service_app(inference_fn)
app.run()
```

실행 결과에서 http://17b289803156.ngrok.io라는 링크를 클릭합니다. 단, 이 주소는 코드 7-26을 실행할 때마다 바뀌므로 여러분이 실습할 때는 다를 수 있습니다. 해당 주소로 접근해야 합니다.

```
from ratsnlp.nlpbook.qa import get_web_service_app
app = get_web_service_app(inference_fn)
app.run()

 * Serving Flask app "ratsnlp.nlpbook.qa.deploy" (lazy loading)
 * Environment: production
   WARNING: This is a development server. Do not use it in a production deployment.
   Use a production WSGI server instead.
 * Debug mode: off
 * Running on http://127.0.0.1:5000/ (Press CTRL+C to quit)
 * Running on http://17b289803156.ngrok.io
 * Traffic stats available on http://127.0.0.1:4040
```

그림 7-5 웹 서비스 실행 결과

그러면 웹 브라우저에 웹 서비스 화면이 나옵니다. 여기서 지문과 질문을 입력하고 〈답 찾기〉를 누르면 아래에 답을 구해 알려 줍니다. 다음은 같은 지문에 각기 다른 질문을 해서 얻은 응답을 보여 줍니다.

그림 7-6 질의응답 예

맺음말

이번 장에서는 질의응답 모델을 살펴보았습니다. 이번에 실습한 데이터는 KorQuAD 1.0인데요, 지문이 순수 텍스트이고 길이가 대체로 짧은 편입니다. 하지만 현실의 질의응답 과제는 이보다 훨씬 어렵습니다. 이 때문에 난도가 높은 질의응답 과제용 데이터가 제안되고 있습니다. 기존보다 지문이 길고, 표가 포함된 HTML 문서 등으로 구성된 KorQuAD 2.0[*]이 대표적입니다.

* korquad.github.io

더 나아가 지문 없이 질문만 가지고 답을 할 수 있다면 금상첨화일 것입니다. 다시 말해 입력된 지문 안에서 정답을 찾아내기보다, 정답을 포함하고 있을 법한 지문을 웹에서 알아서 잘 골라내 질문에 맞는 답을 해당 지문에서 찾는 것이 사용자가 느끼기에 더 편리한 질의응답 모델이라고 할 수 있을 것입니다. 어떤 질문이든 척척 답하는 인공지능을 향해 최근에도 많은 연구자가 고군분투하고 있습니다.

알아두면 좋아요!

자연어 처리 관련 양질의 자료는 해외에 많습니다. 가장 유명한 것이 미국 스탠퍼드 대학의 '딥러닝을 활용한 자연어 처리(Natural Language Processing with Deep Learning, CS224n)' 입니다. 크리스토퍼 매닝(Christopher Manning) 교수와 그의 제자들이 함께 만들어 가는 수업입니다. 단어 수준 임베딩, 역전파와 뉴럴 네트워크, 순환 신경망, 기계 번역, 트랜스포머, 질의응답, 문장 생성 등을 강의합니다. 강의 노트가 공개돼 있으며 스탠퍼드대 학생들에게 내주는 숙제들도 풀어볼 수 있습니다. 다음 링크와 같습니다.

- 크리스토퍼 매닝 교수의 〈딥러닝을 활용한 자연어 처리〉: web.stanford.edu/class/cs224n

도서로는 《Speech and Language Processing》을 추천합니다. 댄 주라프스키(Dan Jurafsky) 스탠퍼드대 교수, 제임스 마틴(James Martin) 콜로라도대 교수가 썼습니다. 2008년에 2판이 나왔습니다만 3판 출간을 앞두고 있습니다. 두 저자는 출간에 앞서 3판 초고를 온라인에 공개해 두었습니다. 텍스트 기반의 언어 모델은 물론 음성 인식(speech recognition)까지 친절하고 자세하게 다루고 있습니다. 내용이 많지만 한 번쯤은 도전해 볼 만한 책입니다.

- 《Speech and Language Processing》 3판 초고: web.stanford.edu/~jurafsky/slp3

이밖에 UC 버클리, 카네기 멜런 등 미국 대학의 자연어 처리 강좌들도 세계적으로 명성이 높습니다. 두 대학 강의는 다음 링크에서 확인할 수 있습니다.

- UC 버클리 자연어 처리 강좌: cal-cs288.github.io/sp21
- 카네기 멜런 자연어 처리 강좌: phontron.com/class/nn4nlp2021/schedule.html

지금까지 설명한 내용을 간단한 퀴즈로 정리해 보기 바랍니다.

1. 질의응답 모델은 문서 [　　　] 개를 입력받아 [토　　　　　　　　　] 을 출력한다.

2. 시퀀스 레이블링 모델은 문서 [　　　] 개를 입력받아 [토　　　　　　　　　] 을 출력한다.

3. 질의응답 모델은 최대 시퀀스 길이의 제한 때문에 질문은 그대로 두고 지문의 앞부분을 [d　　　　　] 개수만큼 삭제하고 뒷부분에 딱 그만큼을 늘려서 학습 데이터를 만든다.

4. QAFeatures의 token_type_ids는 [세　　　　　] 정보이며 '[CLS] 질문 [SEP]'에 해당하는 부분은 [　　　], '지문 [SEP]'에 해당하는 부분은 [　　　], 나머지 패딩은 [　　] 을 부여한다.

5. 평가용 데이터 로더는 인스턴스를 순서대로 추출한다. 이때 사용되는 클래스는 [S　　　　　　　　　] 이다.

정답 1. 두(2, 질문+지문), 토큰 각각이 정답의 시작과 끝일 확률
2. 한(1), 토큰 각각이 어떤 범주에 속할 확률 3. doc_stride
4. 세그먼트, 0, 1, 0 5. SequentialSampler

8장

문장 생성하기

문장 생성이란 이전 단어들이 주어졌을 때 그다음으로 올 적절한 단어를 선택하는 것을 반복해 문장을 만드는 과제입니다. 이 장에서는 SK텔레콤이 공개한 KoGPT2 모델을 가지고 문장을 생성하는 방법을 살펴보겠습니다. 아울러 NSMC 데이터셋을 가지고 KoGPT2 모델을 파인튜닝하는 내용 역시 다룹니다.

8-1 문장 생성 모델 훑어보기

이 절에서는 문장 생성 모델의 아키텍처, 입출력 등 전반을 조망해 보겠습니다. **문장 생성** sentence generation이란 말 그대로 문장을 만들어 내는 과제입니다. 구체적으로는 이전 단어들, 즉 컨텍스트*가 주어졌을 때 다음 단어로 어떤 단어가 오는 게 적절한지 분류하는 것입니다. 문장 생성 과제에서 모델의 입력은 컨텍스트, 출력은 컨텍 *컨텍스트를 프롬프트(prompt)라고도 합니다. 스트 다음 토큰의 등장 확률이 됩니다.

예를 들어 컨텍스트가 **안녕**일 때 모델의 입출력은 다음과 같습니다. 입력은 컨텍스트를 토큰화한 결과(토큰 시퀀스)이며 출력은 다음 토큰에 대한 확률 분포입니다. 이 확률 분포의 길이는 어휘 집합의 크기와 같습니다. 다시 말해 모델은 전체 어휘 각각에 대해 컨텍스트 토큰 시퀀스 바로 다음에 올 토큰으로 얼마나 그럴듯한지를 수치로 나타내는 역할을 한다고 볼 수 있습니다.

표 8-1 '안녕' 다음 토큰의 등장 확률 예시

입력	다음 토큰	등장 확률
안녕	가	0.002
	가격	0.0001
	…	…
	아	0.0001
	안	0.0002
	안녕	0.0003
	…	…
	하	0.2
	하다	0.15
	하세요	**0.3**
	…	…
	!	0.16
	?	0.18
	…	…

다음 그림은 앞에서 든 예시에서 컨텍스트가 **안녕**일 때 모델의 출력, 즉 $P(w|$안녕$)$을 나타냅니다. 예시와 그림에서 확인할 수 있듯이 모델은 **안녕** 다음 토큰으로 **하세요**가 가장 그럴듯하다고 예측하고 있습니다. 이를 근거로 우리는 **안녕** 다음 토큰으로 **하세요**를 선택할 수 있습니다.

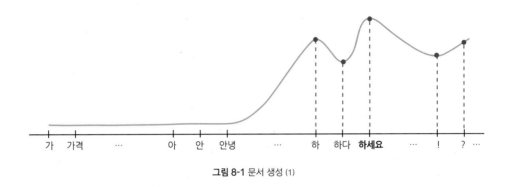

그림 8-1 문서 생성 (1)

다음 그림은 **안녕, 하세요**를 컨텍스트로 해서 모델이 출력한 다음 토큰 확률 분포, 즉 $P(w|$안녕, 하세요$)$를 나타낸 그림입니다. 이번에는 모델이 **안녕, 하세요** 다음 토큰으로 **!**를 가장 그럴듯하다고 예측하고 있습니다. 이에 우리는 **안녕, 하세요** 다음 토큰으로 **!**를 선택할 수 있게 됩니다.

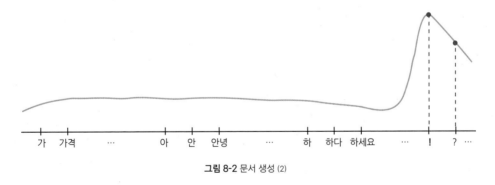

그림 8-2 문서 생성 (2)

문장 생성 방식은 다음과 같습니다.

❶ 컨텍스트를 모델에 입력해 다음 토큰 확률, 즉 $P(w|$context$)$를 출력한 뒤 다음 토큰을 선택합니다.

❷ 기존 컨텍스트에 ❶에서 선택한 다음 토큰을 이어붙인 새로운 컨텍스트를 모델에 입력해서 다음 토큰 확률 분포, 즉 $P(w|$new context$)$를 추출하고 또다시 그다음 토큰을 선택합니다.

❸ ❷를 반복해 다음 토큰을 계속 생성해 나갑니다.

앞선 두 그림에서는 모델이 출력한 확률 분포 가운데 확률값이 가장 높은 단어를 다음 토큰으로 선택했는데요, 다음 토큰을 선택하는 방법은 여러 가지입니다. 이 내용은 「8-3」, 「8-4」절 인퍼런스 실습 때 자세히 살펴보겠습니다. 이렇게 생성한 토큰 시퀀스를 적당하게 후처리해서 사람이 보기에 좋은 형태로 가공하면 최종 문장 생성 결과가 됩니다.

이 책의 문장 생성 실습에서는 네이버 영화 리뷰 말뭉치인 NSMC 데이터를 활용해 SK텔레콤이 공개한 KoGPT2 모델을 파인튜닝하는 실습을 진행합니다.

모델 구조

이 책에서 사용하는 문장 생성 모델은 **언어 모델**입니다. 3장에서 이미 살펴봤듯이 컨텍스트(이전 단어들)가 주어졌을 때 다음 단어를 맞히는 방식으로 프리트레인을 수행한 모델입니다.

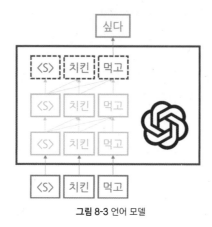

그림 8-3 언어 모델

그런데 문장 생성 과제는 문서 분류, 문서 쌍 분류, 개체명 인식, 질의응답 등 4~7장에서 살펴본 기존 과제들과는 특성이 다릅니다. 그 차이를 표로 나타내면 다음과 같습니다. 모델 구조와 프리트레인 태스크에 관한 자세한 내용은 「3-5 BERT와 GPT 비교」를 참고하면 좋습니다.

표 8-2 문장 생성과 기존 과제의 차이점

항목	문장 생성	기존 과제
모델 구조	GPT(트랜스포머의 디코더)	BERT(트랜스포머의 인코더)
프리트레인 태스크	다음 단어 맞히기	빈칸 맞히기
파인튜닝	다음 단어 맞히기	각 다운스트림 태스크

문장 생성 과제와 기존 과제의 가장 큰 차이점은 모델 구조입니다. 전자는 GPT, 후자는 BERT로 수행합니다. 또 다른 차이점은 파인튜닝 방식입니다. 기존 과제는 '빈칸 맞히기'로 프리트레인을 수행하고 NSMC(문서 분류), KLUE-NLI(문서 쌍 분류), KorQuAD(질의응답) 등 각 세부 분야 다운스트림 태스크 관련 데이터로 파인튜닝합니다. 즉, 프리트레인 태스크와 파인튜닝 태스크가 서로 다릅니다. 하지만 문장 생성 과제는 프리트레인과 파인튜닝 태스크가 '다음 단어 맞히기'로 같습니다.

기존 과제는 프리트레인 모델을 그대로 파인튜닝에 사용하기 어렵습니다. 프리트레인 모델 위에 태스크 모듈을 붙여야 파인튜닝이 가능합니다. 그도 그럴 것이 프리트레인 태스크와 파인튜닝 태스크가 서로 다르기 때문입니다. 하지만 문장 생성 과제는 프리트레인과 파인튜닝 태스크가 동일하므로 프리트레인 모델의 구조 변경 없이 그대로 파인튜닝을 수행할 수 있습니다.

예를 들어 파인튜닝 데이터의 입력 단어 시퀀스가 **이 영화 정말 재미**이고 이번에 **있었어**를 맞혀야 하는 상황이라고 가정해 보겠습니다. 이 경우 이번 시점의 정답인 **있었어**에 해당하는 모델 출력 확률은 높이고 나머지 단어의 확률은 낮아지도록 모델 전체를 업데이트합니다. 이것이 문장 생성 과제의 파인튜닝입니다.

8-2 문장 생성 모델 파인튜닝하기

이번 절에서는 문장 생성 모델의 데이터 전처리와 파인튜닝 과정을 실습해 보겠습니다.

Do it! 실습

문장 생성 모델 만들기

1단계 코랩 노트북 초기화하기

이번 실습은 웹 브라우저에서 다음 주소(bit.ly/3mTUCyP)에 접속하면 코랩 환경에서 수행할 수 있습니다. 이전 실습과 마찬가지로 코랩에서 **[내 드라이브에 복사]**를 진행합니다. 그리고 코랩의 메뉴에서 **[런타임 → 런타임 유형 변경]**을 클릭하고 **[GPU]**나 **[TPU]** 둘 중 하나를 선택(GPU 권장)해 하드웨어 가속을 사용합니다.

2단계 각종 설정하기

다음 코드를 차례로 실행해 TPU 관련 라이브러리와 그 외에 의존성 있는 패키지를 설치하고 자신의 구글 드라이브를 코랩 노트북과 연결합니다. 다만 1단계에서 GPU를 선택했다면 코드 8-1은 생략합니다.

- **코드 8-1** TPU 관련 패키지 설치

```
!pip install cloud-tpu-client==0.10 https://storage.googleapis.com/tpu-pytorch/wheels/
torch_xla-1.9-cp37-cp37m-linux_x86_64.whl
```

- **코드 8-2** 의존성 패키지 설치

```
!pip install ratsnlp
```

- **코드 8-3** 구글 드라이브와 연결

```
from google.colab import drive
drive.mount('/gdrive', force_remount=True)
```

이번 실습에서는 SK텔레콤이 공개한 KoGPT2 모델(**skt/kogpt2-base-v2**)을 NSMC로 파인 튜닝해 볼 예정입니다. 다음 코드를 실행하면 관련 설정을 할 수 있습니다. `GenerationTrain Arguments`의 인자와 역할은 「4-2」절 문서 분류 모델을 실습할 때 사용한 `Classification TrainArguments`와 거의 비슷하므로 해당 절을 참고 바랍니다.

• 코드 8-4 모델 환경 설정

```
import torch
from ratsnlp.nlpbook.generation import GenerationTrainArguments
args = GenerationTrainArguments(
    pretrained_model_name="skt/kogpt2-base-v2",
    downstream_corpus_name="nsmc",
    downstream_model_dir="/gdrive/My Drive/nlpbook/checkpoint-generation",
    max_seq_length=32,
    batch_size=32 if torch.cuda.is_available() else 4,
    learning_rate=5e-5,
    epochs=3,
    tpu_cores=0 if torch.cuda.is_available() else 8,
    seed=7,
)
```

이어서 다음 코드를 차례로 실행해 랜덤 시드를 설정하고 각종 기록을 출력하는 로거를 설정 합니다.

• 코드 8-5 랜덤 시드 고정

```
from ratsnlp import nlpbook
nlpbook.set_seed(args)
```

• 코드 8-6 로거 설정

```
nlpbook.set_logger(args)
```

3단계　말뭉치 내려받기

다음 코드를 실행하면 NSMC 말뭉치를 내려받습니다. 데이터를 내려받는 도구로 오픈소스 패키지 Korpora를 사용해 `corpus_name`에 해당하는 말뭉치(nsmc)를 코랩 환경 로컬의 `root_ dir`(/content/Korpora) 아래에 저장해 둡니다.

```
from Korpora import Korpora
Korpora.fetch(
    corpus_name=args.downstream_corpus_name,
    root_dir=args.downstream_corpus_root_dir,
    force_download=args.force_download,
)
```

4단계 토크나이저 준비하기

다음 코드를 실행해 KoGPT2 모델(skt/kogpt2-base-v2)이 사용하는 토크나이저를 선언합니다. eos_token은 문장 마지막^{end of sentence}에 붙이는 스페셜 토큰으로, SK텔레콤이 모델을 프리트레인할 때 이렇게 지정했기 때문에 같은 방식으로 사용합니다.

• 코드 8-8 토크나이저 준비

```
from transformers import PreTrainedTokenizerFast
tokenizer = PreTrainedTokenizerFast.from_pretrained(
    args.pretrained_model_name,
    eos_token="</s>",
)
```

5단계 데이터 전처리하기

딥러닝 모델을 학습하려면 데이터 로더를 이용해 데이터를 배치 단위로 모델에 공급해 주어야 합니다. 다음 코드를 실행하면 학습용 데이터 로더의 구성 요소인 데이터셋(train_dataset)이 만들어집니다.

• 코드 8-9 학습 데이터셋 구축

```
from ratsnlp.nlpbook.generation import NsmcCorpus, GenerationDataset
corpus = NsmcCorpus()
train_dataset = GenerationDataset(
    args=args,
    corpus=corpus,
    tokenizer=tokenizer,
    mode="train",
)
```

아무런 전처리를 하지 않은 NSMC 데이터는 다음처럼 생겼습니다. id는 영화 리뷰의 아이디, document는 영화 리뷰 문장, label은 평점을 가공해 만든 극성 레이블입니다. 0은 부정, 1은 긍정이라는 의미입니다. 참고로 이와 같은 NSMC 데이터를 읽어들이는 역할을 하는 NsmcCorpus는 「4-2」절 문서 분류 모델을 실습할 때 사용한 클래스와 동일합니다.

표 8-3 NSMC 데이터 예

id	document	label
9976970	아 더빙.. 진짜 짜증나네요 목소리	0
3819312	흠...포스터보고 초딩영화줄....오버연기조차 가볍지 않구나	0
10265843	너무재밓었다그래서보는것을추천한다	1

우리가 파인튜닝할 모델은 텍스트 왼쪽부터 오른쪽으로 순차적으로 읽으면서 학습하는 GPT 모델입니다. 파인튜닝 시 문장 맨 앞에 극성^{polarity} 정보를 부여합니다. 이로써 인퍼런스 과정에서 임의의 극성 정보를 주었을 때 해당 극성에 맞는 문장을 생성할 수 있는, **조건부 문장 생성**$^{conditional\ text\ generation}$ 능력이 있는지를 검증하고자 합니다.

GenerationDataset 클래스는 NsmcCorpus와 코드 8-8에서 선언해 둔 토크나이저를 품고 있는데요, 이 클래스는 NsmcCorpus가 넘겨준 문장과 극성을 모델이 학습할 수 있는 형태 (GenerationFeatures)로 가공합니다. GenerationFeatures라는 자료형에는 다음과 같은 4가지 정보가 있습니다. 각각의 자세한 내용은 바로 이어서 설명하겠습니다.

- input_ids: List[int]
- attention_mask: List[int]
- token_type_ids: List[int]
- labels: List[int]

그러면 NsmcCorpus가 넘겨준 0번 데이터를 살펴봅시다. 여기서 레이블 0은 부정이라는 뜻입니다.

- text: 아 더빙.. 진짜 짜증나네요 목소리
- label: 0

코랩에서 코드 8-9를 실행한 뒤 train_dataset[0]을 입력하면 다음과 같은 결과를 확인할 수 있습니다. NsmcCorpus가 넘겨준 0번 데이터(아 더빙.. 진짜 짜증나네요 목소리, 0)가 GenerationFeatures라는 0번 인스턴스로 변환된 것입니다. 이처럼 GenerationDataset이 가지고 있는 모든 인스턴스는 인덱스로 접근할 수 있습니다.

```
GenerationFeatures(
    input_ids=[11775, 9050, 9267, 7700, 9705, 23971, 12870, 8262, 7055, 7098, 8084,
48213, 1, 1, 1, 1, 1, 1, 1, 1, 1, 1, 1, 1, 1, 1, 1, 1, 1, 1, 1, 1],
    attention_mask=[1, 1, 1, 1, 1, 1, 1, 1, 1, 1, 1, 1, 0, 0, 0, 0, 0, 0, 0, 0, 0, 0,
0, 0, 0, 0, 0, 0, 0, 0, 0, 0],
    token_type_ids=[0, 0, 0, 0, 0, 0, 0, 0, 0, 0, 0, 0, 0, 0, 0, 0, 0, 0, 0, 0, 0, 0,
0, 0, 0, 0, 0, 0, 0, 0, 0, 0],
    labels=[11775, 9050, 9267, 7700, 9705, 23971, 12870, 8262, 7055, 7098, 8084, 48213,
1, 1, 1, 1, 1, 1, 1, 1, 1, 1, 1, 1, 1, 1, 1, 1, 1, 1, 1, 1],
)
```

input_ids는 극성 정보가 포함된 입력 문장(부정 아 더빙.. 진짜 짜증나네요 목소리)을 토큰화한 뒤 이를 인덱싱한 결과입니다. input_ids 뒤 쪽에 1이 많이 붙어 있음을 확인할 수 있습니다. 1은 코드 8-8에서 정의한 eos_token(</s>)에 대응하며 패딩 역할을 합니다.*

* GPT 모델에서는 패딩할 때 EOS 토큰을 사용하는 경우가 자주 있습니다.

분석 대상 문장의 토큰 길이가 코드 8-4에서 정의한 max_seq_length보다 짧아서 패딩한 것입니다. 이보다 긴 문장일 때는 시퀀스 길이를 32로 줄입니다. attention_mask는 해당 토큰이 패딩 토큰인지(0) 아닌지(1)를 나타내며, 전체가 동일한 문서이기 때문에 세그먼트 정보인 token_type_ids는 모두 0을 넣습니다.

labels는 input_ids와 같습니다. 잠시 후 코드 8-12에서 사용할 GPT2LMHeadModel이 파인튜닝 과정에서 labels를 오른쪽으로 한 칸씩 옮겨서 파인튜닝 태스크가 '입력 토큰의 다음 토큰 맞히기'가 되도록 합니다. train_dataset[0]을 예로 들면 다음 표와 같습니다. 이후 모델의 토큰별 확률 분포에서 labels에 해당하는 확률은 높이고 이외의 토큰은 낮추는 방식으로 모델 전체를 업데이트하는 것이 파인튜닝 과정입니다.

표 8-4 GPT2LMHeadModel에서의 모델 입출력

항목	토큰0	토큰1	토큰2	토큰3	토큰4	···	토큰10	토큰11	토큰12	···
input_ids	11775	9050	9267	7700	9705	···	8084	48213	1	···
labels	9050	9267	7700	9705	23971	···	48213	1	1	···

한편 NsmcCorpus와 GenerationDataset의 역할과 자세한 구현 내용은 다음 링크를 참고하세요.

• ratsgo.github.io/nlpbook/docs/generation/detail

이렇게 학습 데이터셋(train_dataset)을 구축했으면 다음과 같이 학습용 데이터 로더를 만듭니다.

• **코드 8-10** 학습 데이터 로더 구축

```
from torch.utils.data import DataLoader, RandomSampler
train_dataloader = DataLoader(
    train_dataset,
    batch_size=args.batch_size,
    sampler=RandomSampler(train_dataset, replacement=False),
    collate_fn=nlpbook.data_collator,
    drop_last=False,
    num_workers=args.cpu_workers,
)
```

그리고 다음 코드를 실행해 평가용 데이터 로더를 구축합니다.

• **코드 8-11** 평가용 데이터 로더 구축

```
from torch.utils.data import SequentialSampler
val_dataset = GenerationDataset(
    args=args,
    corpus=corpus,
    tokenizer=tokenizer,
    mode="test",
```

```
)
val_dataloader = DataLoader(
    val_dataset,
    batch_size=args.batch_size,
    sampler=SequentialSampler(val_dataset),
    collate_fn=nlpbook.data_collator,
    drop_last=False,
    num_workers=args.cpu_workers,
)
```

6단계　프리트레인 마친 모델 읽어들이기

다음 코드를 수행해 모델을 초기화합니다. `GPT2LMHeadModel`은 KoGPT2가 프리트레인할 때 썼던 모델 클래스입니다. 앞에서 살펴본 것처럼 이번 과제는 프리트레인 태스크와 파인튜닝 태스크가 '다음 단어 맞히기'로 같습니다. 따라서 똑같은 모델 클래스를 사용합니다.

• **코드 8-12** 모델 초기화

```
from transformers import GPT2LMHeadModel
model = GPT2LMHeadModel.from_pretrained(
    args.pretrained_model_name,
)
```

7단계　모델 파인튜닝하기

파이토치 라이트닝이 제공하는 `lightning` 모듈을 상속받아 모델과 옵티마이저, 학습 과정 등이 정의된 태스크를 정의합니다. 다음 코드를 실행하면 문장 생성용 태스크(task)를 정의할 수 있습니다. 모델은 코드 8-12에서 준비한 모델 클래스를 사용하고 옵티마이저로는 아담^Adam을 사용합니다.^*

※ 태스크, 옵티마이저는 「3-4」 절에서 자세하게 다뤘습니다.

• **코드 8-13** 태스크 정의

```
from ratsnlp.nlpbook.generation import GenerationTask
task = GenerationTask(model, args)
```

GenerationTask의 자세한 구현 내용은 다음 링크를 참고하세요.

- ratsgo.github.io/nlpbook/docs/generation/detail

마지막으로 GPU/TPU 설정, 로그와 체크포인트 등의 설정을 알아서 해주는 트레이너를 정의하고 이 트레이너의 **fit()** 함수를 호출해 학습을 시작합니다. 그림은 코랩 환경에서 학습되는 화면을 보여 줍니다.

• 코드 8-14 트레이너 정의

```
trainer = nlpbook.get_trainer(args)
```

• 코드 8-15 학습 개시

```
trainer.fit(
    task,
    train_dataloader=train_dataloader,
    val_dataloaders=val_dataloader,
)
```

```
trainer.fit(
    task,
    train_dataloader=train_dataloader,
    val_dataloaders=val_dataloader,
)

05/23/2021 03:37:00 - INFO - pytorch_lightning.accelerators.gpu -    LOCAL_RANK: 0 - CUDA_VISIBLE_DEVICES: [0]
05/23/2021 03:37:11 - INFO - lightning -
   | Name  | Type            | Params
----------------------------------------
 0 | model | GPT2LMHeadModel | 125 M
----------------------------------------
125 M      Trainable params
0          Non-trainable params
125 M      Total params
500.656    Total estimated model params size (MB)
Epoch 0: 37%                                         2340/6251 [12:45<21:19, 3.06it/s, loss=2.35, v_num=0]
```

그림 8-4 코랩 환경에서의 학습

맺음말

이번 절에서는 문장 생성 모델 파인튜닝을 실습해 봤습니다. NSMC를 가지고 파인튜닝했으므로 이 모델은 '극성 정보가 주어졌을 때 해당 극성에 맞는 영화 감상평'을 생성할 수 있습니다.

8-3 프리트레인 마친 모델로 문장 생성하기

이번 실습에서는 프리트레인을 마친 GPT 모델을 가지고 문장을 생성해 보겠습니다. 「8-1」 절에서 이미 살펴봤던 것처럼 GPT 모델의 프리트레인 태스크는 '다음 단어 맞히기'이므로 파인튜닝을 수행하지 않고도 프리트레인을 마친 GPT 모델만으로 문장을 생성해 볼 수가 있습니다. 실습 대상 모델은 KoGPT2입니다.

Do it! 실습

GPT 모델로 문장 생성하기

이번 실습은 웹 브라우저에서 다음 주소(bit.ly/3vbBpfK)에 접속하면 코랩 환경에서 수행할 수 있습니다. 코랩에 접속한 후 [내 드라이브에 복사]를 진행하고 [런타임 → 런타임 유형 변경] 메뉴에서 하드웨어 가속을 사용하지 않도록 [None]을 선택합니다.

1단계 모델 초기화하기

우선 다음 셀 명령을 실행해 의존성 있는 패키지를 설치합니다.

> • 코드 8-16 의존성 패키지 설치

```
!pip install ratsnlp
```

그리고 다음 코드를 실행해 프리트레인을 마친 KoGPT2 모델(skt/kogpt2-base-v2)을 읽어 들입니다. model.eval() 함수를 실행하면 드롭아웃 등 학습 때만 필요한 기능들을 꺼서 평가 모드로 동작하도록 해줍니다.

> • 코드 8-17 체크포인트 로드

```
from transformers import GPT2LMHeadModel
model = GPT2LMHeadModel.from_pretrained(
    "skt/kogpt2-base-v2",
)
model.eval()
```

이어서 다음 코드를 실행해 KoGPT2의 토크나이저를 선언합니다.

• 코드 8-18 토크나이저 로드

```
from transformers import PreTrainedTokenizerFast
tokenizer = PreTrainedTokenizerFast.from_pretrained(
    "skt/kogpt2-base-v2",
    eos_token="</s>",
)
```

다음 코드를 실행하면 KoGPT2 모델에 넣을 입력값, 즉 컨텍스트(프롬프트)를 만들 수 있습니다. 토크나이저의 encode() 메서드는 입력 문장을 토큰화한 뒤 정수로 인덱싱하는 역할을 수행합니다. return_tensors 인자를 pt로 주면 인덱싱 결과를 파이토치의 텐서 자료형으로 반환합니다.

• 코드 8-19 모델 입력값 만들기

```
input_ids = tokenizer.encode("안녕하세요", return_tensors="pt")
```

이 코드를 실행한 뒤 input_ids를 확인해 보면 결과는 다음과 같습니다. **안녕하세요**라는 문자열이 4개의 정수로 구성된 파이토치 텐서로 변환되었습니다.

```
tensor([[25906, 8702, 7801, 8084]])
```

이번 실습에서는 입력값(input_ids)을 **안녕하세요**로 통일해 보겠습니다. 다시 말해 **안녕하세요**를 모델에 입력해 이후 문장을 생성해보는 것입니다.

`2단계` 그리디 서치하기

2장에서 이미 살펴봤듯이 언어 모델은 컨텍스트(토큰 시퀀스)를 입력받아 다음 토큰이 나타날 확률을 출력으로 반환합니다. 모델의 출력 확률 분포로부터 다음 토큰을 반복해서 선택하는 과정이 바로 문장 생성 태스크가 됩니다.

하지만 문제는 특정 컨텍스트 다음에 올 토큰으로 무수히 많은 경우의 수가 존재한다는 것입니다. 다음 토큰이 어떤 것이 되느냐에 따라서 생성되는 문장의 의미가 180도 달라질 수 있는 것이죠. 예를 들어 다음 그림은 **그**라는 컨텍스트에서 출발해 다음 토큰으로 어떤 것이 적절한지 언어 모델이 예측한 결과이며, 오른쪽은 그로부터 추려 낸 문장 후보를 나타낸 것입니다. 띄어쓰기는 이해하기 쉽도록 임의로 넣었습니다. 모두 9가지입니다.

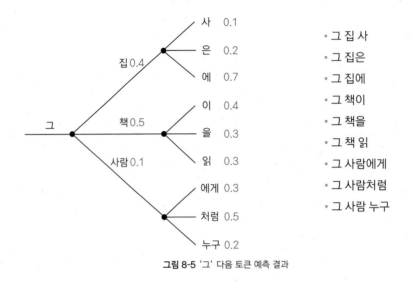

그림 8-5 '그' 다음 토큰 예측 결과

문장을 생성할 때 언어 모델의 입력값은 컨텍스트이고 출력값은 컨텍스트 다음에 오는 단어의 확률 분포라는 점을 떠올려 봅시다. **그**로부터 출발해 네 번째 토큰으로 적절한 것이 무엇일지 선택하려면 앞의 9가지 모든 케이스를 모델에 입력해서 다음 토큰 확률 분포를 계산해 보아야 합니다.

이해가 쉽도록 모델의 예측 결과를 단순화해서 적었지만 실제로는 9가지보다 훨씬 많은 케이스가 존재할 것입니다. 이론적으로는 다음 단어를 하나 선택해야 할 때 어휘 집합 크기만큼의 경우의 수가 생길 수 있습니다. 이렇게 반복적으로 다음 토큰을 생성할 경우 무수히 많은 가짓수가 파생되며 모든 경우의 수를 계산해 보는 것은 사실상 불가능합니다.

그리디 서치greedy search는 이러한 문제의 대안으로 제시되었습니다. 매 순간 최선을 선택해 탐색 범위를 줄여 보자는 것이 핵심입니다. 그리디 서치를 앞의 예시에 적용해 보면 모델은 다음처럼 **그 책**이를 생성 결과로 내놓게 됩니다.

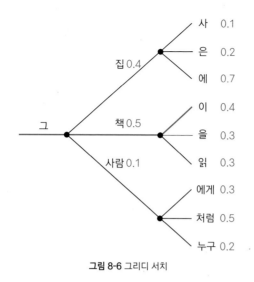

그림 8-6 그리디 서치

첫 번째 단어 예측 결과에서 **책**이 0.5로 가장 높으므로 다음 단어로 **책**을 선택하고 모델에 입력해 다음 단어 확률 분포를 계산합니다. 마찬가지로 **이, 을, 읽** 셋 가운데 확률값이 가장 높은 **이**(0.4)를 그다음 단어로 선택합니다.

이 그리디 서치를 진행 중인 실습에 적용해 보겠습니다. 그리디 서치를 수행하는 다음 코드에서 핵심 인자는 do_sample=False입니다. max_length는 생성 최대 길이이며 이보다 길거나, 짧더라도 EOS^{end of sentence} 등 스페셜 토큰이 나타나면 생성을 멈춥니다. min_length는 생성 최소 길이이며 이보다 짧은 구간에서 스페셜 토큰이 등장해 생성이 멈추면 해당 토큰이 나올 확률을 0으로 수정하여 적어도 해당 길이를 만족할 때까지는 문장 생성이 종료되지 않도록 합니다.

• **코드 8-20** 그리디 서치

```
import torch
with torch.no_grad():
    generated_ids = model.generate(
        input_ids,
        do_sample=False,   ── 확률값이 높은 단어를 다음 단어로 결정
        min_length=10,
        max_length=50,
    )
```

앞의 코드에서 그리디 서치를 수행한 결과인 `generated_ids`는 토큰 인덱스 시퀀스여서 사람이 알아보기 어렵습니다. 다음 코드를 실행하면 토크나이저가 `generated_ids`를 문장(문자열)으로 변환해 줍니다.

• 코드 8-21 토큰 인덱스를 문장으로 복원하기

```
print(tokenizer.decode([el.item() for el in generated_ids[0]]))
```

다음은 앞 코드를 실행한 결과입니다. 굵게 표시한 부분이 모델이 생성한 문장입니다. 그리디 서치는 최고 확률을 내는 단어 시퀀스를 찾는 방법이므로 컨텍스트(**안녕하세요**)가 동일하다면 코드 8-20~21을 반복해서 실행해도 결과가 바뀌진 않습니다.

• 그리디 서치 수행 결과

안녕하세요?"
"그럼, 그건 뭐예요?"
"그럼, 그건 뭐예요?"
"그럼, 그건 뭐예요?"
"그럼, 그건 뭐예요?"

3단계 빔 서치하기

하지만 그리디 서치도 완벽한 대안은 아닙니다. 순간의 최선이 항상 전체의 최선이 될 수는 없기 때문입니다. 이번에 소개할 **빔 서치**[beam search]는 빔 크기만큼의 선택지를 계산 범위에 넣습니다. 다음 그림은 빔 크기가 2인 빔 서치의 예시입니다.

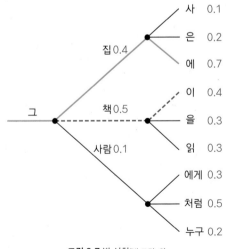

그림 8-7 빔 서치(빔 크기=2)

모델은 **그** 다음에 올 단어로 **책**(0.5), **집**(0.4), **사람**(0.1) 순으로 예측했습니다. 우리는 빔 크기를 2로 설정해 두었으므로 예측 결과에서 확률이 높은 2개(**책**, **집**)만 탐색 대상으로 남겨 두고 **사람**은 제거합니다. 그리고 모델에 **그 책**을 입력해 다음 토큰 등장 확률을 계산합니다. 계산 결과는 다음과 같습니다.

토큰 시퀀스	등장 확률
그 책이	**0.5 × 0.4 = 0.2**
그 책을	0.5 × 0.3 = 0.15
그 책 읽	0.5 × 0.3 = 0.15

모델에 **그 집**을 입력해 다음 단어 시퀀스 확률을 계산합니다. 계산 결과는 다음과 같습니다.

토큰 시퀀스	등장 확률
그 집에	**0.4 × 0.7 = 0.28**
그 집은	0.4 × 0.2 = 0.08
그 집 사	0.4 × 0.1 = 0.04

우리는 빔 크기를 2로 설정해 두었으므로 위 6가지 경우의 수에서 가장 확률이 높은 시퀀스 2개만을 남겨 둡니다. **그 집에**(0.28), **그 책이**(0.2)가 바로 그것입니다. 만일 빔 서치를 여기에서 그만둔다면 이 둘 가운데 확률값이 조금이라도 높은 **그 집에**가 최종 생성 결과가 됩니다.

빔 서치는 그리디 서치보다 계산량이 많은 편입니다. 그리디 서치가 매 순간 최고 확률을 내는 한 가지 경우의 수만 선택한다면, 빔 서치는 빔 크기만큼의 경우의 수를 고려하기 때문입니다. 하지만 빔 서치는 그리디 서치보다 조금이라도 더 높은 확률을 내는 문장을 생성할 수 있습니다. 앞에서 그리디 서치로 찾은 단어 시퀀스 확률은 0.2(**그 책이**)인 반면, 빔 서치는 이보다 약간 높은 0.28(**그 집에**)인 것을 확인할 수 있습니다.

진행 중인 실습에서 다음 코드를 실행하면 빔 서치를 수행합니다. 핵심 인자는 `do_sample=False`, `num_beams=3`입니다. `num_beams`는 빔 크기를 의미합니다. `num_beams=1`로 설정한다면 매 순간 최고 확률을 내는 단어만 선택한다는 뜻이므로 정확히 그리디 서치로 동작하게 됩니다.

```
with torch.no_grad():
    generated_ids = model.generate(
        input_ids,
        do_sample=False,  ── 확률값이 높은 단어를 다음 단어로 결정
        min_length=10,
        max_length=50,
        num_beams=3,  ── 빔 크기를 3으로 지정
    )
    print(tokenizer.decode([el.item() for el in generated_ids[0]]))
```

이 코드를 실행한 결과는 다음과 같습니다. 빔 서치는 그리디 서치와 마찬가지로 최고 확률을 내는 단어 시퀀스를 찾는 방법이므로 코드 8-22를 반복해서 실행해도 결과가 바뀌진 않습니다.

• 빔 서치 수행 결과

```
안녕하세요?"
"그렇지 않습니다."
"그렇지 않습니다."
"그렇지 않습니다."
"그렇지 않습니다."
"그렇지 않습니다."
"그렇지 않습니다."
"그
```

4단계 반복되는 표현 줄이기

그리디 서치("그럼, 그건 뭐예요?")나 빔 서치("그렇지 않습니다.") 모두 특정 표현이 반복되고 있음을 확인할 수 있습니다. 이럴 때 다음 코드를 실행하면 토큰이 n-gram* 단위로 반복될 경우 모델이 계산한 결과를 무시하고 해당 n-gram의 마지막 토큰 등장 확률을 0으로 만들어 생성에서 배제하게 됩니다. 이 코드에서 핵심 인자는 no_repeat_ngram_size=3입니다. 3개 이상의 토큰이 반복될 경우 세 번째 토큰의 등장 확률을 0으로 만듭니다.

* n-gram이란 n개의 연속적인 단어(또는 토큰)의 나열을 가리킵니다.

```
with torch.no_grad():
    generated_ids = model.generate(
        input_ids,
        do_sample=False,
        min_length=10,
        max_length=50,
        no_repeat_ngram_size=3,
    )
    print(tokenizer.decode([el.item() for el in generated_ids[0]]))
```

> 토큰 3개 이상 반복될 경우
> 3번째 토큰 확률 0으로 변경

이 코드를 실행한 결과는 다음과 같습니다. 반복되는 n-gram 등장 확률을 인위적으로 조정할 뿐 최고 확률을 내는 토큰 시퀀스를 찾는다(do_sample=False)는 본질은 변함이 없으므로 코드를 반복해서 실행해도 생성 결과가 바뀌진 않습니다.

안녕하세요?"
"그럼, 그건 뭐예요?" 하고 나는 물었다.
"그건 뭐죠?" 나는 물었다.
나는 대답하지 않았다.
"그런데 왜 그걸 물어요? 그건 무슨 뜻이에요?

또한 **리피티션 페널티**repetition penalty라는 방식으로 반복을 통제할 수도 있습니다.[*] repetition_ penalty라는 인자를 주면 됩니다. 그 값이 1.0보다 클수록 페널티가 세게 적용됩니다. 다음 코드처럼 repetition_penalty값을 1.0으로 주면 아무런 페널티도 적용되지 않아서 그리디 서치와 똑같은 효과를 냅니다.

* 리피티션 페널티는 모델의 출력 로짓(logit, 소프트맥스 변환 전 벡터)을 일부 가공해 적용합니다. 로짓 요솟값이 양수이면 원래 요솟값을 repetition_penalty로 나누고, 음수일 때는 repetition_penalty을 곱합니다. 자세한 내용은 다음 논문을 참고하세요.
arxiv.org/pdf/1909.05858.pdf

```
with torch.no_grad():
    generated_ids = model.generate(
        input_ids,
        do_sample=False,
        min_length=10,
        max_length=50,
        repetition_penalty=1.0,          리피티션 페널티 적용
    )
    print(tokenizer.decode([el.item() for el in generated_ids[0]]))
```

· repetition_penalty=1.0 결과

안녕하세요?"

"그럼, 그건 뭐예요?"

"그럼, 그건 뭐예요?"

"그럼, 그건 뭐예요?"

"그럼, 그건 뭐예요?"

앞 코드에서 repetition_penalty값을 점점 높여 페널티를 세게 적용해보면 다음과 같습니다. 반복이 점점 줄어드는 경향이 있지만 여러 번 수행해도 생성 결과가 바뀌진 않습니다(do_sample=False).

· repetition_penalty=1.1 결과

안녕하세요?"

"그럼, 그건 뭐예요?"

"아니요, 저는요."

"그럼, 그건 무슨 말씀이신지요?"

"그럼, 그건 뭐예요?"

· repetition_penalty=1.2 결과

안녕하세요?"

"그럼, 그건 뭐예요, 아저씨. 저는 지금 이 순간에도 괜찮아요."

"그래서 오늘은 제가 할 수 있는 일이 무엇인지 말해 보겠습니다."

"이제

5단계 **탑-k 샘플링하기**

지금까지 살펴본 문장 생성 방식은 모델이 출력한 다음 토큰 확률 분포를 점수로 활용한 것입니다. 전체 어휘 가운데 점수가 가장 높은 토큰을 다음 토큰으로 결정하는 방식입니다. 이렇게 하면 같은 모델에 같은 컨텍스트를 입력하는 경우 문장 생성을 여러 번 반복해도 그 결과는 같습니다.

그런데 **샘플링**^{sampling}이라는 방식도 있습니다. 샘플링 방식 예를 든 다음 그림을 보면 **그**라는 컨텍스트를 입력했을 때 모델은 다음 토큰으로 **책**(0.5), **집**(0.4), **사람**(0.1)이 그럴듯하다고 예측했습니다. 여기에서 다음 토큰을 확률적으로 선택합니다. **책**이 선택될 가능성이 50%로 제일 크고 **사람**이 선택될 가능성도 10%로 작지만 없지 않습니다. 복권 당첨 확률이 아주 낮지만 당첨되는 사람이 나오는 것과 비슷합니다.

그림에서 실제 선택된 다음 토큰은 **사람**입니다. 이처럼 샘플링 방식으로 다음 토큰을 선택하게 된다면 같은 모델, 같은 컨텍스트라 하더라도 수행 때마다 문장 생성 결과가 다를 수 있습니다.

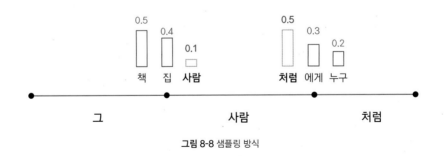

그림 8-8 샘플링 방식

탑-k 샘플링top-k sampling은 모델이 예측한 다음 토큰 확률 분포에서 확률값이 가장 높은 k개 토큰 가운데 하나를 다음 토큰으로 선택하는 기법입니다. 탑-k 샘플링 방식 예를 든 다음 그림은 컨텍스트를 그, k를 6으로 뒀을 때 샘플링 대상 토큰들을 나타낸 것입니다.[*] **책**처럼 확률값이 큰 단어가 다음 토큰으로 뽑힐 가능성이 높지만, k개 안에 있는 토큰이라면 **의자**같이 확률값이 낮은 케이스도 다음 토큰으로 추출될 수 있습니다. 따라서 탑-k 샘플링은 매 수행 때마다 생성 결과가 달라집니다.

[*] 그림 8-9는 탑-k 샘플링의 이해를 돕기 위한 것으로, 구체적인 확률값은 이전 그림(8-5~8)과 관계가 없습니다.

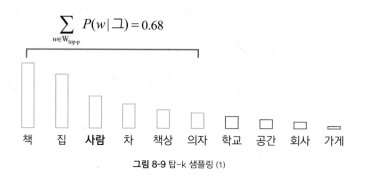

그림 8-9 탑-k 샘플링 (1)

위 그림에서 선택된 다음 단어가 **사람**이라고 가정해 봅시다. 다음 그림은 기존 컨텍스트(**그**)에 이번에 선택된 **사람**을 이어붙인 새로운 컨텍스트인 **그 사람**을 모델에 입력해 다음 토큰 확률 분포를 계산하고 이를 내림차순으로 정렬한 것입니다.[*] 우리는 k를 6으로 뒀으므로 **처럼**부터 **과**까지의 6개가 다음 토큰 후보가 됩니다.

[*] 그림 8-10의 구체적인 확률값은 이전 그림 (8-5~8)과 관계가 없습니다.

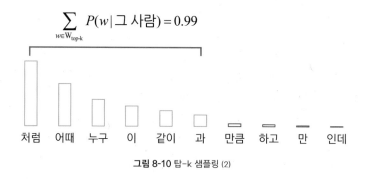

그림 8-10 탑-k 샘플링 (2)

다음 코드는 탑-k 샘플링을 수행하는 코드입니다. 핵심 인자는 do_sample=True, top_k=50입니다. 샘플링 방식으로 다음 단어를 선택하되 k를 50으로 설정한다는 뜻입니다. top_k는 1보다 큰 정수를 입력해야 합니다.

만약 top_k를 1로 입력한다면 do_sample 인자를 True로 두더라도 그리디 서치와 똑같은 효과를 냅니다. 확률값이 가장 높은 1개 후보만 남긴 후 여기에서 하나를 뽑는 것이므로 매 순간 최선을 선택하는 것과 동일합니다.

• 코드 8-25 탑-k 샘플링

```
with torch.no_grad():
    generated_ids = model.generate(
        input_ids,
        do_sample=True,          샘플링 방식으로 다음 토큰 생성
        min_length=10,
        max_length=50,
        top_k=50,                k를 50으로 탑-k 샘플링 수행
    )
    print(tokenizer.decode([el.item() for el in generated_ids[0]]))
```

이 코드는 실행할 때마다 다른 문장이 생성됩니다. 다음은 코드를 2번 수행한 결과인데요, 여러분이 실행한 결과는 다음 2개와 다른 문장일 가능성이 큽니다.

• 첫 번째 실행 결과

안녕하세요"라고 인사한 뒤 함께 내려왔다.
이들은 경찰서 방범 CCTV에 포착된 시민을 쫓아내던 중 한 남성이 '안녕하세요'라고 남긴 쪽지를 들고 달려들자 함께 올라탔다.
당시

• 두 번째 실행 결과

안녕하세요?"
"뭐죠? 아니, 그게 아니라 우리한테 물어보시면 될 것 같습니다."
"그게 아니라. 그리고 그게 아니라요."
"그냥 내가 봤을 때. 우리 둘 다 내가

템퍼러처 스케일링

템퍼러처 스케일링[temperature scaling]이란 모델의 다음 토큰 확률 분포를 대소 관계의 역전 없이 분포의 모양만을 바꿔서 문장을 다양하게 생성하는 기법입니다. 다음 그림은 그림 8-5에서 템퍼러처 스케일링을 적용한 예시입니다.

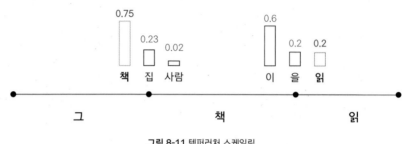

그림 8-11 템퍼러처 스케일링

원래대로(그림 8-5)라면 **그** 다음 토큰 확률은 각각 **책**(0.5), **집**(0.4), **사람**(0.1)이었습니다. 템퍼러처 스케일링을 적용한 결과 그 확률이 **책**(0.75), **집**(0.23), **사람**(0.02)으로 바뀌었습니다. 마찬가지로 **그 책** 다음 토큰 확률도 각각 **이**(0.4), **을**(0.3), **읽**(0.3)에서 **이**(0.6), **을**(0.2), **읽**(0.2)으로 바뀌었습니다. 순위는 변하지 않았지만 원래 컸던 확률은 더 커지고, 작았던 확률은 더 작아져 확률 분포의 모양이 뾰족[sharp]해졌음을 알 수 있습니다.

템퍼러처 스케일링은 모델의 출력 로짓(소프트맥스 변환 전 벡터)의 모든 요솟값을 temperature로 나누는 방식으로 적용합니다. 예를 들어 로짓이 [−1.0 2.0 3.0]이고 temperature 가 2라면 템퍼러처 스케일링 적용 후 로짓은 [−0.5 1.0 1.5]가 됩니다. 여기에 소프트맥스를 취해 다음 단어 확률 분포로 만듭니다. temperature가 1이면 전혀 변화가 생기지 않습니다. 음수라면 단어들 사이의 대소 관계가 완전히 뒤바뀌므로 0보다 큰 값을 지정해야 합니다.

다음 코드는 탑-k 샘플링에 템퍼러처 스케일링을 적용한 코드입니다. 다음 단어를 선택할 때 확률값이 높은 50개에서 고르되, 그 확률값은 템퍼러처 스케일링(**temperature=0.01**)으로 바꾼다는 뜻입니다.

```
with torch.no_grad():
    generated_ids = model.generate(
        input_ids,
        do_sample=True,
        min_length=10,
        max_length=50,
        top_k=50,
        temperature=0.01,      ──── 템퍼러처 스케일링 적용
    )
    print(tokenizer.decode([el.item() for el in generated_ids[0]]))
```

이 코드에서는 temperature를 0.01로 설정했는데, 이 값이 0에 가까울수록 확률 분포 모양이 원래보다 뾰족해집니다. 확률 분포 모양이 뾰족하다는 말은 원래 컸던 확률은 더 커지고 작았던 확률은 더 작아진다는 의미입니다. 그만큼 확률값 기준 1등 토큰이 다음 토큰으로 뽑힐 가능성이 커진다는 이야기입니다. 코드를 실행해 보면 탑-k 샘플링을 수행했음에도 그리디 서치로 생성한 문장과 같습니다.

· temperature를 0.01로 설정한 후 생성한 결과

안녕하세요?"
"그럼, 그건 뭐예요?"
"그럼, 그건 뭐예요?"
"그럼, 그건 뭐예요?"
"그럼, 그건 뭐예요?"

---

temperature를 1보다 큰 값으로 설정한다면 확률 분포가 평평해집니다uniform. 원래 컸던 확률과 작았던 확률 사이의 차이가 줄어든다는 이야기입니다. 바꿔 말하면 확률값이 작아서(=모델이 다음 토큰으로 부적절하다고 예측) 기존 탑-k 샘플링에선 선택되기 어려웠던 토큰들이 다음 토큰으로 선택될 수 있습니다. 그만큼 다양한 문장이 생성될 가능성이 높아지지만 생성 문장의 품질이 나빠질 수 있습니다. 다음은 앞 코드에서 temperature값을 100000000.0으로 설정한 결과입니다.

안녕하세요' 같은 말이 나왔다는 것이다.

'당신도 내 말을 들으시오' 등 문구를 그대로 쓴다는 건 매우 적절하고 적절하다.

'우리'라는 단어를 쓰느냐 아니되라는 건 '우리'는 우리, 아니 우리, 아니

요약하자면 temperature를 1보다 작게 하면 상대적으로 정확한 문장을, 1보다 크게 하면 상대적으로 다양한 문장을 생성할 수 있습니다. 템퍼러처 스케일링은 탑-k 샘플링, 탑-p 샘플링과 함께 적용해야 의미가 있습니다. 탑-p 샘플링은 이어서 바로 설명합니다.

탑-p 샘플링

탑-p 샘플링top-p sampling은 확률값이 높은 순서대로 내림차순 정렬을 한 뒤 누적 확률값이 p 이상인 최소 개수의 토큰 집합 가운데 하나를 다음 토큰으로 선택하는 기법입니다. **뉴클리어스 샘플링**necleus sampling이라고도 부릅니다. 확률값을 기준으로 토큰을 내림차순 정렬해 그 값이 높은 토큰들을 다음 토큰 후보로 삼는다는 점에서는 탑-k 샘플링과 같지만, 상위 k개를 후보로 삼느냐(탑-k 샘플링), 누적 확률값이 p 이상인 최소 개수의 토큰들을 후보로 삼느냐(탑-p 샘플링)에 따라 차이가 있습니다.

다음 그림은 그라는 컨텍스트를 입력했을 때 모델이 출력한 다음 토큰의 확률 분포입니다.[*] p를 0.92로 설정했다 고 가정해 봅시다. 가장 높은 확률을 가지는 토큰부터 시작해 누적 확률합이 p 이상이 될 때까지 하나씩 순서대로 다음 토큰 후보에 추가합니다. 다음 그림에서 다음 단어 후보는 **책**부터 **회사**까지 9개, 그리고 이들의 누적 확률합은 0.94가 되는 것을 확인할 수 있습니다. k가 6인 탑-k 샘플링(그림 8-9)에서는 다음 단어 후보가 **책**부터 **의자**까지 6개, 그리고 이들의 누적 확률합은 0.68였던 것과 비교할 수 있습니다.

[*] 그림 8-12의 구체적인 확률값은 이전 그림 (8-5~8)과 관계가 없습니다.

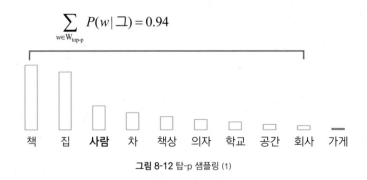

$$\sum_{w \in W_{\text{top-p}}} P(w \mid 그) = 0.94$$

책　집　**사람**　차　책상　의자　학교　공간　회사　가게

그림 8-12 탑-p 샘플링 (1)

다음 그림은 **그 사람**이라는 컨텍스트를 입력했을 때 모델이 출력한 다음 토큰 확률 분포입니다.[*] p를 0.92로 설정했을 때 다음 토큰 후보는 **처럼**부터 **누구**까지 3개, 그리고 이들의 누적 확률합은 0.97인 것을 확인할 수 있습니다. k가 6인 탑-k 샘플링(그림 8-10)에서는 다음 토큰 후보가 **처럼**부터 **과**까지 6개, 그리고 이들의 누적 확률합은 0.99였던 것과 비교할 수 있습니다.

[*] 그림 8-13의 구체적인 확률값은 이전 그림(8-5~8)과 관계가 없습니다.

$$\sum_{w \in \mathrm{W_{top\text{-}p}}} P(w | \text{그 사람}) = 0.97$$

그림 8-13 탑-p 샘플링 (2)

탑-p 샘플링은 누적 확률합으로 후보 토큰을 취하기 때문에 누적 확률합이 매 순간 비슷한 반면 후보 토큰 개수는 해당 분포에 따라 달라집니다. 반대로 탑-k 샘플링은 토큰 개수로 후보 토큰을 취하기 때문에 후보 토큰 개수는 일정한 반면 누적 확률합은 해당 분포에 따라 달라집니다. 다만 둘 모두 확률값이 낮은 토큰은 다음 토큰 후보에서 빠지므로 품질 높은 문장을 생성할 가능성을 높입니다.

다음 코드는 탑-p 샘플링을 수행합니다. 핵심 인자는 do_sample=True, top_p=0.92입니다. 샘플링 방식으로 다음 단어를 선택하되 p를 0.92로 설정한다는 뜻입니다. top_p에는 0~1 사이의 실수를 입력해야 합니다.

• **코드 8-27** 탑-p 샘플링 (1)

```
with torch.no_grad():
    generated_ids = model.generate(
        input_ids,
        do_sample=True,
        min_length=10,
        max_length=50,
        top_p=0.92,          탑-p 샘플링 수행
    )
    print(tokenizer.decode([el.item() for el in generated_ids[0]]))
```

안녕하세요!

저번주에 만나볼 때 제가 꼭 한 번쯤은 뵙고 가실 수 있게 도와주신다니 정말 감사드립니다

제가 워낙 좋은 멘토가 되서 더 많이 도와주셔서 제가 항상 감사합니다.

오늘도

한편 top_p를 1.0으로 설정한다면 확률값이 낮은 단어를 전혀 배제하지 않고 다음 단어 후보로 전체 어휘를 고려한다는 의미가 됩니다. top_p가 0에 가까울수록 후보 토큰이 줄어들어 확률값이 높은 토큰들만 남게 돼 그리디 서치와 비슷해집니다. 다음은 앞 코드에서 top_p를 0.01로 설정한 결과입니다. 탑-p 샘플링을 수행했음에도 그리디 서치 결과와 같음을 확인할수 있습니다.

안녕하세요?"

"그럼, 그건 뭐예요?"

"그럼, 그건 뭐예요?"

"그럼, 그건 뭐예요?"

"그럼, 그건 뭐예요?"

종합 적용하기

지금까지 설명한 문장 생성 방식을 모두 종합해 적용해 봅시다. 그리디 서치나 빔 서치는 가장 높은 확률값을 내는 문장을 생성해주지만 컨텍스트가 같을 때는 매번 같은 문장이 나오므로 샘플링 방식을 적용하겠습니다. 그리고 생성된 문장이 너무 짧거나 길지 않게 하고 반복되는 토큰은 될 수 있으면 배제하며 템퍼러처 스케일링으로 원래 확률 분포를 조금 뾰족하게 해 확률 값이 높은 토큰이 더 잘 나오도록 하겠습니다. 마지막으로 탑-k 샘플링과 탑-p 샘플링을 동시에 적용해 확률값이 낮은 토큰들은 후보 단어에서 제외하겠습니다. 다음은 이러한 내용을 적용한 코드입니다.

• 코드 8-28 종합 적용

```
with torch.no_grad():
    generated_ids = model.generate(
        input_ids,
        do_sample=True,        샘플링 방식 적용
        min_length=10,
        max_length=50,         문장 길이 설정
```

```
    repetition_penalty=1.5,
    no_repeat_ngram_size=3,          반복 줄이기
    temperature=0.9,        템퍼러처 스케일링
    top_k=50,
    top_p=0.92,
)
print(tokenizer.decode([el.item() for el in generated_ids[0]]))
```

이 코드를 실행한 결과는 다음과 같습니다. 코드를 실행할 때마다 다른 문장이 생성됩니다.

```
안녕하세요~
오늘도 맛있게 먹어요
아무리 좋은 음식을 먹어도 맛이 없더라구요.
그래서 더 열심히 저에게 맛있는 음식 메뉴를 알려주고 싶었어요.^^
오징어, 붕장어는 정말
```

맺음말

이번 절에서는 프리트레인을 마친 언어 모델을 가지고 문장을 생성하는 방법을 실습해 보았습니다. 다음 단어 후보들을 모두 탐색하는 것은 불가능에 가까우므로 그리디 서치, 빔 서치, 탑-k 샘플링, 탑-p 샘플링 등 기법이 제안되었습니다. 이 절에서 설명한 테크닉들은 문장 생성 대부분의 과제에 적용되니 잘 숙지해 두면 좋습니다.

8-4 파인튜닝 마친 모델로 문장 생성하기

이번 절에서는 파인튜닝을 마친 문장 생성 모델을 인퍼런스하는 과정을 실습해 보겠습니다. 이번 실습에서는 SK텔레콤이 공개한 KoGPT2 모델을 NSMC로 파인튜닝한 모델을 인퍼런스합니다.

컨텍스트를 받아 컨텍스트 뒤에 이어지는 문장을 생성해 반환하는 웹 서비스인데요, 컨텍스트를 토큰화하고 이를 모델에 넣어 다음 토큰 등장 확률을 계산한 뒤 다음 토큰을 뽑습니다. 이어 기존 컨텍스트에 이번에 뽑은 다음 토큰을 이어 붙여 새로운 컨텍스트를 만들고 이를 모델에 입력해 다음 토큰을 샘플링합니다. 이를 정해진 길이가 될 때까지 반복하고 후처리를 통해 컨텍스트를 포함한 토큰 인덱스 시퀀스를 문자열로 변환해 응답하게 만드는 방식입니다.

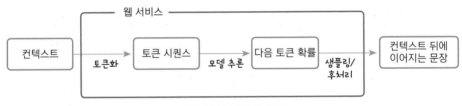

그림 8-14 문장 생성 웹 서비스

Do it! 실습

문장 생성 웹 서비스 만들기

1단계 코랩 노트북 초기화하기

이번 실습은 웹 브라우저에서 다음 주소(bit.ly/3p3ilzn)에 접속하면 코랩 환경에서 수행할 수 있습니다. 코랩에 접속한 후 [내 드라이브에 복사]를 진행하고 [런타임 → 런타임 유형 변경] 메뉴에서 하드웨어 가속을 사용하지 않도록 [None]을 선택합니다.

2단계 환경 설정하기

우선 다음 셸 명령을 실행해 의존성 있는 패키지를 설치하고 자신의 구글 드라이브를 코랩 노트북과 연결합니다.

• **코드 8-29** 의존성 패키지 설치

```
!pip install ratsnlp
```

• **코드 8-30** 구글드라이브 연동

```
from google.colab import drive
drive.mount('/gdrive', force_remount=True)
```

이번 실습에서는 SK텔레콤이 공개한 KoGPT2 모델을 NSMC로 파인튜닝한 모델을 인퍼런스합니다. 다음 코드를 실행하면 관련 설정을 할 수 있습니다.

• **코드 8-31** 인퍼런스 설정

```
from ratsnlp.nlpbook.generation import GenerationDeployArguments
args = GenerationDeployArguments(
    pretrained_model_name="skt/kogpt2-base-v2",
    downstream_model_dir="/gdrive/My Drive/nlpbook/checkpoint-generation",
)
```

「8-2」절 파인튜닝 때 사용한 프리트레인 마친 언어 모델 이름

파인튜닝한 모델의 저장 위치

3단계 토크나이저 및 모델 불러오기

다음 코드를 실행해 토크나이저와 모델을 불러옵니다.

• **코드 8-32** 토크나이저 초기화

```
from transformers import PreTrainedTokenizerFast
tokenizer = PreTrainedTokenizerFast.from_pretrained(
    args.pretrained_model_name,
    eos_token="</s>",
)
```

```
import torch
from transformers import GPT2Config, GPT2LMHeadModel
pretrained_model_config = GPT2Config.from_pretrained(
    args.pretrained_model_name,
)
model = GPT2LMHeadModel(pretrained_model_config)
fine_tuned_model_ckpt = torch.load(
    args.downstream_model_checkpoint_path,
    map_location=torch.device("cpu"),
)
model.load_state_dict({k.replace("model.", ""): v for k, v in fine_tuned_model_
ckpt['state_dict'].items()})
model.eval()
```

4단계 모델 출력값 만들고 후처리하기

다음 코드는 인퍼런스 과정을 정의한 함수입니다. 우선 문장(prompt)을 입력받아 토큰화하고 인덱싱한 뒤 파이토치 텐서로 만듭니다(input_ids). 이를 모델에 넣어 이후 입력 문장에 이어 지는 토큰 인덱스 시퀀스(generated_ids)를 생성합니다. 마지막으로 토큰 인덱스 시퀀스를 사람이 보기 좋은 형태의 문장으로 변환해 반환합니다. 한편 top_p, top_k 등은 앞 절에서 다뤘던 것처럼 확률값이 낮은 토큰을 제외하는 샘플링 관련 인자입니다.

• 코드 8-34 인퍼런스

```
def inference_fn(
        prompt,
        min_length=10,
        max_length=20,
        top_p=1.0,
        top_k=50,
        repetition_penalty=1.0,
        no_repeat_ngram_size=0,
        temperature=1.0,
):
```

```python
    try:
        input_ids = tokenizer.encode(prompt, return_tensors="pt")
        with torch.no_grad():
            generated_ids = model.generate(
                input_ids,
                do_sample=True,
                top_p=float(top_p),
                top_k=int(top_k),
                min_length=int(min_length),
                max_length=int(max_length),
                repetition_penalty=float(repetition_penalty),
                no_repeat_ngram_size=int(no_repeat_ngram_size),
                temperature=float(temperature),
            )
        generated_sentence = tokenizer.decode([el.item() for el in generated_ids[0]])
    except:
        generated_sentence = """처리 중 오류가 발생했습니다. <br>
            변수의 입력 범위를 확인하세요. <br><br>
            min_length: 1 이상의 정수 <br>
            max_length: 1 이상의 정수 <br>
            top-p: 0 이상 1 이하의 실수 <br>
            top-k: 1 이상의 정수 <br>
            repetition_penalty: 1 이상의 실수 <br>
            no_repeat_ngram_size: 1 이상의 정수 <br>
            temperature: 0 이상의 실수
            """
    return {
        'result': generated_sentence,
    }
```

> prompt를 토큰화하고 인덱싱한 뒤 파이토치 텐서로 만들기

> input_ids 뒤에 이어지는 토큰들 생성하기

> generate_ids를 텍스트로 변환

5단계 **웹 서비스 시작하기**

앞 단계에서 정의한 인퍼런스 함수 inference_fn()을 가지고 다음 코드를 실행하면 파이썬 플라스크를 활용한 웹 서비스를 띄울 수 있습니다.

• 코드 8-35 웹 서비스

```python
from ratsnlp.nlpbook.generation import get_web_service_app
app = get_web_service_app(inference_fn)
app.run()
```

실행 결과에서 http://a2894f7a6aee.ngrok.io라는 링크를 클릭합니다. 단, 이 주소는 웹 서비스를 시작하는 코드를 실행할 때마다 바뀌므로 여러분이 실습할 때는 다를 수 있습니다. 해당 주소로 접근해야 합니다.

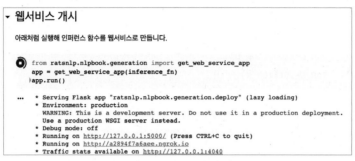

그림 8-15 웹 서비스 게시 결과

이제 인퍼런스 준비가 모두 끝났습니다. 웹 브라우저에 문장 생성 화면이 열리면 다음처럼 각종 설정값을 지정하고 프롬프트에 **긍정 아 정말**을 입력합니다. 그러면 모델이 나머지 문장을 생성해서 보여 줍니다. 「8-2」절에서 NSMC 데이터를 '레이블(긍정 혹은 부정) + 리뷰 문장' 형태로 가공해 파인튜닝했으므로 **긍정 아 정말** 뒤에 생성된 문장의 극성은 긍정임을 확인할 수 있습니다. 그리고 오른쪽 그림은 설정값은 같으나 프롬프트(입력 문장)만 다르게 입력한 결과입니다. **부정 아 정말** 뒤에 생성된 문장의 극성은 부정임을 알 수 있습니다.

그림 8-16 문장 생성 예

맺음말

이번 장에서는 문장 생성 모델을 살펴봤습니다. 문장 생성 모델은 문서 분류, 문장 쌍 분류, 개체명 인식, 질의응답 등 BERT 계열 과제와 달리 모델 파인튜닝만큼이나 샘플링 전략이 중요합니다. 똑같은 모델이라도 샘플링 전략을 어떻게 수립하느냐에 따라 생성되는 문장의 내용과 품질이 확연하게 달라집니다.

OpenAI GPT3 등 문장 생성에 쓰이는 트랜스포머 계열 언어 모델의 크기가 기하급수로 커지고 있고 그 성능 또한 눈부시게 발전하고 있습니다. 그 본질은 이 책에서 살펴본 내용에서 크게 다르지 않습니다. 모델 크기가 일정 수준보다 큰 트랜스포머 계열 언어 모델은 모델 입력(컨텍스트 혹은 프롬프트)을 섬세하게 구성하면 기계 독해, 분류, 번역 등 다양한 과제를 수행할 수 있는 것으로 알려져 있습니다. 최근의 자연어 처리는 이처럼 트랜스포머 계열 언어 모델 덕분에 발전을 거듭하고 있습니다.

GPT 모델과 직접 관련된 논문은 3개입니다. 우선 다음 논문입니다. GPT1이라고 불리기도 합니다.

- **Improving Language Understanding by Generative Pre-Training:** cdn.openai.com/research-covers/language-unsupervised/language_understanding_paper.pdf

GPT1은 트랜스포머에서 인코더를 제거하고 디코더만 쓰되, 인코더 입력과 디코더 출력을 결합해 언어 모델 구조로 만든 것이 핵심입니다. 다시 말해 트랜스포머 디코더 블록의 입출력은 똑같은 문장이 되며 그 입력은 1번부터 n-1번째 토큰, 출력은 n번째 토큰이 됩니다.
통상 GPT2라고 불리는 논문은 다음과 같습니다.

- **Language Models are Unsupervised Multitask Learners:** cdn.openai.com/better-language-models/language_models_are_unsupervised_multitask_learners.pdf

GPT2는 GPT1보다 모델 크기(파라미터 수 기준)를 10배 키웠습니다. 그리고 GPT1은 문자 단위 바이트 페어 인코딩(Byte Pair Encoding)을 사용하는데, GPT2에서는 바이트 단위(Byte-leve) 바이트 페어 인코딩을 사용해 미등록 토큰이 등장할 가능성을 크게 줄였습니다.
GPT 시리즈 3개 논문 가운데 가장 많은 관심을 받고 있는 것이 바로 GPT3입니다. 다음과 같습니다.

- **Language Models are Few-Shot Learners:** arxiv.org/pdf/2005.14165.pdf

모델 구조 면에서 GPT3가 GPT1, GPT2와 크게 달라진 것은 없습니다. 가장 달라진 점은 모델 크기입니다. GPT3의 모델 크기는 GPT2보다 116배 커졌습니다. GPT3의 파라미터 수는 1750억 개나 됩니다.
GPT3가 이렇게 커지면서 GPT1이나 GPT2가 가지지 못했던 능력이 생겨났습니다. 다운스트림 태스크 데이터에 맞게 모델을 파인튜닝하지 않아도 해당 태스크를 바로 수행할 수 있게 된 것입니다. 다시 말해 모델 업데이트 없이도 예제 몇 개만 주거나 전혀 주지 않아도 여러 태스크를 할 수 있다는 뜻입니다(인컨텍스트 러닝, 「1-2」절 '알아두면 좋아요!' 참고). 이 밖에도 거대 언어 모델을 어떻게 평가할지, 그 평가 결과는 어떤지 등 저자들의 고민도 엿볼 수 있습니다.

지금까지 설명한 내용을 간단한 퀴즈로 정리해 보기 바랍니다.

1. 그░░░░░░ 는 매 순간 최고 확률을 갖는 토큰을 다음 토큰으로 선택한다.

2. 빔░░░░░ 는 빔░░░░░░░ 만큼의 후보를 남겨 두고 다음 토큰을 탐색한다. 순간의 최선이 항상 전체의 최선이 될 수는 없기 때문이다.

3. 언어 모델의 고질적인 문제 가운데 하나는 반복된 문구를 생성한다는 점이다. 이를 방지하고자 로짓을 일부 가공하는 리░░░░░░░░░░░░ 가 제안됐다. GPT2LMHeadModel.generate 메서드에서 n░░░░░░░░░░ 인자는 토큰이 n-gram 단위로 반복될 경우 모델이 계산한 결과를 무시하고 n-gram 마지막 토큰 등장 확률을 0으로 만들어 생성에서 배제한다.

4. 탑░░░░░░ 은 모델이 예측한 다음 토큰 확률 분포에서 확률값이 높은 일정 개수의 토큰들 가운데 하나를 다음 토큰으로 샘플링하는 기법이다. 탑░░░░░░ 은 확률값이 높은 순서대로 내림차순 정렬을 한 뒤 누적 확률값이 일정 수준에 다다르는 최소 개수의 토큰 집합 가운데 하나를 다음 토큰으로 샘플링하는 기법이다.

5. 템░░░░░ 은 다음 토큰 확률 분포를 대소 관계의 역전 없이 분포의 모양만을 바꿔서 문장을 다양하게 생성하는 기법이다.

정답 1. 그리디 서치 2. 빔 서치, 빔 크기 3. 리피티션 페널티, no_repeat_ngram_size
4. 탑-k 샘플링, 탑-p 샘플링 5. 템퍼러처 스케일링

[참고 문헌]

- Vaswani, A., Shazeer, N., Parmar, N., Uszkoreit, J., Jones, L., Gomez, A. N., ... & Polosukhin, I. (2017). Attention is all you need. In Advances in neural information processing systems (pp. 5998-6008).

- Devlin, J., Chang, M. W., Lee, K., & Toutanova, K. (2018). Bert: Pre-training of deep bidirectional transformers for language understanding. arXiv preprint arXiv:1810.04805.

- Radford, A., Narasimhan, K., Salimans, T., & Sutskever, I. (2018). Improving language understanding by generative pre-training.

- Radford, A., Wu, J., Child, R., Luan, D., Amodei, D., & Sutskever, I. (2019). Language models are unsupervised multitask learners. OpenAI blog, 1(8), 9.

- Brown, T. B., Mann, B., Ryder, N., Subbiah, M., Kaplan, J., Dhariwal, P., ... & Amodei, D. (2020). Language models are few-shot learners. arXiv preprint arXiv:2005.14165.

- Sennrich, R., Haddow, B., & Birch, A. (2015). Neural machine translation of rare words with subword units. arXiv preprint arXiv:1508.07909.

- Schuster, M., & Nakajima, K. (2012). Japanese and korean voice search. In 2012 IEEE International Conference on Acoustics, Speech and Signal Processing (ICASSP) (pp. 5149-5152). IEEE.

- Jurafsky, D., Martin, J. (2021). Speech & language processing. 3rd draft.

- Jurafsky, D. (2021). CS124: From Languages to Information. Stanford University.

- The Annotated Transformer, https://nlp.seas.harvard.edu/2018/04/03/attention.html

- The Illustrated Transformer, https://jalammar.github.io/illustrated-transformer

- Illustrated: Self-Attention, https://towardsdatascience.com/illustrated-self-attention-2d627e33b20a

- Neural Networks: Feedforward and Backpropagation Explained & Optimization, https://mlfromscratch.com/neural-networks-explained/#

- How to generate text: using different decoding methods for language generation with Transformers, https://huggingface.co/blog/how-to-generate

- Wikipedia, Byte Pair Encoding, https://en.wikipedia.org/wiki/Byte_pair_encoding

- Wikipedia, Language Model, https://en.wikipedia.org/wiki/Language_model

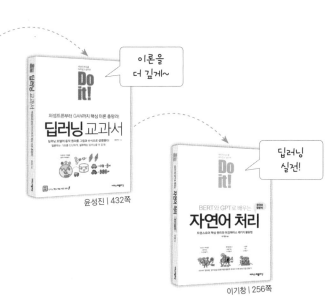

인공
지능

딥러닝 입문
박해선 | 328쪽

딥러닝 교과서
윤성진 | 432쪽

이론을
더 깊게~

자연어 처리
BERT와 GPT로 배우는
이기창 | 256쪽

딥러닝
실전!

데이터
분석

쉽게 배우는 R 데이터 분석
김영우 | 376쪽

쉽게 배우는 R 텍스트 마이닝
김영우 | 344쪽

쉽게 배우는 파이썬 데이터 분석
김영우 | 472쪽

공공데이터로 배우는 R 데이터 분석 with 샤이니
김철민 | 248쪽

나는 어떤
코스가
적합할까?

A 인공지능 개발자가 되고 싶은 사람

- Do it! 점프 투 파이썬
- Do it! 정직하게 코딩하며 배우는 딥러닝 입문
- Do it! 딥러닝 교과서
- Do it! BERT와 GPT로 배우는 자연어 처리

B 데이터 분석가가 되고 싶은 사람

- Do it! 쉽게 배우는 파이썬 데이터 분석
- Do it! 쉽게 배우는 R 데이터 분석
- Do it! 쉽게 배우는 R 텍스트 마이닝
- Do it! 데이터 분석을 위한 판다스 입문
- Do it! R 데이터 분석 with 샤이니
- Do it! 첫 통계 with 베이즈